SERIES OF STUDIES
ON
CHINESE
CONFUCIUS
TEMPLES

中国文庙研究丛书

总　主　编　周洪宇

副总主编　赵国权

本书系
国家社科基金（教育学）
2016年度课题
"中国古代儒家教育生活及其演变研究"
（课题批准号：BOA160029）
系列成果之一

国家出版基金项目
NATIONAL PUBLICATION FOUNDATION

A
STUDY
ON
QUFU
CONFUCIUS
TEMPLE

曲阜
孔庙
研究

广少奎　高　群　曹务春 编著

山东教育出版社
·济南·

总序

德国哲学家雅斯贝尔斯在其所著《历史的起源与目标》一书中，曾提出人类文明的"轴心时代"这一命题，即在公元前500年左右，古希腊、以色列、中国和印度，都处在人类文明的重大突破期，都出现了伟大的精神导师，诸如古希腊的苏格拉底、柏拉图、亚里士多德，以色列的犹太教先知们，古印度的释迦牟尼，中国的孔子、老子等，他们的思想一直影响至今。但相比较而言，孔子更具有代表性，其所创立的儒家思想不仅影响中国社会两千多年而从未中断过，且被后世创造性地转化为物质载体即文庙。如同"四书五经"一样，文庙在儒学传承中扮演着不可或缺的角色。尤其是文庙与官学或书院融合后，形成了中国历史及儒学文化史上特有的"庙学合一"或"庙学""学庙"现象，也使得文庙作为儒家文化的标志性符号，以其独特的精神特质深刻影响着中国的政治生态、社会生态、文化生态和教育生态，还辐射到周边及欧美不少国家和地区，至今仍彰显其强大的生命力，成为国内外学术界热议不休的历史"活化石"。

壹

据史料记载，主祀孔子的庙宇有文庙、孔庙、学庙、庙学、学宫以及宣圣庙、至圣庙、夫子庙、先师庙、先师殿、大成殿、礼殿、燕居堂、中和堂等不同的称呼，然最流行、最常用的就是文庙和孔庙，因而一些权威的大型工具书在对文庙、孔庙加以解读时，不同程度地认同文庙即孔庙、孔庙即文庙。如商务印书馆修订本《辞源》解释说，孔庙在"明清时也叫文庙"，文庙即孔子庙，"元明以后通称文庙"。[1]顾明远主编的《教育大辞典》认为，孔庙"亦称文庙"，文庙"即孔庙……元以后多称文庙"。[2]近人的学术论著中也多持此意见，这主要是基于对主祀孔子这一历史存在的认同。

"文庙"一词，较早见于《南齐书》。齐高帝时的尚书右仆射王俭，针对明堂与郊祀之礼，曾引用《郑志》中赵商与郑玄的一番对话，赵商问曰："说者谓天子庙制如明堂，是为明堂即文庙邪？"[3]《新唐书》中又有"汉孝惠、孝景、孝宣令郡国诸侯立高祖、文、武庙"[4]的记载。汉惠帝刘盈乃刘邦之子，西汉第二位帝王。可见，在西汉初年就有文庙的称呼，只是此时的文庙与孔子及其被封为"文宣王"没有必然联系。

在古汉语中，"文"与"武"是相对的一组概念。按古制，凡有功于社稷的文臣武官，均可设庙祠以祀。如主祀姜子牙的武成庙、主祀岳飞的岳飞庙、主祀关羽的关帝庙等，都属于"武庙"。而主祀姬旦的周公庙、主祀孔子的孔庙、主祀孟子的孟庙、主祀颜回的颜庙、主祀子思的子思庙、主祀曾参的曾子庙，以及孟子游梁祠、子贡祠、武侯祠、包公

① 商务印书馆编辑部编：《辞源》，商务印书馆1979年版，第778、1362页。
② 顾明远主编：《教育大辞典》第8卷，上海教育出版社1991年版，第152页。
③《南齐书·礼上》。
④《新唐书·高郢传》。

祠、范公祠等，都属于文庙。且武庙与文庙各有其配享及乐舞礼制，如《宋书》所载，曹魏时期"制《武始》舞武庙，制《咸熙》舞文庙"[1]。尤其是自唐宋以后，各地既建文庙又建武庙。因此，广义上的文庙，是一种与武庙相对的、主祀有功文臣或先儒先贤的礼制性建筑，体现出历朝历代"文治"的政治意图，负载有"价值判断和意识形态韵味"[2]，属于文化史学研究的范畴。而狭义上的文庙，则单指主祀孔子的礼制性建筑，亦即孔庙，也就是本丛书所论及的文庙。

就狭义上的文庙来说，史料及后世文献多以孔庙相称，明清尤甚。这是因为孔子乃"文道"之奠基者。自汉初始统治者就开始推崇孔子及其创立的儒学，汉高祖刘邦路过曲阜时还"以太牢祠焉"[3]。汉武帝"独尊儒术"后，儒学便一跃成为官方哲学，在其后上千年的发展历程中，孔子犹如道教尊老子、佛教尊释迦牟尼一样被推上神坛，或被追封为"文宣王"，或被奉为"万世师表"，主祀孔子的礼制性建筑文庙也逐步遍设于京师及全国各地。

按所承载的功能，文庙可以分为四类：

一是国庙。这是由帝王代表国家祭拜孔子的礼制性建筑，主要是设于京师的皇家孔庙。曲阜孔庙在京师未设孔庙之前曾一度扮演国庙的角色。

二是家庙。家庙是孔子家族的宗庙，如曲阜孔庙、浙江衢州孔庙以及河南郏县文庙（既是家庙又是学庙）等。

三是学庙。因庙设学、因学设庙或庙学同建，形成"庙学合一"的格局，具体是指与各级官学及书院直接相关的主祀孔子的庙宇，因而也多被称为"庙学"。明清时期多被称为文庙，如上海文庙、苏州文庙、郑州文庙等。还有被称为学宫的，如广东的番禺学宫、海南的文昌学宫等。此类文庙数量庞

---

[1]《宋书·乐一》。
[2]〔英〕海伍德：《政治学核心概念》，吴勇译，天津人民出版社2008年版，第4页。
[3]《史记·孔子世家》。

大，除少量的国庙、家庙、村庙外，其余的全部是学庙。

四是村庙。凡是学庙普及不到的边远地区，地方官员为推崇弘扬儒学、满足民众对圣人孔子的崇拜和对儒家文化信仰的需求，便在人口聚集区的村镇设孔庙奉祀孔子及有功于儒学的先儒先贤，可称之为"村庙"。如福建连城县培田村有一处清乾隆四十四年（1779年）所建的"文武庙"，文庙和武庙建在一栋两层阁楼内，下层武庙祀关羽，上层文庙祀孔子。在中原一带，多有因孔子圣迹所到之处而建的纪念性孔庙，如河南永城的芒砀山夫子庙是为纪念孔子在此避雨晒书而建的，河南淮阳的弦歌台为纪念孔子在此绝粮依然"弦歌不衰"而建（附有书院，亦为学庙）等。村庙数量不多、规模不大、建制不一，但与其他文庙一样承载着传承儒学与社会教化的功能。

贰

文庙起始于何时，学术界众说纷纭，或言早至春秋，或曰晚至唐朝。但无论始于何时，它总有一个产生、发展及演变的过程，其历史积淀也足以占据儒学发展的半壁江山。

文庙的雏形当从曲阜因宅设庙始，即孔子去世后，其居室由后人奉为庙，"故所居堂、弟子内，后世因庙，藏孔子平生衣、冠、琴、车、书"，且在孔子冢祭奉孔子，"鲁世世相传，以岁时奉祠孔子冢，而诸儒亦讲礼、乡饮、大射于孔子冢"。[①]此时的曲阜孔庙虽属家庙性质，并非严格意义上的礼制性庙宇，孔子冢之学亦属私学，且孔庙与孔子冢不在一处，但毕竟是主祀孔子，又兼有私学活动，可称之为文庙雏形，实开文庙建制之先河。

① 《史记·孔子世家》。

文庙与政治结缘、与官学融合，可追溯到东汉时期蜀郡重修的文翁石室（即蜀郡郡学）中的"周公礼殿"。据史载："蜀儒文章冠天下，其学校之盛，汉称石室、礼殿，近世则石九经，今皆存焉。"[①]可以说，蜀郡郡学中的周公礼殿实乃"中国古代庙学合一的最早范本"，"曲阜之外中国所建最早祭祀周公、孔子的机构"。[②]但这只是地方政府行为，尚未在全国实施，更是主祀周公，并非孔子。自汉武帝"独尊儒术"后，统治者把尊孔崇儒提到国家治理的高度，开始加封孔子及其后裔。永平二年（59年），汉明帝更是诏令郡县学校皆祀周公、孔子。这是首次以中央诏令的形式祭祀周公、孔子。

魏晋南北朝虽王朝更替频繁，加之佛道及玄学的冲击，但统治者的尊孔崇儒政策没有弱化，文庙礼制建设多有成就。如曹丕于黄初二年（221年）下令，"鲁郡修起旧庙，置百户吏卒以守卫之，又于其外广为室屋以居学者"[③]，还要求各地修葺孔庙，重开祀孔之制。东晋时在国子学"增造庙屋一百五十五间"[④]。北魏太武帝时"起太学于城东，祀孔子，以颜渊配"[⑤]，开创中央国学祭孔之制；孝文帝不仅在国都平城（今山西大同）创建孔子庙，开国都孔庙之先河，还下诏规范祭孔礼制，要求"自今已后，有祭孔子庙，制用酒脯而已"[⑥]等。

隋唐时期重新确立儒学及孔子的政治地位，文庙进一步规范化和制度化。唐高祖李渊于武德二年（619年）下诏在国子学中立周公、孔子庙，四时致祭。唐太宗李世民下令停祭周公，开国学文庙主祀孔子之先例；贞观二十一年（647年）开始确立追祀先贤先儒的制度，是年唐太宗下诏，以左丘明等二十二人配享文庙。开元八年（720年）唐玄宗下诏，以颜回等十哲从祀孔子，并塑为坐像；开元二十七年（739

---

① [宋]席益：《府学石经堂图籍记》，见[宋]程遇孙等编《成都文类》卷30，文渊阁四库全书本。
② 舒大刚、任利荣：《"庙学合一"：成都汉文翁石室"周公礼殿"考》，载《四川大学学报（哲学社会科学版）》2014年第5期。
③ 《三国志·魏书二·文帝纪第二》。
④ 《宋书·礼一》。
⑤ 《魏书·世祖纪上》。
⑥ 《魏书·高祖纪上》。

年）追谥孔子为文宣王，追赠颜回为兖国公，其余九哲弟子皆为侯，另追赠曾参以下七十三人为伯，孔子自此开始被称"王"。自唐以来，庙学合一进程逐步推进，庙学之制更加完备，史载"唐开元间，定孔子为先圣庙，而衮冕南面，每岁春秋祀焉，由是庙学之礼益备，凡有学者必有庙，示其尊也"[1]。

宋元时期，文庙设置更为普遍，"宋兴，崇尚文治，吾夫子之祀遍天下"[2]。不仅是官学，还有自宋朝日益兴起的书院内也必崇祀孔子，"每个书院必塑有孔子及十哲的肖像，甚至图画七十二贤一同配飨"[3]。尤其是北宋至和二年（1055年），宋仁宗开加封孔子嫡长子孙"衍圣公"的先例；南宋绍兴十年（1140年），宋高宗诏令"以释奠文宣王为大祀"[4]，即规定祭祀孔子的礼仪与祭祀社稷的大礼相同，均为国家级的重大祀典。至元朝，元武宗加封孔子为"大成至圣文宣王"[5]；至明朝嘉靖年间，历经数百年的"孟子升格运动"，儒学的重要传承人孟子被正式封为"亚圣"。在此情况下，文庙遍及全国各地，"郡县有学，学必有庙"[6]。

明清时期，"文庙"这一称呼开始被广泛使用。朱元璋即位后，改称孔子为"先师"，洪武元年便"以太牢祀先师孔子于国学"[7]，还"诏天下通祀孔子"[8]。明永乐八年（1410年），不仅"令天下文庙圣贤衣冠绘塑不合古制者悉改正"[9]，且改学校先师庙为"文庙"，自此"文庙"之名盛行天下。至明末，全国各地所建文庙多达1560所。[10]清初，康熙帝亲笔御书"万世师表"匾额悬于文庙大成殿，这是历史上首次称颂孔子为"万世师表"，表达出统治者对孔子及儒学的敬仰之情，也昭示出儒学的文化力量。至清末，文庙增至1740多所。[11]

① 吴澄：《崇仁县孔子庙碑》，见《吴文正公集》卷15，台北新文丰出版公司1985年版。
② [南宋] 陈宜中：《学道书院记》，见《苏州府志》卷26，清光绪九年刊本。
③ 陈青之：《中国教育史》，商务印书馆1936年版，第195页。
④《宋史·高宗六》。
⑤《元史·武宗一》。
⑥ [清] 阮元：《两浙金石志·杭州路重建庙学之碑》。
⑦《明史·太祖二》。
⑧《明史·太祖三》。
⑨《明会典·卷八十四》。
⑩ 王贵祥：《明代不同等级儒学孔庙建筑制度探》，载《中国建筑史论汇刊》2012年第2期。
⑪ 刘新：《儒家建筑文庙》，中国建筑工业出版社2013年版，第18页。

清末开办新式学堂后，庙学开始分离，文庙由以往的祭祀与教学两大主要功能蜕变为单一的祭祀功能，没有了"官学"这一光环，其维修和保护自然会受到一些影响；但不能否认其大教育功能的存在，那就是继续承担着社会教化的重任，且依然是广大士子心仪向往的神圣殿堂。虽经风风雨雨，仍有不少的文庙得以较好或部分地保存下来。改革开放后，文庙作为优秀传统文化的重要组成部分而受到普遍关注，其资源的开发和利用也被提到日程上来，文庙发展又迎来了一个新的春天。据国家文物局《文庙、书院等儒家遗产保护利用现状调研报告》（内部资料）统计，截至2016年底，除内蒙古、西藏、宁夏及台湾、香港、澳门外，共有327处文庙列入省级重点文物保护单位和全国重点文物保护单位名录，其中国保级文庙为108处。此外，日本、韩国、越南等周边国家也有近100处文庙。可以说，文庙立足本土，辐射周边，形成足以和佛寺、道观相媲美的"儒庙景观"。

叁

自文庙登上中国历史的舞台，便开始发挥其独特的多元功能，影响到中国的政治生态、文化生态及教育生态。

毫无疑问，文庙的强势缘于与政治生活的结合。自西汉确立以儒治国后，魏晋至明清皆秉承儒治政统，不断提高孔子及儒学的地位，称孔子为"人伦之表"，称儒学为"帝道之纲"，为此不断地完善庙祀孔子的礼仪制度。期间，儒学确实遭受过不同学术流派的冲击，但因儒学自身的包容性与再生力，以及与政治生活的紧密联系，它在博弈中始终占据着权力的中心位置。历代各地文庙正是在这一儒化的背景下得以建造的，反过来又对政治生态起到一种固化作用。诸如每当因社会剧烈震荡带来道德秩序的破坏、所谓"不孝不悌之事，频见词诉"①之时，统治者都毅然决然地动用儒学来拯救社会道德的缺失。每当基业稳定之际，统治者又会诏令修建文庙以传承儒学，并利用文庙祭孔活动来"宣德化""正人心"。总之，要让"君君、臣臣、父父、子子"等伦理观念根植于官员及民众心中，杜绝一切"僭越"行为，借以维系和谐的政治生态。

基于与政治生活的结缘，文庙在一定程度上成为以儒学为主体的中国传统文化反映在现实中的物化形式。这一被物化的建筑群，与"四书五经"一样，具有同等重要的文化传承价值。如果说"四书五经"借助文本来传承儒家文化的话，那么文庙则是借助建筑、礼仪等起到文化传承的作用。诸如按照礼制，文庙建筑分别有九进、七进、五进、三进院落等，常与官学毗邻，庙中有学、学中有庙等，将古代的庙宇性建筑文化传承至今。又如文庙的祭祀活动，从供奉人物的选择、座序排列到祭祀时的祭器、祭品、礼服、礼仪、音乐、舞蹈等，无不在制造一定的场境和氛围，引发民众对儒学文化的认同，从而形成特有的文化基因和精神特质，以至祭祀文化代代相传，生生不息。

基于文庙与官学或书院的结缘，文庙的设施及祭祀活动又有"风励士子"的强大教化功能，足以使在读学子形成对师道和学业的敬畏感。这是因为文庙中的受祀对象，已成为道德、道统、学统的象征，是言谈举止、待人接物的标杆，更是一种精神文化的符号。那么在文庙内祭拜这些先圣先贤，足以"使天下之士观感奋兴，肃然生其敬畏之心，油然动其效法之念"②，亦即通过"营造出一种庄严肃穆的场景，

① ［南宋］徐元杰：《延平郡学及书院诸学榜》，见《梅野集》卷11，文渊阁四库全书本。
② ［清］庞钟璐：《缮写成帙恭呈御览仰祈》，见《文庙祀典考》卷50，清光绪戊寅家藏本。

使人们对先圣先师先贤等供祀对象的崇敬之情升华为一种神圣的体验"[1]。正是这种庄严肃穆的文化场景，使得诸生在先圣先贤像前"穆然而志专，徘徊乐之，不忍去也"[2]。从"穆然"到"乐之"再到"不忍去"，足见谒祠之举对在院生徒的感染力之大。更使得"自为童子时"的文天祥，看到文庙中还奉祀乡贤先儒欧阳修、杨邦乂、胡铨等塑像，且"皆谥忠"，欣然慕之曰："没不俎豆其间，非夫也。"[3]如此，一代代学子带着对师道和学业的敬畏，去追逐"希圣希贤"的人生理想，最终实现"传道济民"的处世目标，这也是"庙学合一"价值的最好体现。

肆

正因为有如此多元的价值及功能，文庙才能在庙学分离后艰难地生存下来，后来者才能继续守望着中华优秀传统文化这块沃土而不至于断裂或丢失。改革开放以来，国家更加重视保护和弘扬中华优秀传统文化，文庙作为儒家文化的载体自然迎来了难得的发展机遇。曲阜孔庙的祭孔活动以往由民间团体主持，从2004年起转而由地方政府主办，2007年又上升到由山东省政府与教育部、文化部等联合主办，由此带动了各地文庙的官方"祭孔"活动；越来越多的文庙遗存被列为全国重点文物保护单位，同时带动了全国各地对文庙遗存的修复和保护工作。党的十八大报告明确指出"文化是民族的血脉，是人民的精神家园"，并基于对优秀传统文化营养的汲取，提出了"二十四字"的社会主义核心价值观。2014年五四青年节当日，习近平总书记在与北京大学师生座谈时指出，中华优秀传统文化已经成为中华民族的基因，植

① 肖永明、唐亚阳：《书院祭祀的教育及社会教化功能》，载《湖南大学学报（社会科学版）》2005年第3期。
② ［南宋］陈傅良：《潭州重修岳麓书院记》，见《止斋集》卷39，文渊阁四库全书本。
③ 《宋史·文天祥传》。

根在中国人内心，影响着中国人的思维方式和行为方式，今天，我们提倡和弘扬社会主义核心价值观，必须从中汲取丰富营养，否则就不会有生命力和影响力。2017年1月，中共中央办公厅、国务院办公厅印发《关于实施中华优秀传统文化传承发展工程的意见》。该意见指出，在五千多年文明发展史中孕育的中华优秀传统文化，积淀着中华民族最深沉的精神追求，代表着中华民族独特的精神标识，是中华民族生生不息、发展壮大的丰厚滋养，是中国特色社会主义植根的文化沃土，是当代中国发展的突出优势，对延续和发展中华文明、促进人类文明进步，发挥着重要作用。同时，该意见从重要意义、总体要求、主要内容、重点任务、组织实施和保障措施等方面予以战略性、全局性部署。党的十九大报告中，同样强调"文化是一个国家、一个民族的灵魂。文化兴国运兴，文化强民族强。没有高度的文化自信，没有文化的繁荣兴盛，就没有中华民族伟大复兴"，"中国特色社会主义文化，源自于中华民族五千多年文明历史所孕育的中华优秀传统文化"，在新时代传承与弘扬优秀传统文化，必须"创造性转化、创新性发展"。那么，文庙作为传播儒学的主阵地，理应成为培育和践行社会主义核心价值观的重要文化阵地。事实上，已有部分文庙积极开展国学教育普及活动，如举办成人礼、开笔礼、拜师礼等，取得明显效果。

但在现实中，文庙的发展还面临诸多问题或难题。有些地方政府文物保护意识淡薄，有部分文庙遗存得不到正常的维修和保护；部分得到保护的文庙，其蕴藏的多元功能尚未得到有效发挥，甚至存在过于功利化的倾向；部分文庙设施及祭祀活动不合礼制，存在一系列具体问题，比如祭祀日应是生日还是卒日、受祀对象只是孔子还是分层次进行、每年各地文庙是同时祭祀还是"各自为政"、祭文是年年都写还是规范统一，以及在东西两庑及乡贤祠、名宦祠中是否可以续增一些新儒学代表人物等问题。要根本解决文庙发展中的问题，有待于对文庙的深入系统研究。

伍

自从文庙问世后，就有不少学者从不同的角度、用不同的方式，对文庙的建制、布局、祭祀、教化等问题做过不同程度的思考和论述。自明清以来，在举国编著大型丛书、类书的驱动下，大批学者开始对文庙的各种资料进行梳理、研究和汇编。如《明史·艺文志》就载有潘峦的《文庙乐编》、何栋如的《文庙雅乐考》、黄居中的《文庙礼乐志》、瞿九思的《孔庙礼乐考》；《清史稿·艺文志》载有阎若璩的《孔庙从祀末议》、庞钟璐的《文庙祀典考》、蓝锡瑞的《醴陵县文庙丁祭谱》、郎廷极的《文庙从祀先贤先儒考》等。此外，还有陈锦的《文庙从祀位次考》、张儫的《文庙贤儒功德录》、金之植的《文庙礼乐考》、牛树梅的《文庙通考》以及民国时期孙树义的《文庙续通考》等。这些成果对文庙的发展流变、建筑形制、祭祀礼仪及从祀制度等都做了系统考辨。改革开放以来，随着国家对优秀传统文化传承的重视及文化遗存保护力度的加强，文庙研究呈现出良好的发展态势，先后出版多部有代表性的学术著作，诸如范小平的《中国孔庙》（2004）、陈传平主编的《世界孔庙》（2004）、刘亚伟的《远去的历史场景：祀孔大典与孔庙》（2009）、孔祥林等的《世界孔子庙研究》（2011）、彭蓉的《中国孔庙建筑与环境》（2011）、董喜宁的《孔庙祭祀研究》（2014）、朱鸿林的

《孔庙从祀与乡约》（2014）等。这些学术成果从历史学、建筑学、考古学、美学等多学科多维度对文庙进行了系统性、综合性思考与研究。但在文庙理论的提升、文庙精神的挖掘、文庙文化的传播、新时代文庙如何保护利用等问题上，还需要我们进一步去思考、去探索。

本套"中国文庙研究丛书"以马克思主义唯物史观和方法论为指导，以全球视野、中国立场、问题意识、实践导向为基本价值取向，坚持历史与逻辑相一致、宏观与微观相统一、本土与域外相参照、理论与实际相结合的基本原则，充分运用历史法、文献法、比较法以及田野调查、计量分析、文本叙事、图像佐证等研究方法，从选址布局、建筑特色、祭祀礼制、教化活动、文化传承等多个维度，对各地有代表性的文庙逐一进行微观分析和深度描述，使其成为介于学术性和普及性之间的一套文庙研究丛书。纳入丛书第一辑的有十二部研究专著，分别是《曲阜孔庙研究》《西安文庙研究》《上海文庙研究》《郑州文庙研究》《太原文庙研究》《苏州文庙研究》《南宁文庙研究》《济南府学文庙研究》《宁远文庙研究》《定州文庙研究》《建水文庙研究》《正定文庙研究》，其他有代表性的文庙也正在研究之中。在此基础上，我们后续会进行历代文庙史料搜集与整理以及文庙专题研究、文庙通史研究等，努力使"文庙学"成为一门专门学问。同时，也期待有更多的文庙爱好者加入文庙研究队伍，通过深入系统的研究以及多种形式的学术交流活动，让中国的文庙文化走向世界，让世界了解中国的文庙文化。

周洪宇

2020年12月

目录

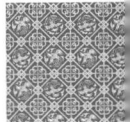

引言

众所周知，在中国历史上影响最大的文化名人是孔子，祭祀孔子的主要场所是孔庙，天下最正宗的孔庙在曲阜，最早因庙立学、庙学合一的场所也在曲阜。所以，要研究历代孔庙（文庙），进而对庙学进行深入探讨，就不能不研究曲阜孔庙，并将其置于庙学系列研究之首。

孔子（公元前551年9月28日—前479年4月11日），姓子，氏孔，名丘，字仲尼，春秋末期鲁国陬邑（今山东曲阜）人，祖籍宋国栗邑（今河南夏邑），殷商贵族后裔。孔子是中国古代著名的思想家和教育家，儒家学派的真正创始人。他所开创的儒家学派影响我国两千多年，至今魅力仍存，在维护国家统一、凝聚民族精神和推广文化教育等方面都发挥了重要作用。

孔子在世时，即被誉为"天纵之圣""天之木铎"，是春秋时期遐迩闻名的礼乐大师。他整理古代文献，传承三代文化，无愧于"时代巨人"这一盛赞；他有教无类，循循善诱，培养了一大批卓有才干的弟子，无愧于"一代宗师"这一美称；他好学不已，知过能改，博闻多识，更无愧于"学者闻人"这一赞誉。两千多年来，孔子被后世统治者尊为尼父、宣父、宣尼公、帝者师、人伦之表、至圣先师、至圣文宣王、大成至圣文宣王等。其思想在全世界都有深远影响，其人被称为"东方圣人"，被列为"世界十大文化名人"之首。随着孔子影响力日益扩大，在相当长的历史岁月里，祭祀孔子成为和祭天同等级别的国家级大祀。

公元前478年，即孔子卒后第二年，鲁哀公下令在曲阜阙里孔子的旧宅立庙，内藏孔子生前用过的衣、冠、琴、车、书，"岁时奉祀"。这是历史上最早公开进行的祭孔活动。这种"依宅为庙，庙宅合一"的格局，是历史上最早的文庙雏形。据《史记》载，公元前195年，汉高祖刘邦过鲁，以"太牢"之礼祭祀孔子，开启了帝王祭孔的先河。此后历朝历代，共有12位皇帝驾临曲阜，致祭孔子20余次，派遣官员专程致祭则多达196次。如此高频度、多人次、大规模、"接力棒"式的专门祭祀，历史上绝无仅有、风头无两，是中国"千年一贯"的一大政治景观和文化现象。

曹魏黄初二年（221年），魏文帝曹丕下令"鲁郡修起旧庙"，还于曲阜孔子庙外"广为屋宇，以居学者"，开史上全国各地因庙立学之先河。唐太宗在位时，下诏各地专祀孔子，开始了全国范围内的因学立庙和因庙立学活动。开元初，唐玄宗下诏"天下州县皆立学，置学官、生员，而释奠之礼，遂以著令"，在全国正式奠定了"庙学合一"制度。历经千余年的发展，孔庙逐渐遍布中国大江南北、通都大邑，成为历史上各地最重要、最常见的建筑。据不完全统计，到清末为止，全国有孔庙1700多处。

　　"曲阜孔庙"是沿用最广且约定俗成的一种称谓，文献中也称"阙里至圣庙"。该建筑位于今曲阜明故城内，是祭祀孔子的本庙，也从祀孔子祖先和历代儒家的其他重要人物，在历史上曾发挥过"国庙"的作用。它黄瓦重檐，雄伟壮观，规制齐全，肃穆庄严，有三路九进院落，拥有大成殿、奎文阁、棂星门、杏坛、角楼、璧水桥等极具中华传统气派和艺术风格的建筑，还有难以尽数的苍桧翠柏、碑碣石刻、牌匾字画，是融文化艺术、建筑艺术、祭祀礼仪和教化功能于一体的宝贵历史遗产。这座古代建筑群宏阔幽深，是世界上建筑规模最大、规格最高、持续时间最久、影响最为深远的礼制性庙宇，被建筑学家梁思成称为世界建筑史上的"孤例"。曲阜孔庙是国务院最早公布的全国重点文物保护单位之一，现为世界文化遗产、国家AAAAA级文化旅游景区。

　　历经风雨洗礼和社会动乱，曲阜孔庙在历史上曾遭受过很大破坏，幸运的是其规制基本保存至今。作为一种形制严谨而蕴含深厚的规划和设计，曲阜孔庙足以与世界历史上任何一种建筑类型相媲美。它在时间上绵延之久远，地域上铺展之广阔，民众心理上影响之深刻，是其他任何一种建筑类型难望项背的。这是中国古代最醒目的文化标志和教化之所，也是历代崇文重礼的建筑载体和空间遗存，是以儒家思想为核心的中国传统文化在现实生活中物化形式的反映。

　　依托存续千年的曲阜孔庙，后人在其附近建立起孔氏家学、族学、庙学，以后逐渐扩展为招收颜、孟、曾等家族子弟的"三氏学"与"四氏学"，逐步确立起了"庙学合一"的建筑格局。曲阜是历史上最早确立庙学这一格局的地方。庙学是将主祀孔子、旁祀贤达与教授儒经相结合的一种独特的教育空间、建筑群落和形式布局。它以"庙学结合"为特色，以祭祀、教化、教学等功能为手段，型塑士人群体，实施社会教化，推进文化认同，熔铸时代风气。

本书从曲阜孔庙的演进历程入手，对孔庙（文庙、庙学）的建筑形态及祭祀活动、教育功能、相关人物等多个方面进行了探究，希望帮助读者更好地了解曲阜孔庙及其相关知识，增强文化自信，凝聚文化共识；同时，也针对曲阜文物保护和利用过程中存在的问题给出了一些建议。由于研究能力与成书时间所限，对于曲阜孔庙及相关问题的研究难免有所疏漏。我们会继续关注该领域的发展情况，也期待本研究能为当地社会的良好发展提供助力。

全国各地的孔庙（文庙、夫子庙）及其学舍所构成的空间群落，不仅以其卓有成效的活动向后人展示出历史上蔚为壮观的文化景观，而且已成为很多城市中最常见的建筑遗存，是各地最亮丽、最经典、最厚重的文化地标。今天，以儒家文化为核心的传统文化，日益彰显出魅力独具的中国风格和中国气派，并越来越为全球所关注和研究。孔庙作为儒家思想传播的物化载体，作为历史上熔铸良好社会风气的有效手段和建筑依托，对其进行全方位的研究、保护、利用和开发，不仅有利于弘扬我国优秀的传统文化，而且有利于提升当代国民素养，熔铸社会风貌，进而对实现中华民族伟大复兴的中国梦贡献力量。

躬逢文运昌隆的新世纪和新时代，继往开来，我辈责无旁贷；为国承文，内心与有荣焉。人能弘道，非道弘人，信哉斯言；慎终追远，民德归厚，盛景可望，宏运可期！

广少奎

2020年6月于曲阜师大学庙与传统教育研究中心

曲阜孔庙
及其历史沿革

历史上孔庙的称谓和类型

曲阜孔庙发展史

孔庙是祭祀我国伟大的思想家、教育家、儒家学派创始人孔子的礼制性建筑，它起源于孔氏后裔对孔子的追思和历代王朝对贤人的褒奖。鲁哀公十七年，为表示对孔子的敬意，哀公命人在孔子生前所居之堂立庙。这是有史料记载的最早的孔庙，即曲阜孔庙。汉代以前，孔庙还没有走出曲阜阙里。汉初，高祖刘邦以太牢之礼祭祀孔子，开历代帝王祭孔之先河。此后，孔庙开始超越宗族界限，走出阙里，走向全国。经过长期的发展，孔庙逐渐走出国门，走向世界。它不仅作为儒家文化的物质载体被国人所认可，而且作为中国文化的重要标志被世界人民所熟知。

历史上孔庙的
称谓和类型

孔庙，又称文庙、夫子庙、至圣庙、先师庙、先圣庙、文宣王庙、至圣文宣王庙等，按性质可分为家庙、国庙和学庙。在两千多年的发展中，孔庙从最初的家庙成为国庙，不仅成为祭祀孔子的礼制性建筑，更是传承文化与教化百姓的文教类建筑。纵观历史不难发现，几乎历朝历代的统治者都奉儒学为正宗，尊孔子为圣人，不遗余力地修建孔庙。尤其是明清时期，只要是国家设立的县级以上行政区域，都建有孔庙。它们分布各地，辐射周边，形成足以和佛寺、道观相媲美的儒家文化建筑群。

孔庙的称谓

孔庙在历史上称谓颇多，折射出鲜明的时代痕迹。唐开元二十七年（739年），孔子被追封为文宣王，故孔庙亦称文宣王庙；宋大中祥符五年（1012年），孔子被加封为"至圣文宣王"，故称孔庙为至圣庙；元代至大元年（1308年），孔子被加封为"大成至圣文宣王",故称孔庙为至圣文宣王庙。概言之,宋代以前,孔庙称呼不一;宋代以后,多统称文庙,此后历代沿用,直至今日。例如江苏的苏州文庙、上海的嘉定文庙、山东的即墨文庙和济南府学文庙等等,都曾经是历史上使用的正式称谓,且一直沿用至今。

孔门弟子尊称孔子为"夫子"。"夫子"本是对各级军官的称呼,如周武王牧野誓师时,称各级军官(如千夫长、百夫长)为"夫子"。春秋时期,卿大夫见面时互称"子",但在背后谈论时,为了表示尊敬,往往称对方为"夫子"。战国初期,讲学之风大兴,人们越来越重视知识和文化的学习,对传播文化的"士"也越来越尊敬,弟子们便尊称孔子为"夫子"。因此,孔庙亦可称为"夫子庙"。例如,南京的孔庙就被约定俗成地称为南京夫子庙,其他称谓就显得不伦不类了,难以为民众所接受。

孔庙,还可称为"先师庙"或"先圣庙"。北魏孝文帝太和十三年(489年),"立孔子庙于京师",并将其命名为先圣庙,至今尚存。隋开皇元年(581年),孔子被隋文帝先后尊为"先师尼父"和"先圣",孔庙被称为先师庙或先圣庙。明嘉靖九年(1530年),为彰显君权,加强中央集权,世宗下诏尊孔子为"至圣先师",故嘉靖九年以后修建的孔庙均被称为先师庙。

综上所述,无论是孔庙、文庙、文宣王庙,还是夫子庙、至圣庙、先师庙等等,名称虽异,实质则同,即它们礼敬的对象都是一致的。[1]确切地说,孔庙使用何种称谓,是按照国人用语习惯进行区分的,即所谓"约定俗成"。如把曲阜孔庙称作曲阜至圣庙,把苏州文庙称作苏州夫子庙,就不符合约定俗成之理。

① 周洪宇,赵国权:《文庙学:一门值得深入探究的新兴"学问"》,载《江汉论坛》2016年第5期。

孔庙的类型

孔庙历史悠久，且数量众多，按其性质或用途可有不同分类。孔祥林等在《世界孔子庙研究》一书中将孔庙分为五类：第一类是国家各级学校奉祀孔子的庙宇，名为"文庙"；第二类是孔子故里的本庙，即曲阜孔庙，因"有庙无学"，不属于文庙；第三类是单纯的纪念性庙宇，但没有列入国家祀典，可称为"孔子庙"；第四类是书院建造的奉祀孔子的庙宇，国家没有为它制定祭祀的专门礼仪，不能称为文庙，为与其他文庙有所区别，可称为"书院孔子庙"；第五类是由散居在世界各地的孔子后裔建造的家庙。[1]王秀平等在《曲阜孔庙与尼山孔庙之辨析》一文中将孔庙分为四类，即国庙（皇家孔庙）、家庙（祖庙）、学庙和纪念性孔庙，并认为"学庙特指中国古代的官方学校。中央学叫辟雍，如后来的国子监。地方学叫泮宫，如地方各级府州县学"[2]。

综合以上观点，我们可将孔庙分为三种类型：一是家庙[3]，二是国庙，三是学庙。

孔庙是家庙

公元478年，鲁哀公下令在孔子生前所居的三间房屋立庙。"故所居堂、弟子内，后世因庙，藏孔子衣冠琴车书，至于汉二百余年不绝。"[4]这是最早的孔氏家庙，即现在的曲阜孔庙之前身。"汉高祖十二年（公元前195年）过鲁，以太牢祀孔子，此帝王祀孔子之始也。"[5]自此以后，孔氏家庙影响日隆，开始逐渐向国庙过渡。

东汉桓帝元嘉三年（153年），鲁相乙瑛上奏朝廷，请求为孔子庙置百石卒史一人，管理朝中的礼品、祭器以及往返的公文，典主守庙，春秋飨礼。次年，朝廷授予孔和为百石

① 孔祥林等著：《世界孔子庙研究》（上），中央编译出版社2011年版，第1—4页。
② 王秀平、袁磊：《曲阜孔庙与尼山孔庙之辨析》，见李文主编《孔庙文化功能的当代价值》（中国孔庙保护协会第十七届年会论文集），广西人民出版社2014年版，第44页。
③ 孔氏家庙，顾名思义，就是孔氏家族内部的庙宇，确切地说，是孔子后裔为祭祀孔子、孔子之长子长孙的宗庙，纯属孔氏族人内部之事。家庙重在"家"字。
④《史记·孔子世家》。
⑤ 李经野等纂修：《曲阜县志》，（台）成文出版社1969年版，第89页。

卒史官职，负责管理孔庙，孔庙所用一切经费由朝廷拨款。从此，曲阜孔子家庙变成了由国家委派（指派）官吏直接管理的庙宇，即或多或少地具有了国庙的性质。桓帝永寿二年（156年），鲁相韩敕以官钱（财政拨款）整修孔庙，制造礼器，并拨户人洒扫，进一步确立了孔庙为国庙的地位。

在近两千年的岁月中，虽然曲阜孔庙作为国庙已渐成事实，但其始终含有家庙的成分。确切地说，曲阜孔庙有两座——一座是国庙，另一座则是家庙。国庙是指整个曲阜孔庙，家庙是指被曲阜孔庙所包含的小庙，即现在曲阜孔庙中的崇圣祠。清雍正元年（1723年），雍正帝追封孔子五代祖先为王，于是把原来的家庙改为崇圣祠。目前，这座家庙默默地独守一隅，已经不被众人所知晓。

第二座家庙是宋室南渡后，孔氏族人在浙江建立的衢州家庙。建炎二年（1128年），孔子第四十七代嫡长孙孔端友及部分孔氏族人携带"孔子夫妇楷木像及画像"，南渡至浙江衢州落脚，并在此建立了衢州家庙。至此，孔氏后裔便形成了南北二宗，衢州也因此被孔氏称为"第二圣地"。衢州孔庙坐北朝南，中轴对称，基本上按照曲阜孔庙的规制建造，占地约20亩，建筑占地面积13900平方米。庙内古木参天，殿宇宏伟，肃穆凝重，洋溢着浓郁的儒家文化气息。

曲阜孔庙中的家庙

衢州孔氏家庙

孔庙是国庙

作为国庙性质的孔庙，全国只有两处，即曲阜孔庙和北京孔庙。它们是历代帝王和各级官员专门用来祭祀孔子的庙宇。曲阜孔庙的时间最久，面积最大，等级最高，规制最严，因而也影响最大，声誉最隆。曲阜孔庙由中央政府委派孔氏族人（任宗圣侯、衍圣公、奉祀官等不同官职，皆朝廷命官或中央政府特任官员）来管理，由朝廷拨出专款或地方政府专门出资维修，是专门祭祀孔子的国家级礼制性庙宇。在中国古代，作为国庙性质的孔庙是国家的一种精神文化象征，是统治阶层向民众宣示政治思想的重要场所。

曲阜孔庙鸟瞰图

　　自汉高祖刘邦开启帝王祭孔的先河之后，有十余位皇帝驾临曲阜，致祭孔子二十余次。例如：东汉永平十五年（72年）三月，明帝刘庄幸阙里，祀孔子及七十二弟子，亲御讲堂，命皇太子及诸王说经；东汉元和二年（85年）三月，章帝刘炟东狩过鲁，祀孔子及七十二贤，作"六代之乐"，授孔子第二十代孙孔僖为郎中，开帝王祭孔用乐、授孔氏为官的先河；东汉延光三年（124年）三月，安帝刘祜到曲阜孔庙祭祀孔子，召见并赏赐多位孔氏族人；北魏太和十九年（495年）四月，孝文帝元宏亲临曲阜孔庙祭孔，驻跸两天，封授圣裔，树碑修墓；唐乾封元年（666年），高宗李治封禅泰山，返程时亲临阙里，祀孔子，追赠"太师"；唐开元十三年（725年），玄宗李隆基东巡泰山，专门取道曲阜拜谒孔庙，祭祀孔子，追封孔子为"文宣王"，并钦颁祭祀孔子的释奠礼为"开元礼"；后周广顺二年（952年）六月，太祖郭威亲临阙里，祭祀孔子，又到孔林亲拜孔子墓，敕令兖州知州负责修缮孔庙、孔林，严禁砍伐孔林树木。北宋大中祥符元年（1008年），宋真宗特意驾临曲阜，拜谒孔庙、孔林，追谥孔子为"玄圣文宣王"，还诏封孔子之父为"齐国公"，孔子之母为"鲁国太夫人"，孔子之妻为"郓国夫人"；清康熙二十三年（1684年）十一月，圣祖玄烨到曲阜孔庙行三跪九叩大礼，并拨款修葺孔庙，增广孔林；乾隆十三年（1748年）二月至五十五年（1790年）三月期间，高宗弘历先后到曲阜孔庙祭孔九次。值得一提的是，乾隆皇帝是历代祭孔中表现最为虔诚的帝王。至于委托太子、皇子或重臣到曲阜致祭的活动，多到不胜枚举。以上祭祀活动在《曲阜县志·历代褒封总记》和《乾隆甲午新修曲阜县志·通编》中均有记载。

北京孔庙

北京孔庙是仅次于曲阜孔庙的第二大国庙，也由朝廷命官来管理，主祭者往往是皇帝本人或政府主要官员。北京孔庙始建于元大德六年（1302年），大德十年（1306年）建成。它是元、明、清三朝皇家祭祀孔子的主要场所，总体布局为三进院落，远小于曲阜孔庙的九进规模。元代统治者入主中原后，为了巩固中央集权的统治，开始实行尊孔崇儒文教政策，并在孔庙旁边建立了国子监，形成"左庙右学"的格局。北京孔庙内碑刻林立，树木葱郁，曲径通幽。在这里不仅能够感受到儒家文化的韵味，还能体会到古色古香的建筑中蕴藏的独特文化内涵。

孔庙是学庙

学庙是"依学而建"且"主祀孔子"的礼制性建筑，大致可分为三类，即官学类学庙（中央和地方官学）、私学类学庙（私塾等）、书院类学庙。学庙将教学与祭祀相结合，不仅是古代士子学习儒家经典的活动之所，还是礼敬孔子的祭祀之所。换言之，学庙既是一座教育性建筑，也是一座礼制性建筑。在学庙中接受教育的对象是各府学、州学、县学的生员，祭祀的对象是孔子及对儒家文化有传播、发展等重大贡献的先贤和先儒。学中有庙、庙学合一，是学庙最主要的特征。

"庙学合一"最早开始于唐代。贞观四年（630年），唐太宗诏令"州、县学皆作孔子庙"，使得"庠序遍于四海，儒生溢于三学"。[①]自此以后，各州县大多在学宫旁边建立孔庙。开元初，唐玄宗诏"天下州县皆立学，置学官、生员"[②]，"庙学合一"的教育制度初步形成。此后历代相沿，形成"州县莫不有学，则凡学莫不有先师之庙"[③]的格局。在具体表现形式上，分为"左庙右学""前庙后学""中庙周学"等。需要注意的是，无论哪种形式，庙和学总是结合在一起的。这就使得它们各自的功能产生了重组，不再是单纯的祭祀场所或教育场所。概言之，"庙学合一"的教育制度确保了儒家学说的正统地位，使得儒家学说在巩固政治统治、促进民族团结、维护国家统一等方面发挥了巨大作用。士子们在"庙学"中攻读至圣先师的至理名言，学习乡贤名宦的道德

① 刘昫等撰：《旧唐书》，中华书局1975年版，第2752页。
② 欧阳修：《欧阳修全集》，中华书局2001年版，第565页。
③ 马端临：《文献通考》，（台）新兴书局1965年版，第411页。

事迹，其中的优秀者成长为一代又一代的文化名人。

在中国古代，庙学与科举联系密切。科举是古代中国选拔人才的一项考试制度，也是世界上公务员考试制度的雏形。庙学教育是科举制度中的预备教育。由隋至清，特别是明代，"科举必由学校"。也就是说，士人只有在学校读书并取得考试资格后，才能参加科举考试。在府学、州学、县学读书的士子被称为"生员"。生员（秀才）在学庙中需要经过三年以上的学习，并成为科考的优秀者，即"科举生员"，才能取得乡试资格，继而参加会试、殿试。士子们一旦科举中第，身份地位都会发生变化，由"朝为田舍郎"而"暮登天子堂"，成为朝廷命官。概言之，文庙士子"进足以匡吾君，而泽吾民；退足以化其乡，而善其俗"[1]。

家庙、国庙、学庙的联系与区别

家庙、国庙和学庙三者之间联系密切，既有包含关系又有演进关系。首先，家庙演化为国庙。以曲阜孔庙为例，曲阜孔庙最初仅是祭祀孔子的家庙，汉高祖以太牢之礼祭祀孔子，开启历代帝王祭孔之先河，家庙开始成为国庙。其次，国庙中包含家庙。如今曲阜孔庙崇圣祠的位置，就是原来的孔氏家庙。再次，无论是家庙、国庙还是学庙，都与"学"密不可分。例如：衢州孔庙中有家学，供孔氏家族弟子读书明志；北京孔庙旁边有国子监，供太学生读书习礼；地方孔庙中有府学、州学、县学，供士子学习儒家经典，温习礼仪。由此一来，孔庙既是祭祀圣地，又是教育场所。这种独特的"庙学"教育形式，实际上是教育理念与教育实践的完美结合。总之，家庙、国庙和学庙三种性质的孔庙并存，形成了具有中国特色和风格的中国孔庙群体。

尽管家庙、国庙和学庙三者联系密切，但它们之间的区

---

[1] 贺钦：《医闾集》，《辽海丛书》本。

曲阜孔庙"诗礼堂"匾额

别也是明显的。首先，从性质来看，家庙是孔氏家族内部祭祀孔子及其长子长孙的庙宇，属于宗庙性质；国庙是国家层面的祭祀建筑，象征着国家精神；学庙以学为主且伴有祭祀活动，是各地官方的教育场所。其次，从出现的先后顺序来看，家庙出现最早，国庙次之，学庙为后。再次，从祭祀的对象来看，家庙只祭祀孔氏祖先，例如孔子、孔鲤、孔伋、孔仁玉、孔端友等等；国庙或学庙除了祭祀孔子和"四配十二哲"之外，还祭祀对儒学传播和发展有重要贡献的历代先贤和先儒，但不祭祀孔鲤、孔仁玉和孔端友等。另外，它们的单体建筑也有所不同，除了共有的建筑大成殿之外，家庙拥有国庙和学庙所没有的特殊建筑。例如衢州家庙的五支祠、袭封祠、六代公爵祠、报功祠、思鲁阁等等，都是国庙及学庙所没有的。最后，从庙与学的关系方面来看，虽然家庙、国庙、学庙都有"学"，但"学"的对象有所不同。具体来说，家庙中的"学"是孔氏族人读书的地方，国庙则没有这种"学"的特征；学庙中的"学"是官学，即各级政府所办的学校，例如府学、州学、县学等等，是培养人才的地方，其对象是求学的士子。

另外还应指出的是，家庙、国庙和学庙的建筑规格是有所不同的。家庙的建筑规格最低，无论是曲阜家庙还是衢州家庙，主要建筑均以三开间为基础。例如，衢州家庙大成殿原本是面阔三间、进深三间的重檐歇山顶，后经重修，形成现今面阔五间、进深五间的格局；曲阜家庙原来也是三开间，后来变为五开间。国庙建筑规格最高。例如，曲阜孔庙大成殿为面阔九间、进深五间的"九五之尊"规格，月台也是坐拥两层的"至尊之制"；北京孔庙与之相同，也为"九五之尊"规格。对于学庙而言，大成殿既有面阔九间、进深五间的规格（例如吉林文庙），也有面阔七间、五间甚至三间的普通规格，殿前月台则为单层。学庙的具体规格，依据地方的经济实力和官员对文庙的重视程度而有所不同。

孔庙的性质

孔庙原本是家庙，即家族性质的庙宇。最初对孔子进行祭拜的仅是他的后代及门生。西汉以后，祭孔开始走出阙里，逐渐成为国家的公祀，孔庙也从原来的家庙渐成国庙，地位发生了质的变化。自唐代始，"庙学合一"成为定制，孔庙又从国庙转变为比较普及的学庙。此时祭祀的人已经有了官方爵位，祭祀的资源也是官方给予的。自此以后，"三庙"并存，历代相沿。民国以后，"庙"和"学"开始分离，孔庙不再作为官方的教学场所，也不再拥有教学的职能。如今，孔庙已不再作为传统意义上的官学，而是作为一种文化旅游场所，只是一座纪念性、观光性的庙宇，与传统的性质大相径庭。

需要特别说明的是，中国大陆的孔庙不属于宗教性庙宇，但在中国香港地区，孔教属于正式的宗教，且位列香港六大宗教（孔教、天主教、基督教、道教、伊斯兰教和佛教）之首。我们认为：儒家不是宗教，因为儒家以积极"入世"为追求，提倡尊师重道，重视人格培养，具有突出的伦理性、鲜明的人本性、严整的中庸观、明确的义利观，与通常的宗教理念有重大区别；[1]孔庙也不是宗教性的庙宇，因为历史上的孔庙包括家庙、国庙、学庙三种类型，这与其他宗教庙宇很不相同。究其实，佛教、基督教、伊斯兰教的教主都是神的化身，或者是被神化了的人物，而孔子则是拥有血肉之躯、以好学不已为特征的历史文化名人。

咸丰皇帝御题"德齐帱载"匾额（图片来源：图虫创意）

在中国古代很长一段时间里，"庙"与"学"的关系是非常紧密的。尤其是自唐代"庙学合一"制度确立之后，中国官学进入"庙学"时代，"庙"总是和"学"联系在一起，

① 广少奎等主编：《中国古代儒家教育生活及教育思想研究》，北京师范大学出版社2017年版，第193—219页。

"学"也就难免会被"庙化"，或多或少地显示出"宗教化"的色彩。历史上，儒学曾被视为儒教（我们不赞同"儒教"这一词汇，故行文中多称儒家、儒学、儒家学派或儒家思想）。例如，隋唐时期，统治者重视儒家学说，也不排斥佛、道，人们习称为"三教并举"。但是，儒家学派绝不是真正意义上的宗教。儒家至多是具有某些宗教意蕴的学说，是具有中国特色和中国风格的一大思想。目前，儒学的思想早已随着时间的推移，随着庙学教育的开展而深深地扎根于中华大地，成为所有炎黄子孙共同的文化根基所在。我们都自觉或不自觉地受到过儒家思想的熏陶和影响，也将以自己特有的方式将这些优秀的思想继续传承下去。就目前来看，全国所有孔庙均为文化行政管理部门或教育部门管辖，一部分孔庙作为博物馆来使用。简言之，在当下，孔庙并不是宗教性的场所，而是一种历史文化古迹。

曲阜孔庙发展史

　　曲阜孔庙位于山东省曲阜市，是目前所有孔庙中规格最高、面积最大、时代最早、影响最深的礼制性庙宇。曲阜孔庙从最初的庙屋三间到现在所见的庞大建筑群落，其间经历了无数次修葺和扩建，凝聚了无数劳动人民的智慧。现在的曲阜孔庙占地面积为14万平方米，建筑布局为三路九进院落，左右对称排列，贯穿于一条中轴线上，里面有殿、堂、坛、阁等单体建筑共460多间，各类门、坊共54座，保存完好的历代石刻共有1000多块。曲阜孔庙既是历代尊孔崇儒的历史见证，又是劳动人民勤劳和智慧的结晶。它为中国、日本、朝鲜、越南、德国、印度尼西亚、美国等世界各地孔庙的修建提供了蓝图和范本，并以其厚重的文化积淀、悠久的建造历史、宏大的建筑规模和丰富的艺术价值享誉全球。

　　按照曲阜孔庙的修建历程，可以将其发展大致分为初建阶段、扩建阶段、成型阶段和维护阶段等四个阶段。

初建阶段（公元前478年—公元666年）

周敬王四十一年（前479年），孔子去世。次年，鲁哀公下令在孔子生前所居住的旧宅立庙，"春秋以猪羊祀孔子"。此乃孔庙最初的形态。按照周代的礼制，宗庙规格为"天子七庙，诸侯五庙，大夫三庙，士一庙，庶人无庙"[①]。孔子在鲁国从政时担任过的最高职务是"大司寇"，周游列国归来之后，一直未能重新从政。因此鲁哀公为其立庙，实在是不合常理的。此时的孔庙仅是一座供孔氏后裔及其弟子祭祀的家庙，还未上升到政治层面。换句话说，因宅立庙，是因为故宅最能使人触景生情。为了追慕和悼念孔子，孔门弟子将孔子生前穿过的衣物、乘过的车、用过的琴等遗物收集于孔子故居内，以做纪念。

孔庙的最初布局史料无载，依据汉魏时期鲁城内所建的孔庙推测，当时的孔庙应为庙屋三间，东西各为寝室与讲堂，中间为厅。其内部物品的收藏与摆放按照当时礼制，讲堂西墙绘孔子像，东为尊，几之上摆放礼器，大部分遗物则收于寝室内。孔氏家庙，位于现在的曲阜孔庙的崇圣祠位置。

曲阜孔庙崇圣祠

① 李经野等纂修：《曲阜县志》，（台）成文出版社1969年版，第89页。

孔子旧宅立庙的具体过程已无从查考。据汉乙瑛碑记载，孔庙是东汉时期奉旨修建的，到元嘉年间，阙里已无人主持讲学活动，故将孔庙重新立于孔子旧宅。另一种说法是，因孔子旧宅离鲁城泮宫不远，在此重立孔庙便于在鲁城泮宫效仿京都辟雍行祭孔之礼。总之，这次孔庙重修是按照礼制进行的，重修后的孔庙外围环以墙垣，南垣正中设门阙。中心仍为"庙屋三间"，西侧一间供奉孔子神位，东侧一间供奉孔子夫人神位。汉灵帝年间，鲁相史晨到孔庙拜祭孔子之后，对孔庙加以修缮，修补了损坏的夯土围墙，疏通庭院周围的水沟，并增置了碑碣。东汉末年，孔庙失火，屋宇损毁严重。

曹魏时期，统治者有感于战乱之后百祀堕坏，"旧居之庙，毁而不修。褒成之后，绝而莫继。阙里不闻讲诵之声，四时不睹蒸尝之位"[①]。于是，下令对曲阜孔庙进行重修，在维持原有形制的基础上于孔庙外侧增建了房舍，供学员居住，并恢复了阙里讲堂的"庙学合一"之制。魏文帝黄初二年（221年）春，皇帝除封议郎孔羡为宗圣侯、率百户奉祀孔子外，还令鲁郡修起旧庙，置吏卒守卫之。

西晋之乱时，阙里被贼寇破坏，庙貌荒残。晋孝武帝时，清河李辽上表说："臣闻教者治化之本，人伦之始，所以诱达群方，进德兴仁。譬诸土石，陶冶成器。虽复百王殊礼，质文参差，至于斯道，其用不爽。自中华湮没，阙里荒毁，先王之泽寝，圣贤之风绝。自此迄今，将及百年。造化有灵，否终以泰，河济夷徙，海岱清通。……以太元十年，遣臣奉表。路经阙里，过觐孔庙，庭宇倾顿，轨式颓弛，万世宗匠，忽焉沦废，仰瞻俯慨，不免涕流。既达京辇，表求兴复圣祀，修建讲学。至十四年十一月十七日，奉被明诏，

① 孔继汾：《阙里文献考》（影印本）卷12《林庙考第二》，山东友谊书社1989年版，第735页。

采臣鄙议，敕下兖州鲁郡，准旧营饰。"①于是重修孔庙，并赐给六经，讲立庠序，延请宿学，且核拨百姓数户负责洒扫工作。

南北朝时期，曲阜战乱频频，孔庙日渐式微，无法得到及时修缮，因而时兴时废。刘宋文帝元嘉十九年（442年）冬曾诏修孔庙，后因故停修。直到刘宋武帝孝建元年（454年），曲阜当地官员才在原址上重建孔庙。东魏孝静帝兴和三年（541年），兖州刺史李珽命工匠雕素圣容，并另塑十子侍其左右。北齐文宣帝天保元年（550年）夏六月，诏"鲁郡以时修治孔子庙宇，务尽崇焕"②。隋炀帝大业七年（611年），曲阜县令陈叔毅重修孔子庙。从曹魏至唐初，曲阜孔庙基本保持着原先的庙制和规模。

扩建阶段（666年—1336年）

曲阜孔庙的扩建阶段大致为唐高宗乾封元年（666年）至元顺帝至元二年（1336年）。从开始立庙一直到唐初，曲阜孔庙基本上保持着"庙屋三间"的形态，这期间的修建只是小规模的修缮或重建。从唐高宗开始，孔庙开始扩建，其建筑规模不断扩大。到了宋代天禧年间，孔庙已经增加了殿、堂、廊、庑，总共316间。这次大规模的扩建，突破了原来因宅立庙的布局框架。有金一代，特别是从金熙宗皇统二年（1142年）到金章宗明昌六年（1195年）的五十余年间，曲阜孔庙多次修建，建筑规模进一步扩大。金代以后至元代以前，曲阜孔庙时修时扩，其庙制逐步向王宫之制靠拢。

有唐一代，随着国势的强盛，文化礼制建设也开始提上

① 孔继汾：《阙里文献考》（影印本）卷12《林庙考第二》，山东友谊书社1989年版，第222页。

② 孔继汾：《阙里文献考》（影印本）卷12《林庙考第二》，山东友谊书社1989年版，第223页。

日程。作为文化的代表，孔子和儒学也得到相应的重视。随着孔子地位的提高，祭祀孔子的庙宇日益受到统治者的重视。贞观十一年（637年），太宗令兖州官员重修孔庙。乾封元年（666年），唐高宗李治前往泰山行封禅大礼，返回途中经过曲阜，特地前往孔庙以少牢之礼拜祭孔子，并将孔子追封为太师。看到孔庙规模狭小，他当即令兖州都督扩建孔庙。这次扩建，极大地增加了孔庙原先的范围。虽然仍以"庙屋三间"为制，但孔庙的庭院及外观已大有改进。而且，建筑采用多层斗栱，墙壁开窗，步廊环于四周，庙庭围墙之外又加修了一道围墙。另外，东南角接近旧时泮宫围墙，东北角建于灵光殿残基处，西北角建于原鲁城泮宫围墙处。到唐玄宗时期，孔子和儒学备受尊崇，孔庙也因此得到了扩建。开元七年（719年），兖州刺史韦元圭会同孔子第三十五代孙对曲阜孔庙进行了重修。开元十三年（725年），唐玄宗登泰山行封禅大礼，回归途中经过曲阜，派使臣以太牢之礼祭拜孔子，并且为了表示对孔子的尊敬以及对儒学的重视，下诏进一步扩建曲阜孔庙。据《孔氏祖庭广记》中的《宋阙里庙制图》推测，当时的孔庙很可能将正殿改为了面阔五间，专门用来奉祀孔子。具体来说，孔子塑像居中，坐北朝南，穿王者服，罩儒者衣，另有十二哲坐像分列东西。正殿的后面新建了寝殿，奉祀孔子夫人；西侧是"叔梁大夫"堂，奉祀孔子父母。

唐代宗大历八年（773年），兖州刺史孟休鉴对曲阜孔庙的庙门重新进行了修葺，使其焕然一新。懿宗咸通十年（869年），天平军节度使、郓曹濮等州观察使及孔子第三十九代孙孔温裕上言："伏以礼乐儒学，教化根本；百王取则，千古传风。国朝宏阐文明，尊尚祀典，不违古制，大振皇猷。

今曲阜乃鲁国故都，文宣王庙即素王之故宅，兴儒之地，孕圣之邦。所宜庙宇精严，礼物俱举。……圣域儒门，岂宜埋坠？"[1]其建议得到朝廷采纳，于是重新修葺了曲阜孔庙。

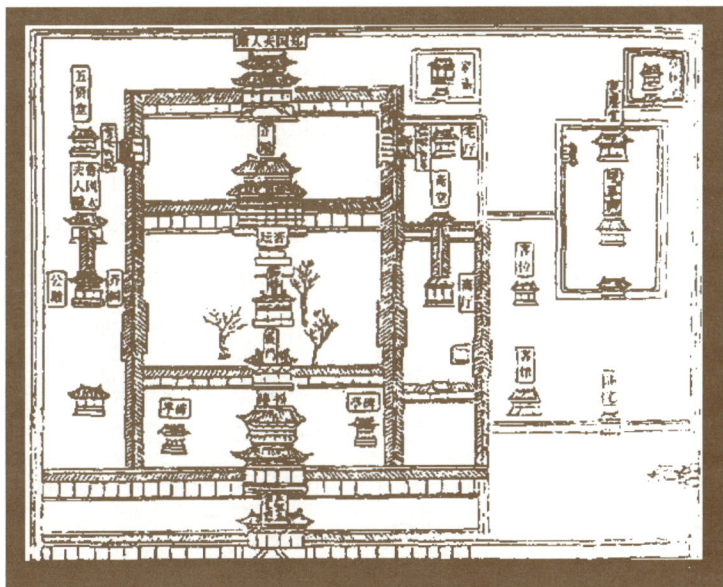

宋阙里庙制图（图片来源：[金]孔元措撰《孔氏祖庭广记》）

到了宋代，孔庙进一步扩建，其建制布局与前代相比总体上有了明显的改观。北宋时期，对孔子的封谥进一步升级，孔庙规模也有了一定的扩大。宋太祖赵匡胤与宋太宗赵光义赴国子监拜谒孔子庙之后，亲制孔子赞，并立戟十六枚于孔庙门。宋太祖建隆三年（962年），诏祭孔子庙用一品礼，立十六戟于庙门。宋太宗在修整了佛寺道观之后，于太平兴国八年（983年）对曲阜孔庙进行了一次大规模的修建。吕蒙正撰写碑文记录了此事。宋太宗曾对大臣谈到修建曲阜孔庙的事情："朕嗣位以来，咸秩无文，遍修群祀。金田之列

[1] 孔继汾：《阙里文献考》（影印本）卷12《林庙考第二》，山东友谊书社1989年版，第223—224页。

刹崇矣，神仙之灵宇修矣。惟鲁之夫子庙堂未加营葺，阙孰甚焉。况像设库而不度，堂庑陋而毁颓，触目荒凉，荆榛勿翦。阶序有妨于函丈，屋壁不可以藏书。既非大壮之规，但有岿然之势。倾圮寖久，民何所观？"①便下令重修曲阜孔庙，诏令鸠工庀材，增建了御书楼（又名藏书楼，后更称奎文阁），用以藏书和作为内院的正门。

宋代《阙里庙制图》显示，曲阜孔庙当时从南至北只有四进院落。第一进院落为过渡性空间，进入第一道门内有一道内墙，墙中央便为庙中所设御书楼，御书楼庭院有两座碑亭分列院中东西两侧。再过一道门墙便进入正殿庭院，院中有杏坛和一亭。正殿为七间重檐歇山顶，两侧有东西庑，之后为"郓国夫人殿"（即祀孔子之妻的大殿）。因曲阜孔庙为家庙，正殿之后还有寝殿，所以御书楼位于正殿之前。中路三进庭院的东西两侧各有几个小院，其中排列了一些辅助性的建筑，例如五贤堂、家庙、宅厅等。

宋真宗时期，"尊孔崇儒"达到了高潮。大中祥符元年（1008年）冬十一月，宋真宗东巡过鲁，下令修饰祠宇。大中祥符五年（1012年），真宗封孔子为至圣文宣王。从这时起，孔庙的庙制开始由"王制"向"帝制"提升，房屋总数超过300间。这一时期的扩建，基本上确定了孔庙后来的布局形式。宋真宗天禧二年（1018年），孔子第四十五代孙孔道辅奏言："祖庙卑陋不称，请加修崇。"②真宗令转运使以官费重修孔庙，以孔道辅监工。天禧五年（1021年），孔道辅再次请求修葺孔庙，得到封禅行殿的剩余木材，便大扩旧制，建庙门三重。扩大后的格局是："次书楼，次唐宋碑亭各一，次仪门，次御赞殿，次杏坛。坛后乃正殿，又后为郓国夫人殿，东庑为泗水侯殿，西庑为沂水侯殿。正殿西庑门外

① 孔继汾：《阙里文献考》（影印本）卷33《艺文考第十二》，山东友谊书社1989年版，第759—760页。

② 孔继汾：《阙里文献考》（影印本）卷12《林庙考第二》，山东友谊书社1989年版，第224页。

为齐国公殿，其后为鲁国太夫人殿。东庑门外曰燕申门，其内曰斋厅，厅后曰金丝堂，堂后则家庙。左则神厨，由斋厅而东南为客馆，直北曰袭封视事厅，厅后为恩庆堂，其东北隅曰双桂堂。凡增广殿庭廊庑，三百十六间。"[1]这样一来，不仅孔子本人，连同孔子的父母、夫人以及后代子孙都受到了尊奉。

此后不久，曲阜孔庙再一次进行了重修。正殿由原址移至现今大成殿处，并将建制改成面阔七间，增加了大成殿前庭院的面积，郓国夫人殿则向后移至现在的寝殿位置。正殿旧殿基予以保留，并以砖石垒砌成坛状，环植杏树，称为"杏坛"。此外，又在杏坛前面建造了玉赞殿。至此，孔庙的固定格局基本形成。宋仁宗景祐四年（1037年），增建了讲学堂；景祐五年（1038年），孔道辅又在孔庙西殿廊外增建了五贤堂，供奉孟子、荀子、扬雄、王通和韩愈。庆历八年（1048年），孔道辅之弟孔彦辅在齐国公殿后又修建

孔庙寝殿（图片来源：图虫创意）

① 孔继汾：《阙里文献考》（影印本）卷12《林庙考第二》，山东友谊书社1989年版，第225页。

了鲁国太夫人殿，专门供奉孔子之母颜徵在。此后，元丰、绍圣、政和年间亦多次重修孔庙。元丰元年（1078年）冬十月，宋神宗诏令兖州以"省钱"修葺宣圣祠庙。元丰五年（1082年）冬十一月，赐度牒三十本，差本路兵士、工匠，令四十七代孙监修。元祐元年（1086年），又增建庙学于孔庙东南隅。绍圣三年（1096年），宋哲宗下令转运使以"省钱"三千贯，对曲阜孔庙再次加以修葺，由四十七代衍圣公孔若蒙监督维修。崇宁四年（1105年），宋徽宗颁布孔子像的规制为"冠服制度用王者，冕十二旒，衮服九章"。政和四年（1114年），宋徽宗亲书"大成殿"匾额，置于大殿之上。可以说，整个北宋时期，统治者对曲阜孔庙一直不遗余力地加以修葺或扩建。

宋金对峙时，山东虽属于金朝管辖，但崇儒兴庙的活动并未中断。有金一代，孔庙多次重修。金熙宗皇统二年（1142年），皇帝下令从行省拨钱一万四千贯，委任曲阜主簿孔环修葺，严厉禁止官私侵占圣庙之地。皇统四年（1144年），再从行省拨钱一万四千五百贯，助其完成工役。至皇统九年（1149年），正殿始成。废帝海陵王正隆二年（1157年），又以官钱修葺孔庙两廊及齐国公殿。世宗大定十九年（1179年），五十代衍圣公孔摠"亲率族人至蒙山伐材，有司出羡钱，重建郓国夫人殿"[1]。

由于适逢乱世，曲阜孔庙不时遭到破坏。为表明对孔子与儒家的尊崇，金章宗于明昌二年（1191年），不仅拟拨巨资对曲阜孔庙进行重修，而且明言："昔夫子设教洙泗，有天下者所当取法。今遗祠久不加葺，且隘陋不足以称圣师居。"[2]于是下令降钱七万六千四百缗，修葺孔子庙，并命有关能臣领导此次工程，历经近四年完成。重建之后的曲阜

[1] 孔继汾：《阙里文献考》（影印本）卷12《林庙考第二》，山东友谊书社1989年版，第226页。
[2] 孔继汾：《阙里文献考》（影印本）卷12《林庙考第二》，山东友谊书社1989年版，第226页。

孔庙一改之前的旧貌。大成殿外柱全部更换为雕龙石柱，殿顶及两侧廊庑屋顶均用绿色琉璃瓦收边，并以斜廊将大成殿及其廊庑连结。齐国公殿西侧增立毓圣侯殿，东侧斋厅后增修金丝堂。整体来看，平面呈"工"字形。杏坛之上，增立大学士党怀英所书"杏坛"碑。重修了御书楼，并将其更名为"奎文阁"。两侧则以廊庑相连，其东侧门墙壁上有顾恺之、吴道子所绘孔子图像壁刻。东西廊庑各放置六块与八块碑刻，奎文阁北凉亭内置碑四块。大成门前东西两侧各增设两道门，从西侧入归德门后便可依次穿越观德门、由义门、居仁门、毓粹门。大中门外增设棂星门，并在原先庙宅之门与南围墙的相对之处开设庙宅外门，与里门、庙宅之门南北共连一线。此外，还在其周围修建了袭封宅、教授厅和学堂等建筑。总之，金朝的孔庙基本保持宋代的格局，部分建筑规模有所扩大。殿庑均以绿琉璃瓦剪边，青绿彩画，朱漆栏槛。檐柱亦改为石质，并刻龙为饰。

金元之际，战乱频繁，曲阜孔庙的大成殿及郓国夫人殿均遭到了破坏。元太宗九年（1237年），朝廷命五十一代衍圣公孔元措重修孔庙，修葺费用由官府供给。定宗三年（1248年），对郓国夫人殿进行了修复，并将孔子、孟子及"十二哲"像暂时安放于其中。从《金阙里庙制图》可看出，孔庙规模与之前相比有所扩大，庙制也较先前复杂许多。具体来说，第一进院落设置了一条水体在内墙之外，可能为泮水的雏形。第二进院为"L"形，将第三进的中路与西路庭院围合于内，院内正面立两座碑亭。第三进院入口的书楼更名为奎文阁。整个院落的东部增建了衍圣公住宅与庙学，北部扩建了孔氏族人的居住区，院墙东西两侧各增加了两道门，院中建筑的华丽程度也大有提高。正殿以及两庑顶改为绿色琉璃瓦顶，而且在正殿首次引入了雕龙柱。概言之，此时孔庙的庙制等级开始向王宫之制靠拢，并且颇有比肩之势。

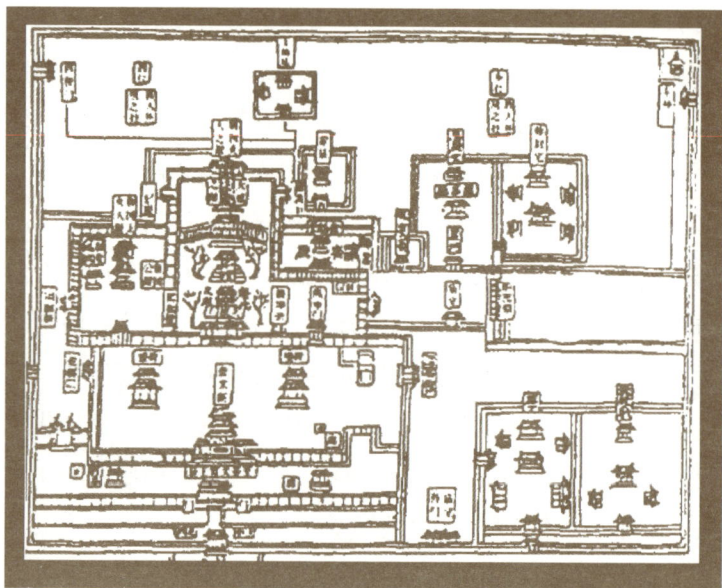

金阙里庙制图（图片来源：［金］孔元措撰《孔氏祖庭广记》）

元世祖至元四年（1267年），孔子五十三世孙孔治任曲阜县令。在其主持下，对孔庙进行了较大规模的维修。大部分建筑还是按照旧制进行复新，将金时修建的庙宅外门封起来，另建"庙学"。至此，孔庙南北墙垣均长180米，东垣长360米，而西垣长370米。至元十九年（1282年），济宁路总管刘用募民筑庙垣，植松桧一千株。元成宗时，孔庙复修，此时"庙""宅"完全分离开来，形成各自独立的系统。这在孔庙发展史上是具有划时代意义的。成宗执政期间，朝廷"尊孔崇儒"之风尤盛，孔庙也因此得到重修。成宗大德元年（1297年），济宁路达鲁花赤按檀不花行部至曲阜，目睹曲阜孔庙祠宇荒凉，上言愿意自己出资修葺。御史台言："曲阜林庙非他处比，修理盛事当出朝廷，不可使臣下独专其美，不许所请。"①

此次曲阜孔庙修建工程于大德四年（1300年）秋八月兴工，由朝廷拨款，按檀不花监工，但到冬十二月朝廷即下令罢工，因为此工程属于不急之役。当时孔庙修建工程已经过半，所以按檀不花于次年请求继续施工，得到了皇帝的许可。整个工期于大德六年（1302年）九月落成。建成后的殿宇廊庑共126楹，耗费钱财逾十万贯。大德十一年（1307年）七月，武宗追谥孔子为"大成至圣文宣王"，在奎文阁北边西侧建立碑亭，立碑以记。碑文用八思巴文和汉文两种文字写成。文宗天历二年（1329年），朝廷敕令济宁路出官钱五万二千缗，对开门再加修葺。至顺二年（1331年），五十四代衍圣公上表，请求仿效王宫之制，四隅建造角楼，得到皇帝的许可，以山东盐税和江西、浙江学租充为经费。此工程到顺帝至元二年（1336年）落成，至正元年（1341年）刻石立碑，记载了此耗时数年的修庙之举。

成型阶段（1336年—1912年）

曲阜孔庙的成型阶段从元顺帝至元二年至清末。在明代，曲阜孔庙基本形成了今日的规模。值得一提的是，明初至弘治年间，孔庙布局发生了巨大的变化，其规模远超以往，走向全盛。有明一代，曲阜孔庙屡次进行扩建，最终其南北长度达六百多米，大成殿由面阔七间改为面阔九间，并实现了皇宫五门之制。

---

① 孔继汾：《阙里文献考》（影印本）卷12《林庙考第二》，山东友谊书社1989年版，第226页。

明太祖洪武七年（1374年），五十六代衍圣公奏请修治曲阜孔庙，皇帝下诏同意。洪武十年（1377年）聚集工匠，次年完工。衍圣公又另外奏请，增塑圣像于大殿。洪武二十年（1387年），朱元璋对工部侍郎秦逵说："春秋之世，人纪废坏。孔子以至圣之资删述六经，使先王之道晦而复明。万事永赖，功莫大焉。夫食粟则思树艺之先，衣帛则思蚕缲之始，皆重其所从出也。孔子之功与天地并立，故朕命天下通祀，以致崇报之意。而阙里，先师降神之地，庙宇废而不修，将何以妥神灵、昭来世尔？工部其即为修理，以副朕怀。"[1]工部即奉命组织力量，对曲阜孔庙加以修复。

成祖永乐九年（1411年），五十九代衍圣公奏请重修曲阜孔庙。工部请求派发囚徒二百三十名，皇帝允许，并派遣雷迅监督修葺。永乐十二年（1414年）春正月，皇帝诏回雷迅，下令拨囚徒一千名交给孔氏子孙自己监督修建。其年冬十二月，皇帝对工部说："孔庙至敬之所，囚徒作践不便，令山东布政使司官一员，率民匠三千人往修，务期坚固，囚徒仍听役于外。"[2]永乐十五年（1417年）夏五月，孔庙修建工程结束，御制碑文纪成。永乐二十年（1422年），五十九代衍圣公又改建斋厅。宣宗宣德九年（1433年），工部侍郎周忱因为公务途经曲阜，捐出自己的俸禄修建金丝堂，又于孔庙外西南隅构得堂室三间，作为更衣之所。英宗天顺四年（1461年）冬十月，六十一代衍圣公重修启圣殿。天顺八年（1465年），皇帝下令，命巡抚山东副都御史贾铨重修阙里先圣庙，成化元年（1465年）落成。成化四年（1468年），宪宗御制碑文，以纪此功。成化五年（1469年），巡按御史林诚捐造诸贤木主（牌位）。成化十六年（1480年），皇帝准从六十一代衍圣公孔宏泰所请，发放

① 孔继汾：《阙里文献考》（影印本）卷12《林庙考第二》，山东友谊书社1989年版，第227页。
② 孔继汾：《阙里文献考》（影印本）卷12《林庙考第二》，山东友谊书社1989年版，第228页。

银两增大庙制，使大成殿扩为九间，其余建筑也都进行了更新。此次扩建工程历时数年，于成化二十三年（1487年）始告完成。

明孝宗弘治十二年（1499年）夏六月，曲阜孔庙遭到雷击。火从东北角烧起，烧毁殿庑各房百余间，浙江道监察御史余廉奏请修复孔子庙。皇帝下令让巡抚都御史何监亲自到曲阜孔庙勘察。次年，山东巡抚徐源奉命进行重修，拨官银十五万二千六百余两，"重建旧殿九间、寝殿七间，大成门、家庙、启圣殿、金丝堂、诗礼堂各五间，移金丝堂于启圣殿前，改奎文阁为七间，改大门及大中门为五间，增快睹、仰高二门。迁尼山神毓圣侯祠于尼山书院，以其祠为土地祠"①。重修之后的大成殿廊下四周共二十八根石刻龙柱，后寝殿改为七间，其他各殿及门均改为五间。此外，孔庙内各建筑单体尺度增大，庭院的空间环境变小。

从正德本《阙里志》所载的《孔庙布局图》来看，这一时期的孔庙庙制与今天的孔庙整体面貌已十分相近。整个平面形状为南北长、东西短的长方形，庙制明显对称，且中轴线突出，建筑物的排列也相当规律和整齐。从南到北共有七进院落，其中大中门之前又新建了两道门，三道门共同形成"庙门三重"之制，使院落多出两进。第二进院的东西庙垣开快睹门与仰高门。从快睹门与仰高门向北，主路为三路纵向并进。大中门与其前两道门均为面阔五间，除第一进门外，两侧都设有角门。璧水河上架石拱桥三座，大中门内庭院立有碑亭四座，末端为奎文阁及其左右便门。庭院的东西两所小院各为衍圣公斋居和县学斋居。奎文阁内的庭院是一个大空间包围着小空间。由东西庑与大成门所围合起来的大成殿庭院被包裹其中。外院西侧为启圣门、启圣殿、后殿，

① 孔继汾：《阙里文献考》（影印本）卷12《林庙考第二》，山东友谊书社1989年版，第228—229页。

东侧为燕申门、诗礼堂、家庙和神厨。大成门内先是杏坛，再是大成殿。大成殿面阔九间，规制最高。东西两庑增至四十间。寝殿之后是后土祠和焚帛所。由此可以看出，此时的曲阜孔庙不但庙制扩大，建筑增多，而且祭祀活动所需要的一些辅助场所也逐渐完备起来。

明武宗正德六年（1511年），河北流寇刘六、刘七等人进犯阙里，毁坏圣庙。正德七年（1512年）春，为了保护孔庙不再遭受战乱的毁坏，按察使司金事潘珍奏请"即庙为城，移县附之"，建议以孔庙为中心筑城，并将孔庙之东相距八里的县治移入城中。曲阜得到诏令，得官银三万五千八百余两。于是以孔庙为中心筑城，此即史称之"移城卫庙"。此次修建直到嘉靖元年（1522年）才竣工，共历时十年，使得曲阜县治所形成以孔庙为中心的政治、经济、文化、军事功能齐全之地。此次大修，庙中增建了许多碑亭和其他房庑，原有建筑体量都有所扩大，庭院面积也有所增加，基本形成了现有格局，可谓气势恢宏，蔚为壮观。另外，孔庙附属建筑也有改建或重修，如将围墙南端照壁改为棂星门，使由南而来的参拜者可以直接进入孔庙。棂星门前建石拱桥，下引流水，两侧立下马碑，上刻"官员人等至此下马"。

嘉靖十七年（1538年），巡抚胡缵宗为了表达对孔子的尊敬，于石拱桥南面建立了金声玉振坊。胡缵宗认为，以往的"数仞宫墙"不足以表达他对孔子的赞扬，于是将其改为"万仞宫墙"，并题写石额，镶于金声玉振坊对面的城墙上。到了清代，乾隆皇帝到曲阜来，命人把胡缵宗的石额换下。我们现在看到的"万仞宫墙"石额，即为乾隆皇帝御笔题写。

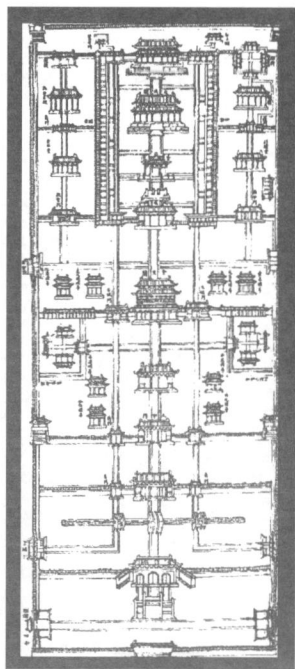

孔庙布局图（图片来源：明代正德本《阙里志》）

此后，曲阜孔庙在明代又进行了数次维修或增建。如隆庆三年（1569年），巡抚都御史姜廷颐捐资一千六百余两修庙。万历六年（1578年），巡抚都御史赵贤又出资重修。万历二十年（1592年），巡按都御史何出光集资兴建圣迹殿，并于殿内刻《圣迹图》120幅。万历二十二年（1594年），巡按御史连标与巡抚都御史郑汝璧以三千两羡银重修孔庙。万历二十九年（1601年），巡抚都御史黄克赞捐银两千两对曲阜孔庙进行了重修。万历三十六年（1608年），济宁兵巡副使王国桢等捐银三百两修孔庙西庑。

自弘治年间营建以来，虽然曲阜孔庙历代都有修葺，但大多属于小型修补，实际成效很低。万历四十四年（1616年），曲阜四氏学生孔尚孝等人向巡按御史毕懋康提及此事，毕随即上疏朝廷请求修缮孔庙，估计需花费十万五千两巨款，此事没有得到皇帝许可，遂作罢。

曲阜孔庙的布局与规模最终是在清代确立下来的，现在的大多数遗存也为清代所建。有清一代，对曲阜孔庙的修建多达十四次。顺治十二年（1655年），山东巡盐御史王秉乾出银两千两捐修奎文阁，提学金事戴京会、施闰章等先后又略为补葺。康熙二年（1663年），分守东兖道参议张弘俊等重修圣迹殿、奎文阁及庙门、碑亭、角楼。康熙十六年（1677年），六十七代衍圣公续修诗礼堂、金丝堂及诸门坊、桥栏。康熙二十八年（1689年），六十七代衍圣公请求重修祖庙，"奉圣祖仁皇帝特旨，阙里圣庙，崇奉先师，万代瞻仰。今既日渐毁敝，理宜修葺。著差工部内务府官员，前往确估"①。秋九月，内务府广储司郎中皂保、工部营缮司郎中寿鼎赴阙里估勘，不久命皂保同工部虞衡司郎中阿尔稗监修。此次孔庙修建工程于康熙三十年（1691年）夏四月兴

① 孔继汾：《阙里文献考》（影印本）卷12《林庙考第二》，山东友谊书社1989年版，第231页。

工，康熙三十二年（1693年）秋告成，总共修建了大成等殿54间，大成等门61间、东西两庑88间，以及棂星门及两处牌坊，共耗费银两八万六千五百余两。康熙皇帝亲撰《御制重修孔子庙碑》，立于孔庙。

清雍正元年（1723年），朝廷加封孔子先世五代王爵，重新修建了祠堂，更名为"崇圣祠"。祠内正位供奉的是孔子五世祖木金父，封号"肇圣王"；东一室是孔子的高祖祈父，封号"裕圣王"；西一室是孔子的曾祖防叔，封号"诒圣王"；东二室是孔子的祖父伯夏，封号"昌圣王"；西二室是孔子的父亲叔梁纥，封号"启圣王"。后来又在原神厨处修建了家庙，另外在后院修建了神厨、神庖。雍正二年（1724年）六月，孔庙再一次因暴雨雷击而引起火灾，大成殿及两庑俱毁。衍圣公孔传铎将灾情上报，雍正皇帝甚为关心，并于同月二十三日派工部堂官赶赴阙里，会同山东巡抚和布政使共议重修大成殿事，所需费用由朝廷拨给。七月，少詹事钱以垲上奏，阙里文庙应该命内外儒臣一起捐资营建。皇帝回复说："前闻孔子庙被灾，即降旨遣大臣前往，作速估计动支正项钱粮，择日兴工，务期规制，复旧庙貌。……今有旨已令动支钱粮，不必再令臣工捐资，但朕亦不必阻儒士之私情。今直省府、州县文庙学宫或有应修者，本籍科甲出身、见任之员及居家进士、举人、生员，平日读圣人之书，理宜饮水思源，不忘所自。如有情愿，不必限以数目，量力捐出，修理各地方文庙、学宫并祭器等项，其不愿者不必强勒。"①诏巡抚陈世倌同藩臬监修。此次工程于雍正三年（1725年）秋八月兴工。雍正七年（1729年）春正月，皇帝又下诏："阙里文庙工程，朕屡降谕旨，令该督抚等遴选贤员，敬谨修造，务期坚固辉煌，计日告竣。其所以

① 孔继汾：《阙里文献考》（影印本）卷12《林庙考第二》，山东友谊书社1989年版，第231—232页。

曲阜孔庙神庖

未遣专官监督者，盖恐京员到彼又多日用，仆从之费扰累于地方也。乃原任巡抚陈世倌委用不得其人于前，而塞楞额又复因循怠忽于后，以致工程迟缓，未能即速告成。顷据巡抚岳濬奏称，只因购求大木，一时难得，是以工作稍迟等语。著通政使留保前往曲阜，督率在事人员，尽心竭力，敬谨办理，克期竣事，以慰朕怀。"[1]同年二月，皇帝又下诏，令署山东巡抚岳濬会同留保督催促原任山东巡抚陈世倌仍回山东，继续主持曲阜孔庙的修建工作。谕曰："此次修理文庙，工程务期巍焕崇闳，坚致壮丽，纤悉完备，灿然一新。著岳濬、留保会同衍圣公详加相度，倘旧制之外有应行添设者，有应加修整者，俱著估计奏闻，添发帑银，葺理丹腹，总期经理周密，毫发无憾。工成之日，朕当亲往瞻谒，以展尊礼先师、至诚至敬之意。"[2]不久，皇帝又下令，阙里文庙正殿正门用黄琉璃瓦（皇家规制），两庑用绿琉璃瓦（王公规制），而以黄瓦镶砌屋脊，供奉圣像，选内务府匠人到山东，用脱胎之法谨慎装塑。

① 孔继汾：《阙里文献考》（影印本）卷12《林庙考第二》，山东友谊书社1989年版，第232页。

② 孔继汾：《阙里文献考》（影印本）卷12《林庙考第二》，山东友谊书社1989年版，第233页。

雍正八年（1730年）秋八月，孔庙修建工程完成。皇帝御制重修孔子庙碑纪成。此次修建工程共调集十二个府、州、县令督修，用时六年才完成，共用银一百一十五万两。十月十二日，大学士等奏请仿康熙三十二年修理文庙例，将此次重修大成殿的有关谕旨、修缮情况、所用银两等由孔传铎敬辑成书，以传后世，得到了雍正皇帝的批准。

乾隆十九年（1754年），衍圣公孔昭焕重新修建孔庙棂星门，用石坊代替了原来的木坊。时日渐久，孔庙又现颓貌，上栋下宇，风雨燥湿，且部分建筑因失修而坍毁。乾隆末年，朝廷核拨帑银二十余万，特派重臣主持修庙，三年后告竣。乾隆亲撰《重修文庙碑记》以记其事。直至今日，曲阜孔庙依然保持着原先的格局，并按照"整旧如旧"的原则不断进行修缮与维护。

维护阶段（1912年至今）

从中华民国开始到新中国成立之前，曲阜孔庙由孔府主持祭祀并进行管理。这一时期，各级政府对曲阜孔庙基本未再进行新的扩修，主要是对原有建筑进行力所能及的维护。新中国成立后，为保护文化遗产，人民政府设立了专职机构，多次发布政令，制定法规，批拨专款，对古建筑不断加以修葺，对庙内珍贵文物和文书档案妥善收藏，先后开展了文物陈列和研究工作。1949年，山东省政府拨小米3000斤修补孔庙庙墙，以后陆续拨款维修。其中规模较大的共有四次，孔庙因此得到了全面的维护。

1959年，为了庆祝新中国成立十周年，国家拨款20万元用以维修"三孔"古建筑。此次工程主要对孔庙的圣时门、诗礼堂、圣迹殿进行了维修，并更换了糟朽的檩、枋、梁和残破的瓦兽件，补建了残损的庙墙，油漆彩绘了圣时门、仰高门、快睹门、诗礼堂、东斋宿、故宅门、故井和角楼等建筑物。

1971—1972年，为了保护历史文物，经周恩来总理审批，国家拨款13万元用于曲阜孔庙的维修。次年，国家文物局又增拨1万元，重点揭瓦维修了孔庙的大成殿，全部更换重檐飞椽和部分糟朽的斗拱以及残存的瓦兽件，并用金龙合玺彩绘重新装饰，共用黄金40两。1977—1979年，国家文物局和山东省文物局拨款178万元，本着"排除险情，整洁环境"的原则，对曲阜孔庙进行了维修。此次维修，揭瓦勾抹了圣

曲阜孔庙古建飞檐（图片来源：图虫创意）

时门、大中门、德侔天地坊等10座门坊和大成殿、崇圣祠、金丝堂、东西庑等建筑物，大修了启圣殿、启圣王寝殿、大成门以及9座碑亭，砖铺了地面甬道1.6万平方米，重建了东西两段庙墙，使孔庙原貌得以恢复。

1985—1989年，国务院批准山东省人民政府修复曲阜、邹县文物的申请，并拨给经费1290万元。国家文物局也先后拨款110万元大修奎文阁。此次维修，全面揭瓦修葺了大成殿及寝殿、东西庑、崇圣祠、启圣殿，维修了启圣门、承圣门、东斋宿、金丝堂、诗礼堂、明碑亭、奎文阁值房、观德门、乐器库，落架大修了家庙、土地祠，彩画了家庙、崇圣祠、启圣门、承圣门外檐，复制了圣时门、大中门、弘道门、同文门、崇圣祠等建筑的匾额，同时迁出了在曲阜孔庙内居住的居民。此外，由于奎文阁年久失修，梁柱倾斜，整休移位、屋顶瓦片残破严重，部分木质构件糟朽，榫卯松动，十分危险。1985年至1987年，在国家文物局专家的指导下，按照"不改变原状"和"质量第一，安全第一"的维修原则，对奎文阁进行了大修。此次修建尽量使用原来的建筑构件，对部分糟朽构件进行高分子黏合，并按原貌逐件重新安装。三层飞檐的瓦顶全部揭瓦，更换椽、望，重铺瓦件。外檐重施了彩画，重铺了室内地面，整修了台基，保持了原有建筑的风格。自此以后，孔庙的保护工作始终坚持"维修保养并重"的原则，每年春秋两季，拔草倒垄，勾抹瓦缝，对古建筑监护保养，使古建筑一直处于良好的保护状态。

现今曲阜孔庙样貌

目前，整个曲阜孔庙的建筑群纵长630米，横宽140米，共有九进院落，以南北为中轴，以中轴线贯穿，左右对称，布局严谨。前有棂星门、圣时门、弘道门、大中门、同文门、奎文阁、十三御碑亭。从大成门起，建筑分成三路：中路为大成门、杏坛、大成殿、寝殿、圣迹殿及两庑，分别是祭祀孔子以及先贤、先儒的场所；东路为崇圣门、诗礼堂、故井、鲁壁、崇圣祠、家庙等，多是祭祀孔子上五代祖先的地方；西路为启圣门、金丝堂、启圣殿、寝殿等建筑，是祭祀孔子父母的地方。全庙共有五殿、一祠、一阁、一坛、两堂、15碑亭、53门坊，共计有殿庑466间等。庙内存历代碑刻

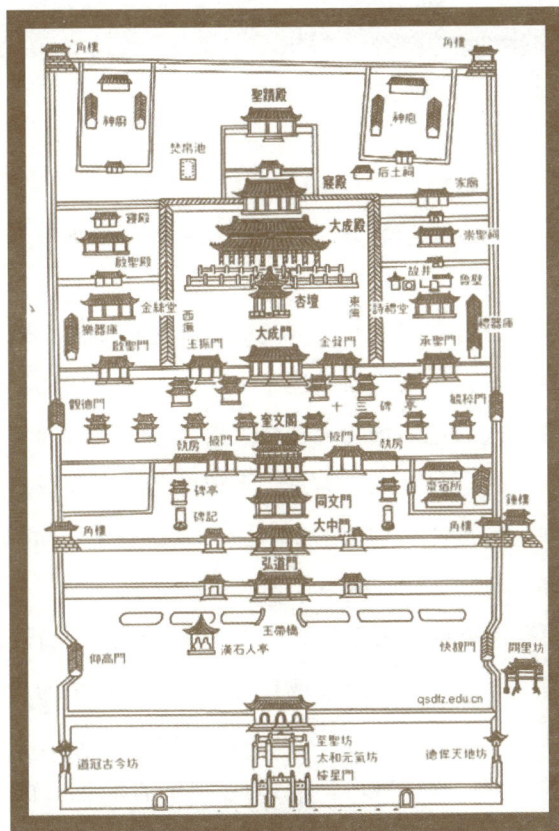

孔庙建筑图（图片来源：明代正德本《阙里志》）

曲阜孔庙大成殿

1172通，古树名木1250株。孔庙内最著名的建筑是大成殿、奎文阁、寝殿和杏坛。

大成殿原名文宣王殿、宣圣殿，既是孔庙的正殿，也是孔庙的核心所在。大成殿始建于宋天禧二年（1018年），是举行祭孔仪式的重要场所。宋徽宗崇宁三年（1104年），取孟子"孔子之谓集大成"语意，下诏更名为大成殿，并亲笔题写匾额。大成殿为孔庙内最高建筑，高24.8米；面阔九间，宽45.69米；进深五间，深24.85米。

曲阜孔庙大成殿为重檐歇山顶，前檐明间带骑楼，屋面覆盖小青瓦，正脊、垂脊、戗脊均用黄色花瓦垒砌。正脊两端微向上翘，前檐两戗脊安鱼形兽，垂脊安化生怪兽。另外，屋檐下的斗拱和彩画均用冷色调的青绿色。前面有回廊、月台，四周则以青石雕栏互相环绕，雕栏上面有莲花纹饰。大殿的屋顶是微微下凹的曲线，显得十分柔和，而屋檐的相交处突然翘得很高，使得具有强烈东方个性的飞檐翘角在这座大殿上面得到了充分的体现，而且给人一种动静交替、虚实相济的建筑艺术美感。

大成殿四周的廊檐柱均为石制，且以重层"宝装覆莲花"为柱础，前檐下的10根龙柱尤为壮观。石柱直径0.81米，均为深浮雕。雕刻玲珑剔透，刀法刚劲，波涌云绕，蟠龙升腾，上下对翔。造型优美生动，姿态栩栩如生，可谓中国罕见的石刻艺术珍品。大殿的后檐及其两山则是18根八棱水磨石柱，也以云龙纹饰。在大成殿的檐柱上，共有象征着至高无上的"龙"1296条，既充分体现了劳动人民对孔子的爱戴，又体现了劳动人民超凡的智慧。郭沫若曾作七律诗《观大成殿》，诗云：

石柱盘龙二十株，大成一殿此尤殊。

先知先觉人称圣，老圃老农自服输。

解道乐云岂钟鼓，还明劳教不分途。

天工开物眼前是，梓匠何曾读圣书。

孔庙大成殿龙柱

明清两代，大成殿总共进行了60多次修缮与扩建。清雍正二年（1724年）重建的大成殿，为九脊重檐，黄瓦覆顶。殿斗拱下檐单抄双昂，上檐单抄三昂，均为平置假昂。斗拱规格很高，斗口平均12.5厘米，比皇宫太和殿的斗口还大。这种斗口一般只用于城楼而不用于殿堂，大成殿是一个比较特殊的例子。雕梁画栋，八斗藻井，饰以"金龙和玺"彩图，双重飞檐，正中竖匾，上刻雍正皇帝御书"大成殿"三个贴金大字，形成了如今规模宏大、气势恢宏、构思精妙的布局。

大成殿西侧的庭院分别是研习乐器的金丝堂和祭祀孔子父母的祠堂启圣殿，东侧的庭院则是讲习诗礼的诗礼堂和孔子历代后裔的祠堂。礼与乐是孔子所授"六艺之首"，设此二堂目的是表彰儒家学说源远流长。大成殿的后院是明朝末年修建的圣迹殿，殿内共陈列了石刻图画120幅，描述了孔子一生的事迹。

大成殿的前导部分由400米长的甬道和包括棂星门在内的五座门组成。这五座门分别是：棂星门、圣时门、弘道门、大中门、同文门。在圣时门之前有牌坊和照壁，形成门前的空间。牌坊是中华传统文化的象征性标识，具有悠久的历史。这些牌坊设立的目的是表彰孔子的崇高道德和丰功伟绩，如道冠古今坊、德侔天地坊。除此之外，牌坊具有强烈的装饰美化作用，使整个建筑群显得布局严整，层次分明，庄重雅致，丰富多变。门与门之间的庭院内遍植柏树，除此之外再无其他，营造出庄重肃穆的文化氛围。

同文门之后便是藏书楼奎文阁。奎文阁被誉为中国古代十大名阁之首，以建筑独特而闻名中外。奎文阁建造于宋初，金明昌二至六年（1191—1195年）重建。阁高24.35米，宽30.10米，深17.62米，面阔七间，进深五间，黄瓦歇山顶，三重飞檐，四层斗拱。斗拱七踩，副檐七踩，下檐均为五踩，且是层叠式全木结构。奎文阁所用之"昂"均为平置假昂，后尾不挑起，为明清时期的标准法式。奎文阁楼上光线充足，四面花棂门窗，窗外四周有回廊，廊外雕有扶手栏杆。楼下既是穿堂，又是祭孔前的习仪之所。东西两侧各有一组院落式建筑，是主祭、陪祭人员斋戒和住宿的地方。

曲阜孔庙奎文阁

曲阜孔庙角楼

奎文阁下层46根木柱与额枋上纵横罗列斗拱。这种结构通常用于最高一级的大殿和殿门，可见当年奎文阁的设计者对其是何等重视。奎文阁下层为殿堂结构，楼上结构属于厅堂一类。这种上厅下殿式结构，和楼上藏书、楼下作殿堂兼殿门的实际使用情况相吻合。在空间环境的布置、体量的组合、装饰的处理、比例和尺度等方面，奎文阁的建造恰当运用了对比、衬托的手法，使整个建筑形成一个主次分明、秩序井然的整体，使建筑单体处理达到了很高的艺术境界。此外，单体的装饰也有很高的等级。除了斗拱之外，采用了金龙和玺彩画，华丽庄严，气势宏大。

穿过奎文阁，便进入大成门前的院落。此处有元代和金代碑亭各两座，清代碑亭九座。"十三碑亭院"是孔庙前面引导部分和后面祭祀部分的衔接。在曲阜孔庙的中间部位修建十三座碑亭，目的是将孔庙的修长和建筑布局进行一种过渡。由棂星门至同文门共有五道门，按照中国古代礼制，只有皇宫前面才有建立"五门"的资格，由此可见历代统治者对孔子的重视程度。孔庙外墙四隅分别建有四座角楼，实际是四个"L"形建筑。这是根据"王者角隅"的古制设置的，因孔子在唐代被追封为"文宣王"，所以元代初期下令批准建造角楼。现在的角楼是清初重建的。

　　庭院北侧为大成门，此门是五座并列大门中位置居中的一座，也是孔庙的第七道大门。其外檐柱采用了高浮雕龙纹石柱，精美绝伦。进入大成门之后，路的正中有一座方形重檐建筑，即是杏坛。

曲阜孔庙杏坛之藻井

曲阜孔庙杏坛

杏坛位于大成殿前甬道正中，相传为孔子讲学之处。"杏坛设教"的记载最早见于《庄子·渔父篇》："孔子游乎缁帷之林，休坐乎杏坛之上。弟子读书，孔子弦歌鼓琴。"现存的杏坛为明代隆庆时期遗构，坐落于大成殿院内。杏坛是一座方亭，高12.05米，阔7.37米。四周的十二根八棱方柱，围绕着四根粗大的楠木圆柱。亭内细雕斗八藻井，用细小斗拱装饰，纤巧可爱。杏坛十字结脊，四面悬山，黄瓦朱栏，亭内雕梁画栋，彩绘金色盘龙，飞檐双重半拱。坛前置有精雕石刻香炉，还有清乾隆"杏坛赞"御碑，赞诗曰："重来又值灿开时，几树东风簇绛枝。岂是人间凡卉比，文明终古共春熙。"

除以上建筑外，曲阜孔庙内的圣迹殿、十三碑亭以及大成殿、东西两庑等建筑周围，还陈列着大量的碑碣石刻。最为珍贵的便是汉魏北朝石刻，这在全国是非常罕见的。历代碑刻亦不乏珍品。石刻的技法，有的细致精巧，有的粗犷奔放，各具特色和风格。其碑刻之多仅次于西安碑林，因而享有"第二碑林"的盛誉。

曲阜孔庙圣迹殿外景

02>

曲阜孔庙的建筑特点、空间布局及文化意蕴

曲阜孔庙建筑艺术概述

曲阜孔庙建筑的整体面貌与空间布局

曲阜孔庙建筑的艺术特点与文化内涵

曲阜孔庙建筑的教育价值

曲阜孔庙建筑与官学教育、祭祀礼仪的关系

曲阜孔庙是建造时间最早、建筑规模最大、影响最为深远的礼制性庙宇。最初孔庙只是简陋的三间庙屋,历经两千多年、七十多次重修和扩建,才形成如今庞大的建筑群落。就其建筑规模而言,南北长达1130米,东西宽约168米,占地面积约为18万平方米。整个建筑群落包括五座大殿、一祠、一阁、一坛、两庑、两堂、15座碑亭以及53座门坊,共有建筑100余座,房屋460余间,建筑面积达16000平方米,规制宏伟,气势巍峨。它不仅是历代统治者尊儒祭孔活动的历史见证,还是体现中国优秀传统文化的物质载体,更是劳动人民智慧的结晶。

曲阜孔庙建筑艺术概述

历经两千多年的重修与扩建，曲阜孔庙最终形成了规模宏大的古建筑群落，与北京故宫、承德避暑山庄并称为"中国三大古建筑群"。曲阜孔庙是通过建筑群所营造的整体环境来烘托孔子的丰功伟绩和理论的博大高深的，因此，其艺术表现力首先在于总体布局及建筑序列的完整性。其次，在于它个体建筑的处理及每道院落的格局。每个殿、堂、楼、门、亭等都充分地显示出了各自的重要作用。最后，在个体建筑的细微方面，充分体现了我国古代建筑家们无与伦比的建筑艺术成就。简言之，曲阜孔庙建筑艺术的特点，就在于它与中国传统思想文化的高度统一。

儒家思想特色突出

历代统治者不厌其烦地修建孔庙，当然是为了提升孔子的地位，标榜尊儒重教、以德治国。因此，无论是孔庙的整体布局还是建筑细节，都极尽能事地体现儒家思想。首先，体现的是中正思想。历朝历代对孔庙的重修与扩建，自始至终都遵循着一个基本原则，即中轴对称。无论哪一个时期的哪一次扩建，都力求最大限度地达到左右对称的目的。如德侔天地坊与道冠古今坊的对称、东华门与西华门的对称、快睹门与仰高门的对称、崇圣门与启圣门的对称、神厨与神庖的对称等。其次，体现的是礼仪思想。孔子提倡人类社会应建立于一定的等级秩序中，用礼仪制度来约束人们的行为。曲阜孔庙的建筑形制也充分体现了这一思想。如孔庙前面两侧的下马碑、斋宿、诗礼堂，祭品祭器的陈列，主体建筑与附属建筑的掩映相称，从祀者严格的等次排位等，均体现了这一思想。再次，体现的是文化思想。孔子是中国古代的文化圣人，因此孔庙的建筑处处体现出这一特色。如气势恢宏的大成殿、壮观巍峨的奎文阁，以及众多大门、牌坊的名称等，都体现出对于孔子的尊崇。最后，体现的是儒家的教育教化思想。孔庙建筑重点突出了孔子在教育上的业绩。在孔庙的中心院落，即大成殿院子的最中心建造了建筑规格最高的杏坛，其目的就是突显孔子的教育成就。

曲阜孔庙里面的每处单体建筑，其规模、式样、结构、等级标准等，既考虑了它的特殊作用，又考虑了它所处的环境因素，以达到整体的协调。不仅如此，中国孔庙建筑独具特色，突显出中国古代木结构建筑的精华和审美维度。无论是鲁哀公利用孔子故宅立庙祭祀，还是近代大型孔庙建筑群，曲阜孔庙在建筑设计、建造上都有自己独特的群体组合形式。总体来说，曲阜孔庙的建筑组群、式样、装饰材料及饰件，始终遵循着固定礼制。其装饰比一般寺庙古朴典雅，表达出一种庄重肃穆之美。

皇权政治色彩浓厚

　　曲阜孔庙总体上采用的是古代传统的宫廷式建筑形式。每一次重修与扩建，都会受到前代建筑形制、建筑规模及建筑格局等因素的限制或影响。孔庙建筑群最终成功地利用了前代遗产，保持了它的一致性和完整性，而且全面地将所要体现的皇权政治色彩充分地展现了出来。这说明，历代统治者修建孔庙的首要目的是为政治统治服务。统治者推崇孔子及儒家思想，并不是要完全以儒家思想为尊，更不是要彻底践行儒家的德治、礼治、仁政等思想，而是为了宣扬政治教化，树立尊卑有别的等级秩序。正是基于此，孔子才被推到圣人的宝座上，孔庙也就理所当然地打上了政治的烙印，在其修建过程中不可避免地贯穿着王者宗庙和皇权正统的指导思想。

曲阜孔庙大成殿一角

从"王者之制"的建筑思想来看，曲阜孔庙有天子五门之制和王城角楼之制。五门从前到后分别为圣时门、弘道门、大中门、同文门、大成门，并设九进院落以体现九五之尊。王城角楼之制是指大中门两侧的角楼和孔庙后墙两侧的角楼。曲阜孔庙的角楼建于宋元时期，此时孔庙的规模仅到现在的大中门；所以，四个角楼也就标示出了旧时孔庙的最大面积。此外，曲阜孔庙还有王者宗庙因素，如门戟之制、前殿后寝之制等。从皇家正统的因素看，东西华门的设立是对皇城制度的仿效，弘道门前的璧水桥、棂星门两侧的下马碑，包括明代的万仞宫墙城门等，无一不体现着浓厚、气派、庄严、华贵的皇权政治色彩。

不仅如此，古代明黄色为皇家专用，龙凤图案亦为皇家的基本标志。孔庙中路的大部分建筑都覆以黄琉璃瓦，奎文阁、大成殿、寝殿的建筑等级为仅次于北京故宫太和殿的歇山式重檐建筑规格，且均配以龙凤图案。此举是用皇家的规格来突显孔庙的尊贵。另外，杏坛的建筑采用十字结脊、四面悬山的古代建筑的最高规格，亦是用皇家形式来表彰孔子的卓越功绩。

曲阜孔庙角楼

曲阜孔庙建筑的整体面貌与空间布局

中国古代的建筑布局是一种复杂而特殊的文化表现形式，贯穿其中的诸多因素错综复杂地交织在一起，难免使人眼花缭乱。只有抓住本质的联系，并进行细致的剖析，才能最终揭示出各种建筑中蕴含的深层意蕴。曲阜孔庙的建筑布局与规划策略，主要体现在轴线的处理、空间的布局、距离和角度的规划手法等方面。

曲阜孔庙的整体面貌

曲阜孔庙位于曲阜市明故城中心，平面呈长方形，沿一条南北中轴线展开布置，左右对称，布局严谨。南北长1130米，有门坊53座，房屋466间，古树1200余株。周围垣墙，配以角楼。院内苍桧翠柏，森然排列。殿宇雕梁画栋，金碧辉煌，堪称中国古代大型祠庙的典范。曲阜孔庙前后共有九进院落：第一进院落为棂星门至圣时门，第二进院落为圣时门至弘道门，第三进院落为弘道门至大中门，第四进院落为大

中门至同文门，第五进院落为同文门至奎文阁，第六进院落
为奎文阁至大成门，第七进院落为大成门至大成殿，第八进
院落为大成殿至寝殿，第九进院落为寝殿至圣迹殿。其中，
前三进是引导性庭院，是一些尺度较小的门坊，并遍植成行
的桧柏，浓荫蔽日。第四进以后的院落建筑雄伟，黄瓦、红
墙、绿树，交相辉映，既喻示着孔子思想的博大精深，也象
征着孔子历史上的丰功伟绩。从其布局可以看出，曲阜孔庙
两侧建筑一一对称，等级十分森严。

曲阜孔庙局部鸟瞰图

　　曲阜孔庙内的建筑多为重檐，并以斗拱、彩画装饰，
气势宏大。奎文阁更是以三重歇山顶而与众不同。大成殿
是曲阜孔庙的中心建筑，也是最重要的建筑。无论是开间
数还是进深，大成殿都是曲阜孔庙建筑中最大的。寝殿、
圣迹殿则位居其次。整个曲阜孔庙建筑单体的规模各有不

同，大小有序，主体突出。空间也随院落主体建筑而变化，空间与建筑匹配得当，和谐有序。建筑轴线的处理主要是对称性的轴向关系。孔庙建筑群以棂星门、圣时门、弘道门、大中门、同文门、奎文阁、大成门、大成殿、圣迹殿等为中轴线，基本采用孔庙固定的平面形制和我国传统庭院的程式化布局方式。在中国古代，九为阳数的极数，多用来附会帝王，常用"九五之尊"称帝王之位。曲阜孔庙的九进院落及五门之制使得该建筑群具有了王宫的要素，体现了对孔子的推崇。

曲阜孔庙从南面的棂星门开始，到北端的圣迹殿结束，其主轴线形成了前、中、后三部分。九进院落空间的建筑都采用了中轴对称的严谨布局，产生了强烈的轴向感。前部的第一进到第三进院落为空庭，桧柏苍茂，空旷幽深。其中，棂星门与圣时门之间的太和元气坊和至圣庙坊不但丰富了第一进院落的内容，也营造出了肃穆气氛。作为中轴的序曲，圣时门与弘道门之间的璧水河及璧水桥也起到了烘托氛围的作用。璧水河和璧水桥是仿照北京天安门前玉带河和金水桥的形式修建而成的。自第四进院落以北，庙垣四隅建角楼。其南面是大中门，北面是奎文阁，庭院之中有同文门，同文门左右是洪武碑亭和永乐碑亭。这是前导、序曲至高潮之间的过渡。

奎文阁与大成门之间是第五进院落。这进院落中有十三碑亭，其中，金代、元代碑亭各两座，明清两代碑亭九座。自此以北，则是孔庙的中心部分，也是建筑群落的高潮段落。自此开始，中轴线

曲阜孔庙洪武碑亭

的两侧分别出现了辅助轴线，从而使中轴线的统领作用更加突出。中路从大成门至大成殿，最后到达寝殿。东路由承圣门至诗礼堂、崇圣祠和家庙，是祭祀孔子五代祖先的所在。西路则由启圣门至金丝堂、启圣殿和寝殿，是祭祀孔子父母的殿宇。此二路向北又合为最后一进院落，即圣迹殿、神庖、神厨。中路的第七进院落，即大成门至大成殿，南北长度有所增加。为此，在该院落的北段偏向大成殿处布置了杏坛，使空间更具有节奏性和掌控感。主轴两侧则对称布置浮池、东西碑楼以及致斋所和更衣亭等小体量建筑。换言之，两侧附属建筑限定物的对称性渐强，都等距于主轴，使得孔庙轴向强度增强，建筑空间与后三进院落相比更为开阔明朗。前部主轴是小体量建筑，完整而富于变化的空间序列强调了院落主体建筑大成殿的居中位置。由于大成殿和其他建筑串联布置，整个曲阜孔庙的主轴线距离进一步拉长了，轴向感也得到了加强。

曲阜孔庙的空间布局

曲阜孔庙前后共有九进院落，南起棂星门，北至圣迹殿，以一条南北方向的中轴线贯穿其中，且左右对称，布局严谨，每一进院落都遵循一定的礼制。曲阜孔庙是在孔子故宅的基础上修建而成的，其空间布局则是在多种因素影响下逐渐形成的。它既不同于一般的太学和府、州、县的庙制，也不同于天子和王国的宗庙，更有异于佛寺和道观等宗教建筑。它的成功之处在于恰当地运用了传统的庭院组合和环境烘托手法，使人们在拜谒的过程中不断提高对孔子的崇敬之情。

曲阜孔庙中轴线

　　从南到北，曲阜孔庙可分为前导、预备、高潮、尾声四部分。

　　第一部分是前导空间。从金声玉振坊、棂星门开始，经圣时门、弘道门到大中门。在大中门以南的三个院落中，除了院落之间的墙垣和门坊以外，没有任何其他建筑。大面积的桧柏树林，足以让人们感受到孔庙的悠久、历史的厚重和气氛的神圣。圣时门以南的院落，空间比较狭小，以牌坊为主，立有金声玉振坊、太和元气坊、至圣庙坊，强化了空间层次，展示了历史纵深。圣时门到弘道门之间的庭院很宽阔，院中规则地栽满了柏树。甬道两旁行植柏树，使得孔庙的建筑空间更加深邃。整个环境庄严肃穆，给人以苍茫沉厚之感。弘道门前的璧水桥横跨璧水河。庙中引水开河的大胆举措，使一百多米长的空间发生了变化，增加了生机和建筑的律动。与前两个庭院空间的处理方式相比，弘道门与大中门之间的庭院在空间处理上更为简单，没有任何建筑物，只有三条甬道和大面积的柏林，和孔庙后面预备性的过渡空间形成了鲜明对比。

曲阜孔庙璧水桥

　　第二部分是预备性的过渡空间，即从大中门经同文门、奎文阁到大成门。在这一部分的两个庭院中，以奎文阁和碑亭为主，辅以苍桧翠柏。这是进入大成殿主体空间之前的准备性空间，为人们感受建筑群落的高潮提供心理铺垫。
　　第三部分空间主要以大成殿组成的庭院为主，同时包括东西两路的院落。大成殿是孔庙的核心建筑，坐落在两层月台之上，雄伟壮观。环绕其周边的建筑，采用宋金时期的廊庑形式，围绕成封闭的庭院，起到映衬烘托的作用。大成殿的东侧院落是奉祀孔子上五代的地方，俗称东路，主要包括诗礼堂、崇圣祠和家庙三个庭院部分。大成殿的西侧院落是奉祀孔子父母的地方，俗称西路，主要包括金丝堂和启圣殿、启圣寝殿两座院落。

第四部分是尾声部分，主要包括圣迹殿庭院以及后土祠、燎所、神庖和神厨四座小院。

建筑空间都是人们凭借着一定的物质材料从自然空间中围隔出来的，但一经围隔之后，这种空间就改变了性质，即由原来的自然空间变为人造空间。人们分隔空间的主要目的有两个：其一是满足一定的功能使用需求，其二是满足一定的审美需求。孔庙建筑空间还存在着一整套礼的制约，渗透着浓厚的伦理特性。

唐宋时期，孔庙建筑单体已经高度程式化，组群规划布局基本已成定制。孔庙建筑空间布局也自然遵循这些建筑思想，不仅要满足祭祀孔子的使用要求，而且严守繁缛的礼制规范和等级制度。这样一来，孔庙便不再是一个简单平常的学习空间，而成为一个具有特殊意义的精神"复合"空间。烘托孔子的丰功伟绩及其思想的博大精深，是孔庙所追求的最终效果。凡此种种，主要是通过建筑群所形成的环境序列来完成的。因此，孔庙的建筑艺术总是首先表现在它的总体布局上，其次才是单体建筑上。

曲阜孔庙平面基本形制为其功能的发挥打下了基础，建筑空间布局以大成殿院落为整体建筑群落的核心。总体而言，其院落空间的划分是从德侔天地和道冠古今两座木牌坊开始的。这种划分一方面标示了孔庙建筑群的重要性质和至高等级，另一方面则有效地渲染了孔庙建筑群入口的壮观气氛，强化了孔庙建筑群的庄严肃穆。孔庙正门前便是金声玉振坊。"金声玉振"出自孟子语："孔子之谓集大成。集大

曲阜孔庙后土祠

曲阜孔庙金声玉振坊

成也者，金声玉振之也。金声也者，始条理也；玉振也者，终条理也。"①孟子以完美无缺的乐曲来比喻孔子的思想，目的是赞扬孔子的思想能集古代圣贤之大成。

"金声玉振"这四个大字是由明代的著名书法家胡缵宗题写的，四根八角石柱的顶上装饰有莲花宝座，宝座上面各有一个雕刻古朴的独角怪兽。两侧坊额浅雕云龙戏珠，坊后则是一座单孔石拱桥，桥面是二龙戏珠的石阶，直通棂星门。"金声玉振"作为曲阜孔庙的前导标志，为后续的空间开展起到了很好的铺垫作用。

棂星门是二楹四间、石柱铁梁、两侧黄瓦红墙的形制。四根圆石柱缀着祥云，最上面雕有怒目端坐的天将。额坊由上下两层石板组成，下层刻乾隆帝手书"棂星门"三个大字。此为孔庙空间的第一部分，即第一进院落。棂星门里面，又连建二坊，分别是太和元气坊和至圣庙坊，为汉白玉

① 《孟子·万章下》。

石刻制，有祥云、怪兽等装饰物，非常气派。孔庙第二进院落从圣时门开始。此门飞檐斗拱，彩顶红墙，嵌着两道拱门。由此门进入庭院，眼前豁然洞开，只见古柏森森，芳草如茵。迎面三架拱桥纵跨，一水横穿，碧波如镜。水"壅绕如璧"，桥因而被称为"璧水桥"。在这些空间围隔中，所用元素都体现了对孔子的尊崇，这正是空间精神的体现。这两进院落与后面的院落相比要小很多，以此作为后续空间的铺垫，更能起到突出重点的作用。

曲阜孔庙弘道门

璧水桥以北为弘道门。由此至大中门之间，为孔庙第三进院落。与此前院落相似，此院中也较少建筑，多植古树，以增加肃穆之感。弘道门之名源于《论语》。清雍正七年（1729年），皇帝采用《论语》中"人能弘道"钦定命名，以赞颂孔子阐发尧舜禹汤和文武周公之道。由此向前，过大中门，即进入孔庙第四进庭院。院中古树葱郁，鸟鸣鹊喧，使得原本寂静的院落更加幽深。

第五进院落的北端，一座黄琉璃瓦悬山顶的三层高阁拔地而起，这就是以藏书丰富、建筑独特而闻名的孔庙藏书楼奎文阁。"奎"是二十八星宿之一，后人把奎星演化为文官

曲阜孔庙成化碑

之首，这里是将孔子比作天上的奎星。阁前东南方向有明宪宗朱见深御制的"重修孔子庙碑"，碑文以其精湛的楷书著称于世，书法界将此碑称为"成化碑"。奎文阁的院落在孔庙的九进院落中，算是较为突出的院落之一。奎文阁与大中门之间，原来有一道院墙，到了明代，这道院墙被拆除，原先的两个院落合并为一。这样一来，空间关系变得更加和谐、恰当。一方面增加了孔庙空间的层次性，另一方面获得了观赏奎文阁的良好视角，突出了奎文阁这一院落的重要性。

奎文阁之后，便是孔庙狭长的第六进院落。此处矗立着十三座碑亭，南面八座，北面五座，两行排列，斗拱飞翘，黄瓦鎏金。碑亭是专门为保存历代皇帝御制的石碑而建的，因而称之为"御碑亭"。丛林似的碑刻使得该院落的空间显得十分拥挤。这种拥挤是对其他空间的衬托，特别是与开阔的大成殿庭院形成鲜明的对比。这种先抑后扬的手法不但增加了空间的变化，同时也突显了大成殿的地位。十三碑亭院是孔庙前面引导部分和后面祭祀部分的衔接，有利于进入孔庙举行祭祀活动的人们逐步净化心灵，摈弃杂念，以一种非常崇敬的心态去祭祀我们的至圣先师孔子。

穿过十三碑亭北边的第六道大门，便是孔庙的主殿大成殿所在的院落。此处五门大开，孔庙由此分为三路：东路为承圣门，奉祀孔子上五代祖先；西路为启圣门，奉祀孔子父母；中路为大成门，其左右二门并立，左侧为金声门，右侧为玉振门。大成门门联为"先知先觉为万古伦常立极，至诚至圣与两间功化同流"。门内石陛东侧有"先师手植桧"，历经沧桑而岿然独立。登上大成门，举目北望，便是杏坛。杏坛之后便是主殿大成殿。金黄色的大殿

曲阜孔庙十三碑亭

在双层石栏的台基上兀自凌空，气度非凡。双重飞檐中宝蓝色的竖匾上，有雍正皇帝手书"大成殿"三个金色大字。大门横额为雍正皇帝御书的"生民未有"。殿内供有孔子的塑像及神位，上有康熙皇帝御书的"万世师表"匾和光绪皇帝御书的"斯文在兹"匾。殿檐下的十根深浮雕龙柱，龙姿盘旋升腾，中刻宝珠，四绕云焰，栩栩如生。这进院落是孔庙九进院落里空间变化最丰富的。前有杏坛横向分割，后有月台纵向分割，营造了既宽阔又丰富、既统一又多层次的室外空间。而且，大成殿处于整个空间乃至整个曲阜孔庙中最为尊贵的位置，这种空间上的变化同样衬托了大成殿的雄伟与壮观。

曲阜孔庙大成殿门外横额

曲阜孔庙大成殿内景

　　大成殿两侧是东庑和西庑，绿瓦红柱，是后世供奉历代先贤和先儒的地方。东庑共保存了44块碑刻，分别来自汉、魏、隋、唐、宋、元，堪称孔庙一绝。殿前有一大型月台，为当年祭祀之地。高约两米，四周围以双重古雅的石栏，有雨道四通。沿大成殿回廊后转，另有一座重檐大殿耸立，这就是与奎文阁、大成殿并称为"孔庙三大建筑"的寝殿。寝殿是用来供奉孔子夫人亓官氏的专祠。重檐歇山，黄瓦覆顶，游龙团凤均由金箔贴成。回廊二十二根石柱，浅刻凤凰戏牡丹，精美异常。

圣迹殿是以石刻连环画的形式记载孔子一生圣迹而得名的大殿，位于寝殿之后的第九进庭院当中。这一院落是孔庙三条轴线的结合处，位于孔庙东路的承圣门内，这里是孔子故宅和供奉孔子上五代祖先的地方。其中的诗礼堂是追念孔子教育他的儿子孔鲤"学诗学礼"的地方。并不引人注目的孔子故宅却是孔庙中最为古老的建筑。崇圣祠内供奉着孔子上五代祖先，并以颜回、曾参、孔伋和孟子四人之父为四配，以周敦颐、张载、程颢、程颐、朱熹和蔡沈六人之父为从祀，在祭祀孔子的同时，他们也一并受到祭拜。另外，孔庙西路的启圣门院落是奉祀孔子父母的地方。

曲阜孔庙诗礼堂

总而言之，曲阜孔庙的九进院落相互衬托，逐层铺垫，营造了一种庄重肃穆的祭祀氛围。前三进院落内广植苍桧翠柏，寓意孔子思想"万古长青"，同时也渲染了肃穆的情景，并为后续的空间开展作了良好铺垫。之后的三进院落则以藏书、碑刻等各种形式体现和颂扬了儒学的历史贡献。其中的建筑规格逐层升级，到第七进院落达到极致。而且，大成殿院落的自身变化也体现了对孔子的尊崇。之后的两进院落虽然算作整个孔庙的尾声，但同样也体现了尊孔尊儒的思想。凡此种种，使得孔庙的九进院落空间错落有序，相得益彰。

可以看出，曲阜孔庙这座建筑规模最大、时间最早、等级最严、影响最深的古礼制性庙宇建筑群落，集中表现了我国劳动人民高度的智慧，是儒家思想的等级制度及"正""和"等观念极为突出的代表之作。它在空间环境的布局、体量体型的组合、装修装饰的处理等方面，恰当地运用了对比和衬托的手法，使整个建筑群落在"序"的观念指导下，形成有序的渐变。由序幕经高潮到结束，形成了一个主次分明、秩序井然的整体。在空间环境的处理上，由轴线延伸的层层院落组成的对称平面序列，向主体建筑步步引导展开。空间由窄变宽，建筑由少而多，规模由小而大，形体由低而高，结构由简而繁，艺术由朴而华。在郁郁葱葱的丛翠环抱中，逐渐转入金碧辉煌的殿堂中，把谒者的情绪从肃穆飘忽的遐想中引入庄严崇敬的气氛中来。可以说，曲阜孔庙建筑群是一部在儒家观念的指导下，集建筑、文化、艺术之大成的美学作品，也是中国古典建筑史上一件光芒四射的瑰宝。

曲阜孔庙建筑不是孤立的摆脱世俗生活、象征超越人世的庙宇建筑，而是入世且与世间生活联系紧密的宫殿式宗庙建筑；不是高耸入云、指向神秘上苍的哥特式建筑，而是平面铺开、引向现实的礼制性建筑；不是使人恐惧的诡异性建筑，而是非常接近日常生活的纪念性建筑。

曲阜孔庙建筑的艺术特点

建筑作为一种文化现象，其理论具有开放性和兼容性。也就是说，建筑无法割裂同其他文化现象的联系，例如哲学、文学、艺术、技术科学等。而中国的传统建筑恰恰能够表现出这种与诸文化相关联的整体性。从曲阜孔庙的建筑发展脉络来看，其艺术特点反映了中国古代传统社会的审美风尚。孔庙建筑群的出现，承袭了中国传统建筑的营造理念，其建筑样式具有鲜明的中国特色。

反映宗法思想

曲阜孔庙作为一种带有公共性质的建筑，它既是儒家思想的物化表征，也是古代社会生活的风貌写照。其建筑理念和审美心态就是在这样的大背景下间接折射出来的。孟子云："人之有道也，饱食、暖衣、逸居而无教，则近于禽兽。圣人有忧之，使契为司徒，教以人伦：父子有亲，君臣有义，夫妇有别，长幼有叙，朋友有信。"[1]明清时期，这种对待伦理问题的态度逐渐深入民心，从皇室营造到百姓宅居，无不将伦理道德作为一种高高在上的标准尺度。古代的父权制宗法关系，至宋明以后得到加强，逐渐形成以族长权力为核心，以家谱、族谱、族规、祠堂、族田为手段的严密的礼法制度。可以说，孔庙建筑营造数目之繁多、营造形制之宏大足以证明儒家观念影响之深。

注重伦理教化

孔庙的出现，体现了中国传统注重伦理教化的功能。伦理教化是曲阜孔庙审美特征的又一表现。孔庙除了供人崇祖尊祖之外，还发挥着强大的伦理教化作用。建筑的外在形式往往蕴含着深刻的内在意味。与其他建筑类型相比，曲阜孔庙给人的视觉感受是有更明确的目的性。从营造到修缮，从雕塑到题刻，都有明显的伦理教化功能。曲阜孔庙的伦理教化来自两个方面：其一是营造理念起着巩固宗法礼教的作用。每逢丁祭之日，午夜过后，祭祀人员便齐集孔庙门前，凌晨时许，祭祀仪式开始。先是钟鼓齐鸣，经奏乐、迎神等一套仪式后，直至破晓方告"礼成"。随后将祭祀用过的猪、牛、羊分成若干块，分送主祭和陪祭。分享祭孔供品，算是一种荣誉。按照这一规则，若是皇帝亲临祭孔，则拜于大成殿中；若是派遣亲王代祭，则拜于大成殿檐下的月台；若是

① 《孟子·滕文公上》。

派遣大臣代祭，则拜于大成殿阶下。目的是弘扬中华民族的文化传统，传承中国儒家思想的精髓。曲阜孔庙伦理教化的另一个方面是，宗祠建筑特有的空间氛围能够创造教化的审美体验。例如，一方匾额、一通碑刻，都能以特殊的书法审美性展现曲阜孔庙的伦理教化功能。

重视礼制文化

礼制文化是中国古代建筑营造极为重要的思想要素。孔子说："以之居处有礼，故长幼辨也。以之闺门之内有礼，故三族和也。以之朝廷有礼，故官爵序也。"①中国古代的建筑，上至皇宫大院，下至百姓宅居，其建筑样式都根据从上而下的各种等级制度确定合乎法度的轮廓和框架。例如屋顶、面阔、朝向、用材、装饰、色彩等，都是在各种有区别的比较中体现着秩序。一般而言，传统建筑会通过规则的和谐来体现韵律，因而其房屋的开间、进深等都有规则可循。这些规则体现了建筑的不同级别，彰显了身份和地位，从而构成了礼的内容，同时也体现出韵律之美和构思之巧。

曲阜孔庙作为儒家思想文化的物化表征，对建筑营造的礼制思想把握得十分恰当。尽管后世尊孔建庙之风波及全国，但在建筑营造和装饰等方面，都尽量避开建筑规格的越级。此外，礼的秩序还体现在建筑各部分之间的联系上：各建筑之间既等级有序，主体突出，又体现了经权结合的微妙礼数。

曲阜孔庙建筑的文化内涵

曲阜孔庙历史悠久，虽然经历了无数次的重修与扩建，

① 《礼记·仲尼燕居》。

但最终仍然以一种固定的式样传承下来，并成为一座具有东方建筑特色的庞大建筑群。其面积之宏大、气魄之宏伟、历时之久远、保存之完整，让人叹为观止。曲阜孔庙不仅是历代统治者尊孔崇儒的见证，更是历代劳动人民勤劳智慧的结晶。

曲阜孔庙建筑的文化要义

作为中国古代大型祠庙建筑的典范，曲阜孔庙为其他各地孔庙的修建起到了很好的表率作用。其固定建筑主要包括万仞宫墙、棂星门、大成门、大成殿、两庑、崇圣祠、璧水桥等。无论是曲阜孔庙，还是分布于其他各地的学庙，都能反映出祠庙建筑的文化特征和类别，也能表现出儒家思想的文化要义。

曲阜孔庙万仞宫墙

万仞宫墙是孔庙最南的外围墙，高大且壮观。"万仞宫墙"的典故出自"夫子之墙数仞，不得其门而入，不见宗庙之美，百官之富"①，说明孔子本人在道德修养方面达到了极高的境界，无愧于后世学者的师表、楷模。所谓"金声玉振"，则出自《孟子·万章下》，象征着孔子集古圣先贤之智慧于一身。

　　金声玉振坊的后面是棂星门，其文化内涵值得一提。棂星即灵星，又名天田星。在中国古代，祭天是一种庄严神圣的仪式。祭天之前，按照规则需要先祭棂星，祈求五谷丰登。清代袁枚认为："后人以汉灵星祈年与孔庙无涉，又见门形为窗棂，遂改为棂。"在宋代，棂星门也被称为"乌头门"。六品以上官员可用乌头门，用在文庙是为了彰显孔子地位的尊贵。棂星门之设，始于宋仁宗天圣六年（1028年），宋理宗景定年间移入孔庙专用。因孔子的儒家学说在宋朝时占绝

曲阜孔庙棂星门

① 《论语·子张》。

曲阜孔庙下马碑

对统治地位，于是用"灵星"来命名孔庙的大门，即灵星门。此名既寓意孔子是天上星宿下凡，又象征帝制社会像尊天一样尊孔。从形制上讲，由于其门形如窗棂，后来就改为了"棂星门"。

在古代，凡有孔庙之处必有下马碑。这是一种规制。下马碑有大有小，主要视孔庙的规格和级别而定。曲阜孔庙下马碑位于棂星门外东西两侧，各有一通。所有来曲阜祭孔的官员，无论职位高低，来到孔庙前见到此碑，须文官下轿，武官下马，以示对孔子的尊崇。

除此之外，还有太和元气坊、德侔天地坊和道冠古今坊。太和元气坊为曲阜孔庙所独有。据记载，太和元气坊为明嘉靖二十三年（1544年）修建，四个大字为山东巡抚曾铣所书，表示孔子的学说永恒长存。德侔天地坊与道冠古今坊是孔庙第一进院落的东西左右坊。"德侔天地"是指孔子之

曲阜孔庙太和元气坊

曲阜孔庙德侔天地坊　　　　　　　曲阜孔庙道冠古今坊

德与天地齐，"道冠古今"是指孔子之道古今无二。

　　穿过奎文阁，迎面便是大成门。在古代，大成门共有三扇，中间最大，两边次之。因门顶上有"戟"的装饰，故曲阜孔庙大成门又被称为"戟门"。"戟"是一种古代兵器，呈二叉状。在唐代，只有官阶二品以上的人家才能在屋顶上设"戟"，但到后来，凡是显赫之家、达官贵族，其大门顶上都可设"戟"。戟门平时是关闭的，两扇边门也只有春、秋祭祀之时才能打开，中门只有在考中状元的人去参拜孔子时才会获准打开通行。因为孔子在宋代被追封为文宣王，所以自宋代开始，为了显示文宣王的威仪，在戟门两旁分列持戟武士，总共二十四名。这一定制从宋大观四年（1110年）开始，一直延续至清朝末年。值得一提的是，曲阜孔庙的大成门是第六道大门，且前五门一字排开，用来象征天子五门。其他各地文庙的大成门则不同，仅是文庙的第二道大门。

曲阜孔庙大成门

大成殿前面的露台称为月台，是古代专门进行祭孔活动并表演乐舞的地方。月台有两种形式：一种是双层月台，这种月台宏伟且华丽，曲阜孔庙大成殿前的双层月台可谓是中国孔庙月台的代表；另外一种是单层月台，苏州文庙大成殿前面的月台就属于此列。

曲阜孔庙大成殿月台

曲阜孔庙大成殿匾额

　　大成殿是曲阜孔庙的主体建筑部分，也是祭祀孔子的正殿。大成殿之前有至圣殿、宣圣殿、先师殿等不同称谓。宋徽宗年间，才将其命名为大成殿并题写匾额。苏州文庙有一篇宋代米友仁书写的碑文《吴郡重修大成殿记》，明确了对大成殿的称呼。大成殿的"大成"二字，是后人对孔子一生所作贡献的最高评价。古代称古乐一变为"一成"，九变为"九成"，至九成而乐终，则称之为"大成"。由此引申集中前人的成就并形成完整体系的学说为"集大成"。"大成"二字最早由孟子提出，意思是孔子把古今许多圣贤优秀的思想精华经过再次创造，变成了一种至高无上的理念，这种理念就是孔子学说的升华，就是"大成"。

　　大成殿东西两侧的厢房分别是东庑和西庑，这里是祭祀和供奉历代先贤先儒的场所，只有木主牌位，没有塑像。两庑虽然只是大成殿的厢房，但很有特点。上覆绿色琉璃瓦，

曲阜孔庙大成殿西庑外景

下有红柱长廊，给人宁静、简洁的感觉。这里供奉的历代先贤先儒都是儒家思想的代表人物，对儒学思想的继承和弘扬都作过很大的贡献。例如三国的诸葛亮，唐代的韩愈，宋代的文天祥、范仲淹、欧阳修，清代的顾炎武等，都在供奉之列。

曲阜孔庙的崇圣祠，是孔氏家庙原先所在的位置。清雍正元年（1723年）追封孔子上五代祖先为王之后，随即改为"崇圣祠"。崇圣祠为单檐，绿瓦龙柱，雄伟壮观。除此之外，全国各地孔庙内的崇圣祠，都是清雍正元年以后建立的。崇圣祠的位置分布有两种：一种位于大成殿之后，另一种位于大成殿左后侧。

圣迹殿是因记载孔子一生圣迹而得名的大殿，存有120幅记载孔子行迹的石刻《圣迹图》。据说，《圣迹图》是我国第一本有完整人物故事的连环画，颇具历史价值和艺术价

曲阜孔庙圣迹殿内景

值。圣迹殿内，迎面是清康熙皇帝手书"万世师表"石刻，字下正中为唐代大画家吴道子画的《孔子为鲁司寇像》，左边是晋代名画家顾恺之画的《先圣画像》，习称《夫子小影》。据说，《夫子小影》在孔子像中最真，最接近孔子原貌。殿内还有宋代书法家米芾篆书的《大哉孔子赞》。这些匾额、画像等使圣迹殿所承载的文化内涵更加丰富。

总之，曲阜孔庙的每个单体建筑物都与儒家文化密切相关，内涵十分丰富。大到整个形体，小到各部分构件，曲阜孔庙都充分利用了木构架的组合形式，并经过艺术加工，达到了建筑和功能、结构和艺术的统一，它也因此成为集文化、艺术、礼制于一身的古建筑群落。而且，这种文化内涵的赋予也是营造精神环境的需要，每一处文字都能体现出对孔子的爱戴和尊崇。在参拜中人们内心能够产生一种肃然起敬的感觉，这也正是空间环境精神功能的体现。

儒家文化是曲阜孔庙建筑的基石

建筑是物质与精神的综合体。儒家思想长期处于传统社会的正统地位，儒家的礼制观念深刻影响着建筑的布局与类型。礼的含义是十分广泛的，它既存在于政治制度、法律制度之中，也存在于各种仪式和活动的规则之中，成为排定顺序的重要标志。儒家思想也深深影响着国人的审美标准与建筑美学观的形成，对孔庙建筑艺术特色的生成具有决定性的影响。

建设孔庙的目的是尊崇孔子及儒学。因此，孔庙的建造无一例外地体现着儒家文化的博大精深。

首先，孔庙建筑含有中正思想。中即中庸，意指对待事物既不能过，也不能不及。儒家将此视为最高的德。中庸不仅是我国古代君子为人处世的基本准则，也是我国古代建筑的审美标准。孔庙的修建，自始至终都遵循着一条原则，即中轴线原则。纵观历史可以看出，无论哪一个时期的哪一次扩建，孔庙都力求最大限度地达到左右对称的目的。特别是金丝堂，其本身是为纪念孔子九代孙孔鲋藏书而建，原址在孔庙东路。据清乾隆版《曲阜县志》记载，宋真宗天禧年间对曲阜孔庙进行扩建，"正殿东庑门外曰燕申门（现在的承圣门），其内曰斋厅，厅后曰金丝堂，堂后则家庙"。明弘治年间，孔庙再次扩建，因金丝堂、故宅井、诗礼堂等建筑均在孔子故宅附近，而孔庙西路建筑物较少，为了达到东西对称的目的，下令将金丝堂改建于启圣殿之前，又建乐器库与诗礼堂相对称。宋元时期，孔庙正门被称为中和门，其本意亦是突显"中庸"之道。

其次，孔庙建筑含有礼序的思想。孔子提倡人类社会应平衡于一定的等级秩序中，用一定的礼仪制度来约束人们的行为。孔庙的建筑形制充分体现了这一思想。例如，庙前两侧的下马碑、斋宿、诗礼堂等建筑，大量的礼器、祭器的陈列，主体建筑与附属建筑的掩映相称，从祀者严格的等次排位等等，均体现了这一基本思想。而且，曲阜孔庙建筑群的空间格局按照中轴对称，逐层深入布局。从金声玉振坊过泮水，进入棂星门，再经过圣时门、璧水桥，依次穿过弘道门、大中门、同文门、奎文阁、大成门，最后到达主体建筑大成殿。空间由开阔到封闭，建筑由少变多，由小变大，由低变高，形成了一个秩序分明、层层递进的整体。整个建筑群由序幕到前奏再到高潮和结束，这种铺垫和引入符合人们的拜谒心理，使人进入孔庙后能够一步一步感受到庄重肃穆的文化氛围。除此之外，曲阜孔庙的整个建筑群所表现出的秩序感、空间感，都是对"序"的最好体现。就曲阜孔庙的单体建筑而言，采用的都是木质结构，具有极强的整体感。曲阜孔庙建筑群落，重檐飞翘，气势雄浑，雕梁画栋，金碧辉煌，带有一种明显的生命流动气韵和森严的伦理秩序。

再次，孔庙建筑含有大同的思想。这一思想可以从孔庙建筑格局的完美性中看出。特别是以奎文阁为主体的前后一组建筑群，前为大中门和同文门。尤其是同文门，意为统一语言、统一文化、统一思想。奎文阁前面为四通明代御碑，后面为唐、宋、金、元、清等朝代御碑五十余通。将历代的帝谕以及帝诰有序地统一在奎文阁的周围，象征着朝代更替造成的思维隔阂在孔子大同思想的影响下一一化解，从而也昭示了历代王朝对于大同的追求和向往。

此外，孔庙建筑还含有天人合一的思想。天人合一是中华优秀传统文化中最为重要的思想之一，指的是追求人与自然的和谐共生。曲阜孔庙建筑完全称得上是追求天人合一的建筑杰作，其天人合一思想主要体现在追求人、建筑和自然环境的和谐统一上。例如，曲阜孔庙建筑物与自然景观的融合、室内与室外的衬托，都体现着儒家对天人合一观念的追求。而且，曲阜孔庙建筑沿南北走向的中轴线对称分布，以大成殿为主体，四周建筑向内聚拢，整体布局和谐统一。这种先整体后局部的设计手法，也符合以和谐为主的儒家思想。不仅如此，孔庙中种植的植物也别具匠心。孔庙中遍植的四季常青的树木，营造出一个和谐的生态环境。柏树是孔庙中最常见的树种。孔子曾云："岁寒，然后知松柏之后凋也。"种植柏树意在赞美其不畏严寒、不屈不挠、坚持真理的人格力量。孔庙杏坛周围还种植着杏树，杏树上面开满了杏花。杏花又名"及第花"，不仅有幸福的文化寓意，还是具有"文运"的吉祥植物。曲阜孔庙布局恰当地运用了传统的院落组合和环境烘托的手法，追求人、建筑和自然环境的有机统一。

最后，孔庙建筑还折射出儒家的教育思想。孔庙建筑重点突出了孔子在教育上的突出业绩。在孔庙的中心院落——大成殿院的最中心建造了建筑规格最高的杏坛，其作用就是烘托孔子的教育成就；高大巍峨、宏伟壮观的大成殿，更是为了彰显孔子在教育文化方面的巨大贡献。可以说，孔庙单体建筑的建造规模、式样、结构、等级标准等，既考虑到它的特殊作用，又考虑到了它所处的环境因素。杏坛位于大成殿院内的正中，主体建筑大成殿坐落在高台之上，特别高大突出，两边用东西两庑相配，前有大成门及金声、玉振二门与两庑相连，后有寝殿及两侧门与两庑相连，一百间长廊连接着大成门和寝殿形成了一个严谨的廊庑院落。如此严整、协调的院落布局，以"众星拱月"的建筑手法，充分显示出儒家等级鲜明的教育观念，并且将儒家千年不辍的思想传承形象地展示出来。

曲阜孔庙建筑的文化观念

孔庙各殿的布局、形制反映了尊卑有序、等级分明的宗法意识。儒家哲学、伦理学"中、正、和、序"的观念，在孔庙建筑中表现为主次分明、秩序井然的布局，表现为对方正、对称、直线的追求以及强调中庸、和谐、温良敦厚的美。除此之外，对孔庙形制产生最重大影响的是儒家的礼治观，这是治国的根本之道。孔子讲："克己复礼为仁。一日克己复礼，天下归仁焉。"[①]历朝历代都利用"礼"作为巩固统治和强化宗法制度的最重要的精神手段，并以此转化为各种承载礼制的载体，按照周朝礼制来设置各种坛庙、明堂、

---

① 《论语·颜渊》。

辟雍、宗庙、陵墓和祠庙，组成等级最高的特殊建筑门类。孔庙建筑作为礼制性建筑，一直深受这种观念的影响。按礼制标准来衡量，建筑与仪仗一样，是为举行仪礼而特制的工具。这样一来，孔庙就成为祭祀孔子及诸贤儒的仪仗、仪礼与仪式。祭祀仪式的要求直接影响孔庙的形制。根据礼制，建筑是使用者身份和社会地位的反映。各单体建筑往往安排相对的方位和次序，分清主次，各司其职，各居其位，从而在孔庙中形成一个与尘世一样等级分明、尊卑有序的礼制社会。

孔子常把"美"与"善"联系在一起，强调"礼乐相承"与"尽善尽美"。在这种思想观念的长期浸润下，孔庙形成了一套稳定性、持续性很强的建筑美学观，主要表现在"中""正""和""序"四个方面。

首先是"中"的观念。"中"即追求"中正"，以一条纵轴线为主对称轴，统领几乎所有重要建筑，并追求空间序列的主次变化。当然，这种布局也是我国古建筑和古建筑群的特色之一，区别于西方的较为自由的建筑空间组织。孔庙建筑强烈的对称观念和轴线观念是礼制要求的必然产物，孔庙的总平面布局最能反映这一思想。元、明、清三代，孔庙的形制虽然发生了变化，但至多是大同小异而已。换句话说，在其总体形制上，孔庙的延续性极强。不仅如此，其单体建筑也采用了对称性布置，突出"中"的重要性。从历史和现实的情况看，采用左右对称构图形式的建筑比较普遍。曲阜孔庙的对称恰恰体现了"一主两从"的关系，主体部分位于中央，不仅地位突出，而且可以借助两翼次要因素的对比、衬托，形成主从关系异常分明的有机统一体。

其次是"正"的观念。儒家强调"正心""正名""正位"正物"，在培养君子的问题上，始终遵循"格物、致知、诚意、正心、修身、齐家、治国、平天下"的自我修养的道路。其中，"正心"是首先应该做到的。《大学》认为"所谓修身，在正其心者"，而对政治的看法是"政者，正也"。意思是说，为政者身正而后天下归之。在生活上，孔子也是"席不正不坐""割不正不食"，对"正"的要求已近乎苛刻。孔子对《诗经》的评语是："诗三百，一言以蔽之，曰思无邪。"①简而言之，就是思想要正。后世儒者继续追求这种"正"的思想，即提倡方正、正直、不阿、不曲。这一思想反映在建筑布置上，则表现为对方正、对称、直线形象的追求，并摒弃歪斜不正、弯曲不直的图像和方位，从而形成一种极为庄重和均匀的布局。曲阜孔庙所采用的正是这样一个严格对称和"均齐方正"的总布局。不仅如此，每一进院落也是极为方正的，每一栋建筑，包括碑亭、杏坛等较为小型的建筑，亦是如此。另外，建筑构件上也能体现"正"的思想。例如，奎文阁、大成门、杏坛、大成殿、寝殿等重要建筑的廊柱采用形式最多的是八棱柱而非圆柱，这种用直线代替曲线的细微之处便是儒学追求"正"的理念的鲜明体现。

再次是"和"的观念。"和"是儒家思想的一个重要特点。儒家在强调"礼"的同时，又强调"和"。"和"既指适中——不要过，也不要不及，又指和谐，调和矛盾。正是因为"和"的思想存在，才使得礼制所规定的贵贱、上下、尊卑之间不至于发生尖锐冲突。达到"和"的手段之一是"乐"，所以"礼乐并用"是儒家的一贯主张。孔子以"仁"作为他的哲学和伦理思想的根本。由"仁"这一思想出发，他提倡"爱人""泛爱众""忠恕""中庸"。孟子

---

① 《论语·为政》。

说："仲尼不为已甚者。"①曾子说："夫子之道，忠恕而已矣。"②子贡说："夫子温、良、恭、俭、让以得之。"③这一切都贯穿着"和"的意思，反映到美学观上，则是追求和谐、协调、敦厚、温良的美。这也可以说是一种中庸之美。

"和"的观念表现在建筑布局上，则是各部分之间的形象、比例、尺度、质感、装饰都能相互协调，相互衬托，渐变多于突变，联系多于对立。例如，曲阜孔庙的整座建筑群掩映在郁郁葱葱的树丛中，室内与室外相互渗透，各个单座建筑之间、细部与整体之间，既有变化又有协调。变化是绝对必要的，没有变化就不能成为艺术。但是"和"并不是"同"，曲阜孔庙的这种变化都是在理性概念的指导下，为了烘托主体建筑的地位而安排的。因此，孔庙建筑群可以看作是在"和"的建筑美学观指导下的一个杰出作品。

最后是"序"的观念。儒家设想的社会模式十分突出等级观念。从这一角度出发，自然要求建筑物有稳定的秩序感。要形成秩序感，就需要从空间环境的布置，体量、体形的组合，装修，装饰，比例尺度等各个方面入手，恰当地运用对比、衬托等手法，使整个建筑群由序幕经高潮到结束，形成一个主次分明、秩序井然的整体。在这一方面，曲阜孔庙是一个非常突出的例子。为了突出大成殿的崇高地位，曲阜孔庙在前面安排了六层庭院作为前导。左右和后侧，还有若干组较小的庭院加以衬托。在体量和体形、色彩和装饰上，大成殿和周围的"门、殿、庑、阁"又依次区分出不同的高低、大小、繁简、多少、华朴、明暗，用以表现主次和秩序。这种空间环境的序列组织手法，在其他建筑群中同样可以看到。

无论是"和"还是"序"，都是礼的需要。也就是说，

---

① 《孟子·离娄下》。

② 《论语·里仁》。

③ 《论语·学而》。

正是因为礼的存在，才使得曲阜孔庙和而有序。在历朝历代推崇孔子和儒学的过程中，孔庙的建筑形制、空间布置及细节处理也必须满足礼治的要求。儒家所提倡的礼，规定了一套宗法社会的伦理规范和行为准则。若用儒学的礼治标准来衡量，那么建筑和冠服、仪仗等性质一样，都是施行礼仪的特定工具。因此，大成殿前面月台的设置就显得极为合理了。而在建筑高度上，无论曲阜孔庙的等级有多高，都不能超越帝王宫室规格。曲阜孔庙内的建筑多采用重檐屋顶，而最高等级也就是重檐歇山顶，与太和殿的重檐庑殿顶相比，它的等级还是低了一级。这也从一个侧面体现了儒家"君君臣臣"的等级礼制。

孔庙不仅是祭祀孔子的圣地，还是我国传统社会兴教办学、传播儒家思想的重要场所，是历时最长、影响最大的教育机构。唐代以来，"庙学合一"成为定制，各州、县多于学宫旁兴建孔庙，兴校与建庙共举，"凡始立学者，必设奠于先圣先师"[1]。孔庙又被称为"文庙"，是传统社会民众信仰的中心。曲阜孔庙建筑历经两千多年风雨，记载了儒家文化的变迁和发展历程，其传承下来的中华传统文化精髓，仍然具有宝贵的教育价值。

曲阜孔庙的传统文化教育价值

儒家思想博大精深，历经两千五百年的弘扬、阐发和积淀，成为中华传统文化的主流，并已渗透到中国社会心理深层，与人们的生活方式、审美情趣和价值观念相融合。儒家思想已成为国人思想和行为的基本规范和准则，小到修身齐家、待人处事，大到治国利民、匡扶天下。儒家思想产生于

[1] 《礼记·文王世子》。

传统社会，对当下社会有其消极的一面；但是儒家思想所倡导的"君子以自强不息"的积极生活态度、"修身齐家治国平天下"的进取思想、"天人合一"的哲学理念、"有教无类"的教育对象观以及"因材施教""多闻阙疑""循循善诱""学思结合"的教育方法论等，对于现代社会依然有其突出的价值。

如果说儒家思想是中国传统文化的核心，那么曲阜孔庙建筑作为中华传统文化的重要载体，则将儒家思想非常鲜明地表现出来。例如，儒家所一直张扬的等级观念、和合理念、家国情怀等，无不通过曲阜孔庙的各种建筑及其布局而得以彰显。如今，曲阜孔庙已被列入《世界遗产名录》，成为国家重点文物保护单位。毋庸置疑，我国现存孔庙在研究、传承、传播、发扬中华优秀传统文化精髓方面有着得天独厚的优势，具有非常重要的传统文化教育价值。

曲阜孔庙建筑上的脊兽（图片来源：图虫创意）

曲阜孔庙建筑的美育价值

建筑物能够从侧面反映其所处时代的审美标准和精神面貌。因此，曲阜孔庙建筑反映了儒学重视伦理教化的审美特征。曲阜孔庙作为祭祀孔子的礼制性祭祀建筑，具有公共性，与我国传统建筑追求审美与寓意相结合的装饰风格不同，其建筑装饰极显审美与教化意蕴。这样的建筑氛围有利于提升观赏者的审美体验，最终实现其教化功能。

曲阜孔庙建筑一角（斗拱）

曲阜孔庙中单体建筑的装饰虽然繁简不一，但大多气势宏伟且极富层次性。建筑梁架装饰精美异常，其中的木构件很多具有精美的雕刻，营造了宏伟庄重的建筑气氛。雕刻中最引人瞩目的当属大成殿的龙纹石柱，营造出大殿的宏伟气质。大成殿柱间采用的是规格最高的金龙和玺彩画，描绘了金龙戏珠的场景，营造出高贵典雅、庄严肃穆的氛围。可以说，曲阜孔庙建筑的审美追求是一种空间、时间直接渗透的过程。其精美的外在形式、丰富的文化内涵、独特的伦理精神，给人以审美的愉悦、心灵的震撼。

曲阜孔庙建筑的德育价值

儒家思想以"仁"为核心，提倡用一定的礼仪制度规范人们的行为，认为人类社会应规范于一定的等级秩序中。"仁德"和"礼序"的儒家思想在曲阜孔庙建筑中多有体现，对其建筑布局和装饰产生了深刻的影响。曲阜孔庙建筑以主题鲜明的建筑类型、传承有序的时空环境、博大精深的文化内涵将中华民族的审美意识和伦理道德思想充分结合起来，具有重要的德育价值。

曲阜孔庙建筑布局体现了后人对孔子崇高道德与渊博学识的敬仰。孔庙最南端的外墙——万仞宫墙，极为高大壮观。"万仞宫墙"出自子贡对孔子的赞颂。子贡用宫墙做比喻，对孔子的道德修养与学识给予极高的评价。儒家思想注重仁德，以善为美。曲阜孔庙建筑装饰多处运用了植物纹样，具有品德教化的寓意。例如：窗隔扇上采用梅兰竹菊的图案，象征坚韧不拔、清雅高洁；采用冰梅纹的装饰，象征寒窗苦读；采用莲花的图案，寓意高贵纯洁。凡此种种，都是将德育理念形象化地物化在建筑上，使人在观赏浏览的过程中受到影响，陶冶情操，提升品位，净化心灵。

历史上，庙学是祭祀与学校相结合的产物，是以祭孔为主兼有高等学校功能的处所。然而作为国庙性质的曲阜孔庙，却与学校教育没有多大的关系。它只是作为专为历代帝王、地方官员祭祀孔子的专用庙宇而存在。确切地说，曲阜孔庙是由中央政府委派孔氏族人来管理并由国家出资维修的专门祭祀孔子的国家级礼制性庙宇。除曲阜孔庙之外，全国各地的孔庙都扮演了双重角色——既是礼制性建筑，又是教育性建筑，这也是古代城市营建制度的集中反映。只有县级以上的行政区域才可以修建庙学，并且其建筑规模随着城市等级的提高而不断增大。

曲阜孔庙建筑与官学教育的关系

在中国古代，孔庙建筑总是与教育建筑紧密结合，形成独特的"庙学合一"的教育制度。这里的"庙"即是孔庙，"学"为学宫，也就是我国古代的学校。学校有官学和私学之分，官学和私学的教育机制及其称谓也有所区别，并且与孔庙结合的平面布局形制也有所不同。

古代学校场景示意

春秋战国以前，我国的学校教育都是"学在官府"，教育对象仅限于贵族子弟，教学内容主要是礼、乐、射、御、书、数等"六艺"。春秋以降，官学制度瓦解，各地私学随之产生并获得发展。秦代实行专制统治，严禁私学，也不设官学，实行以法为教、以吏为师的"吏师"制度。汉代是我国教育发展的重要时期，为我国古代学校教育制度的发展和完善打下了基础。

汉承秦制，政治上实行郡县制，但又保留了西周分封制的残余，封皇子以王位和土地。被分封给皇子的"郡"就称为"国"。郡国是最大的地方行政单位，地方官学又被称为郡国学校。郡国以下的地方行政单位分别设"校""庠""序"，但未真正实行。汉武帝元朔五年（前124年），政府创建了最高学府"太学"。汉代的学校有官学和私学之分，官学分为中央官学和地方官学两种。中央官学最重要的是以传授儒家经典为主的太学，由九卿之一的"太常"领导管理。《太平御览·礼仪部》记载："王莽为宰衡，起灵台，作长门宫。南去堤三百步，起国学于郭内之西南，为博士之宫。寺门北出，王于其中央为射宫。门西出，殿堂南向为墙，选士肆射于此中。此之外为博士舍三十区周环之。此之东为常满仓，之北为会市，但列槐树数百行为隧，无墙屋。诸生朔望会此市，各持其郡所出货物及经书传记、笙磬乐器，相与买卖，邕邕揖让，或论议槐下。其东为太学宫。"由此可见，太学规模庞大且形制有序。除此之外，东汉时期，还增设有鸿都门学、宫邸学等特殊性质的学校。自汉武帝实行"罢黜百家，独尊儒术"的文教政策以来，儒家经典便成为各级学校主要的教学内容。其中高级教育阶段以学习"五经"为主。由此可以看出，汉代以前的各级学校，其形制和功能都很单一，只是学习之所，学校内不设立孔庙。

魏晋南北朝时期，社会动乱，官学时兴时废。北魏孝文帝太和十三年（489年），政府于京师平城（今山西大同）国子学（中书学）兴建了第一座曲阜以外的孔庙。南梁武帝时期，国子监也建有孔庙。此后的南北两朝统治时期，中央官学也均设有孔庙。魏晋南北朝时期是孔庙"庙学合一"建筑形制的开始，且京师中央官学先于地方出现。

我国历史上第一次由中央政府设立专门管理教育的机构和官员始于隋朝，即设置了"国子寺"及"国子祭酒"。隋开皇九年（589年），又开辟了具有进步意义的庶族寒门进身做官的科举制度，隋大业二年（606年）后成为定制。唐代教育无论在制度、种类、质量上都达到前所未有的水平，教育空前发展。可以说，唐代的学校教育制度是我国古代社会学校教育制度的典型。贞观四年（630年），唐太宗李世民"诏令州县学皆作孔子庙"。自此以后，州县学校与孔庙密切相连，"庙学合一"随之成为定制，历代相沿，直至清代。

此后，国子监皆立孔子庙。中央官学"庙学合一"成为定制。孔庙核心建筑大成殿，唐代称之为"文宣王殿"。宋徽宗赵佶尊崇孔子"集先圣先贤之大成"而更名为"大成殿"，以后历代沿袭。对于中央官学孔庙而言，其部分建筑形制以及称谓不同于地方。京师孔庙同地方孔庙一样，其主要建筑都是仿照曲阜孔庙的规制完成的。

元承宋制，中央官学仍然设立国子学，并相继增设了蒙古国子学、回回国子学等。至元二十四年（1287年），在元大都（今北京）建国子学。元大德六年（1302年），建孔庙祭祀孔子，并依据"左庙右学"的礼制，于孔庙西侧建立了国子监（太学）。

明代初期继续大力发展官学。明太祖朱元璋对教育十分重视，力倡"治国以教化为先，教化以学校为本"。中央官学主要设有国子监，此外还有宗学和武学。中央官学学宫部分主要建筑为太学（国子监）。明清以前京师太学（国子监）孔庙的建筑规制已无遗例存留，具体形制已不可考。明清时期的中央官学建筑在文献资料上有相关的记录，清代北京国子监建筑基本保存完好，形制大体可考。

明永乐二年（1404年），在元代国子监基础上增设了北京国子监。永乐十八年（1420年）迁都以后，形成南北两处国子监。明清北京国子监孔庙位于安定门内成贤街北侧，创建于元大德十年（1306年），明永乐年间重建。万历二十八年（1600年），庙宇易以琉璃瓦。乾隆二年（1737年），易黄琉璃瓦。光绪二十二年（1896年），升祭孔为大祀，正殿改七间为九间。北京国子监孔庙建筑平面形制为"左学右庙"，孔庙前设街门三间，门内东有碑亭一座、省牲亭两间、井亭一座、神厨五间，西有碑亭两座、致斋所三间、持敬门一座（与国子监相通）、神厨五间。街门之北为大成门五间，门内左右列戟二十四枚、石鼓十枚。向北为大成殿，面阔九间，重檐歇山顶，覆黄琉璃瓦。大成殿前左右分列碑亭十一座，其后为崇圣祠，另成一院。

明代地方官学按其性质划分，可以分为儒学、专门学校、社学三类。其中儒学包括按地方行政区划设立的府学、州学、县学以及按军队编制设立的卫儒学和都司儒学等。

清代官学制度基本沿袭明制，分为中央和地方两大类。中央官学主要有国子监，也称国学和太学。清顺治元年（1644年），修明代北京国子监及其孔庙，仍然按照"左庙右学"的形制。乾隆四年（1739年），仿古制增建辟雍于太学中心。彝伦堂之南，池环如璧，护以石栏，殿处池中，方宇重檐圆顶，覆黄色琉璃瓦。清代地方官学主要有统称为儒学的府学、州学、县学和卫学，此外还有社学、义学和井学，仍按府、州、县行政机构设学宫和孔庙。清乾隆年间，曾下令孔庙使用朱墙黄色琉璃瓦等，按最高等级进行装修，此后也成为地方通例。

由此可见，孔庙的发展与官学的发展是不可分割的。从春秋到明清，从私塾到官学，孔庙的等级随着官学等级的提升而提升。作为学庙的孔庙，是古代儒学教育的殿堂。中国古代的正统官学是儒学，儒学是中国古代社会长治久安的重要支柱。具体表现在三个方面：其一是朝廷的治国理论，其二是"学而优则仕"的科举制，其三是中央到地方的各级文庙和学宫。这三者互为联系，互为因果。就曲阜孔庙来说，虽然它是历代祭祀孔子和其他先儒的礼制性场所，但同时也发挥着教育教化和尊师重道的功能。奎文阁、杏坛等主要用于传道授业解惑的重要场所依然屹立长存，表明了历朝历代对"帝王师"的敬重和爱戴；东西两庑中长长的木主神牌，则向世人无声地传达着千年不辍的道统传承。

曲阜孔庙建筑与祭祀礼仪的关系

孔庙是祭祀孔子的场所，是弘扬儒家文化、传播圣人教化的圣殿。曲阜孔庙最重要的活动便是祭祀活动。孔庙的建筑布局特别是明清两代的扩建设计，都充分地考虑到祭祀功能的因素。从大中门到奎文阁之间，原来有两层院落，在同文门的东西两侧均有围墙将前后院落分开。明代庙宇向南扩建，考虑到祭祀大典的"彩排"需要，拆除了同文门两侧的围墙，并在此院内建造了洪武碑亭和永乐碑亭。这组院落是孔庙祭祀前进行各种准备工作的场所：奎文阁楼上平时作藏书之用，楼下则是祭祀时的"过殿"和孔子夫妇及四配十二哲祭仪的"彩排"之处；大中门是衍圣公及陪祭人员举行"祭前戒誓"仪式的地方；同文门及其左右四座碑亭分别是存放历代碑碣及孔子五代祖、孔子父母、孔氏中兴祖、两庑先贤先儒祭仪的"彩排"之处；东西斋宿是衍圣公和地方官员祭祀前二日持斋住宿的地方。由此可见，这一院落在祭祀中扮演着非常重要的角色。

曲阜孔庙大中门

曲阜孔庙同文门

　　奎文阁后面是大成门，宋时称为"殿庭门"，也称"仪门"。东西一线五门并立，并分三路布局。从大成门到寝殿的东西一线形成的矩形区域，是孔庙的祭祀区域。大成殿是孔庙的中心建筑，环绕着它而布置的建筑物和庭院，都是起陪衬烘托作用的。大成殿用高高的台基托起，明显区别于周围的建筑物。其庄严肃穆、巍峨灿烂，表现了孔子的崇高地位。先贤先儒位于两庑，祖辈、后辈分庭配享。这种分布方式将祭祀的主次等位和谐地体现出来，使建筑形式和祭祀内容达到了完美的统一。

　　到清朝末年，中国孔庙已经发展到一千七百多座，这主要是历代帝王尊孔崇儒的结果。对于曲阜孔庙，历代帝王更是推崇备至。祭孔活动的程式化、高规格对其建筑布局产生了影响，造就了十分完整的曲阜孔庙建筑群。

孔庙祭孔有家祭和国祭两种形式，仪式极为盛大和隆重。家祭由孔子后裔主持，一般由"衍圣公"亲自或委派"孔氏族长"主持祭祀；国祭是指衍圣公代表国家或国家派官员主持的祭孔仪式。汉代开始，已经使用"太牢之礼"祭孔。唐宋以后，孔子祭奠一般采用帝王礼制。明清时期，随着祭祀活动的扩大，曲阜孔庙里形成了完备的祭孔组织，也有了专职的官员。无论规模大小，其祭孔的仪式都遵照一定的"礼"。礼，从大的方面说，便是一朝一代的典章制度；从小的方面说，是一地的良风美俗。对于祭孔而言，各朝各代都有相应的制度。这种制度保证了祭孔仪式的完整性，同时也对孔庙的建筑形制和空间组织提出了相应的礼制要求。

曲阜孔庙大成殿

曲阜孔庙家祭场景

　　一般来说，祭孔礼仪分为迎神、初献、亚献、终献、撤馔、送神六部分。在举行正式仪式之前，还有相当繁杂与隆重的准备过程。进香、奠帛、献爵、读祝等行礼过程与乐舞相结合。祭孔乐舞的内容以颂扬孔子的业绩为主，是乐、歌、舞三位一体的综合艺术。隋、唐、明、清时期，使用专门用于祭孔的舞蹈，分为文舞和武舞两种。在思想方面集中体现了德，在形式方面突出体现了礼。概言之，祭祀活动是历代帝王推崇儒学、宣扬宗法思想和伦理道德的一种形式。除了祭祀的乐舞之外，另一个重要的祭祀内容便是祭品的制作与摆放。祭品的制作方法在清代出版的《圣门礼志》中有详细的记载，基本上是严格按照儒家提倡的"食不厌精，脍不厌细"的要求，除此之外还要"必丰必洁"。这样宏大、隆重且繁杂的祭孔仪式对于空间的要求很大，由此产生了曲阜孔庙不同的院落空间，为祭祀孔子提供服务。

　　孔庙中受祭先贤先儒的位置排列并非民间家祠常见的那般，列祖列宗排列于一座厅堂之内或者一座祭台之上，而是一字排开，排列的位序极为严格。另外，祭器的摆放也有严格的规定。每位先哲必须占有相当大的空间，特别是在未改用木主之前，孔庙先哲皆用塑像，所占空间更大。这就使得孔庙各殿堂的空间要相当宽裕，且祭祀的先哲较少。对于大成殿而言，无须做特别的建筑处理。但对于大成殿旁边的东西两庑而言，先贤先儒的数量较多，因此只能扩大空间。

祀主的严格定位以及祭品祭器的严格对应，使得孔庙具有超长的廊坊。"形式追随功能"在曲阜孔庙得到了极好的验证。此外，祭祀的圣贤与孔庙中各建筑单体也几乎是一一对应的。例如，大成殿供奉至圣先师孔子及四配十二哲，东西两庑供奉历代先贤先儒，启圣祠则供奉启圣公，圣贤各居其所，绝不混淆。概言之，这种祭祀礼制要求曲阜孔庙有相当丰富的空间形式。特别值得一提的是，大成殿的外部空间——月台，也是礼制方面的必需品。由于祭祀的主体不同，行礼的位置也不同。帝王拜祭可进入大成殿，而帝王派来的王爷则只能在大成殿外的月台之上，若是一般大臣则需退至月台之下。凡此种种，都是具体礼制的体现。

曲阜孔庙大成殿东庑内景

曲阜孔庙的
祭祀活动

曲阜孔庙祭祀的历史演进
曲阜孔庙祭祀的礼仪制度
曲阜孔庙祭祀的时代意蕴

祭祀活动是孔庙最重要的活动。祭祀起源于原始社会，是由人类对自然、祖先的敬畏与崇拜发展起来的。祭祀的对象有三，即天神、地祇和人鬼。天神主要指日月星辰，地祇主要指山川五岳，人鬼主要指祖先。祭祀活动在古代占据着重要地位。"凡治人之道，莫急于礼；礼有五经，莫重于祭。"①"国之大事，在祀与戎。"②这些古语充分说明了祭祀的重要性。不仅如此，祭祀活动本身就是一种文化载体、文化象征和文化符号。因为"祭祀的对象自从被推上受人顶礼膜拜的圣坛之后，无论是圣人还是贤者，都已经不再是简单的血肉之躯，而是道德的载体、道统的象征"③。因此，历代重视孔庙祭孔，首先在于尊重作为伟大思想家的孔子本人，尊重以孔子为代表的历代圣哲贤儒，同时更是尊重以儒学为代表的中华优秀传统文化。这是孔庙祭祀的本质意义所在。

① 郑玄注，孔颖达疏：《礼记注疏》卷49《祭统》，中华书局1980年版，第1602页。
② 杜预注，孔颖达疏：《春秋左传注疏》卷27，中华书局1980年版，第1911页。
③ 徐梓：《书院祭祀的意义》，载《寻根》2006年第12期。

曲阜孔庙祭祀的
历史演进

汉代以前，对孔子的祭祀仅限于他的后裔及弟子，国家没有为孔子制定专门的祭祀礼制，在如何对待祭孔这个问题上，也没有先例可循。到了汉代，皇帝开始重视祭孔，他们或亲临曲阜，或派遣大臣来祭祀孔子，由此开启了一个新时代。

萌芽期（汉代）

史书明确记载的首位祭孔的帝王是汉高祖。当时，刘邦亲征英布，班师回朝途中经过曲阜，以太牢之礼祭祀孔子，开启了历代帝王祭孔的先河。这也是官方祭孔的开始。刘邦早年以厌恶书生而闻名，并认为百无一用是书生，但在其建立政权之后，凭借陆贾的劝谏和叔孙通为其制定的礼仪，认识到儒学对其统治的重要性。[1]而此番前往孔庙祭拜孔子，恐怕也是出于叔孙通的主意。除此之外，他还发布一道诏令：凡是后代继承大统者，继位之初，必须到孔庙祭告。但是，孔庙祭祀并未成为国家经常举行的活动，只是从西汉末年开始

---

[1]《史记·刘敬叔孙通列传》。

有了专门的奉祀官，即孔子后人褒成侯。到了东汉时期，朝廷又重新规定了祭孔的规格，即与社稷同祭。

发展期（魏晋南北朝）

虽然魏晋南北朝属于乱世，但是孔庙的修建并没有中断，祭孔礼制也逐渐发展。魏晋时期，皇帝和太子讲诵儒经后，都要在辟雍祭祀孔子。不论是亲自祭祀还是派遣大臣祭祀，用的都是太牢。晋泰始三年（267年），武帝司马炎下诏，命令太学和鲁国"四时备三牲祀孔子"，提高了曲阜孔庙的祭祀规格。南北朝时期，祭祀级别进一步提高。南朝采用裴松之的建议，祭祀孔子"设轩县之乐，六佾之舞，牲牢器用，悉依上公"[①]，确定了孔庙祭祀要采用上公的乐舞和祭品。北齐规定，天子讲经之后要以太牢之礼祭祀孔子。"列轩悬乐，六佾舞，行三献礼。"[②]祭祀等级与南朝相同。除此之外，还规定："新立学，必释奠礼先圣先师。每岁春秋二仲，常行其礼。每月旦，祭酒领博士以下及国子诸学生已上……拜孔揖颜。……郡学则于坊内立孔、颜庙，博士已下，亦每月朝云。"[③]

完善期（隋唐宋元时期）

孔庙祭祀制度经过两汉及魏晋南北朝时期的漫长发展和演变，到盛唐时期基本定型。隋朝规定："国子寺每岁以四仲月上丁释奠于先圣先师，州郡县则以春秋仲月释奠。"唐代将国家祭祀分为大祀、小祀和中祀三个等级。其中，昊天上帝、宗庙神州等为大祀，日月星辰、帝王社稷为中祀，山

① 《南齐书》卷9《礼上》。
② 《隋书》卷9《礼仪四》。
③ 《通典·孔庙》。

林川泽、州县释奠等为小祀。开元二十七年（739年），封孔子为"文宣王"，用宫悬之乐，将乐悬提高到了大祀的级别，但是舞蹈仍为六佾舞。除此之外，唐代还完善了孔庙的配享制度。唐开元年间，规定只以颜回为先师，先师以下是先哲、先贤和先儒。孔子最出色的弟子闵子骞等十人被称为"先哲"，其他弟子则被称为"先贤"，没有亲自受到孔子教诲的后世儒者，从祀孔庙时被称为"先儒"。

到了宋代，儒学再次复兴。在士大夫的推动下，孔庙祭祀制度得到进一步发展。这与宋代"重文轻武"的国策有关，更与新儒学的兴起紧密相连。金代和元代同样继承了宋代孔庙祭祀的制度。作为少数民族政权，他们意识到孔庙祭祀对于维护政权稳定的重要价值。因此，金代往往由皇帝亲自主持祭孔释奠。金大定十四年（1174年），规定孔子祭祀用少牢，祭祀等级是中祀。元代同样重视孔庙祭祀，祭孔活动如火如荼，且仍然沿用中祀的等级，但祭品改为太牢。元大德十一年（1307年），元武宗以"先孔子而圣者，非孔子无以明；后孔子而圣者，非孔子无以法"，诏封孔子为"大成至圣文宣王"，并派遣使臣到曲阜孔庙以太牢之礼祭祀孔子。有元一代，对孔子及其弟子的尊崇从未停止过。除此之外，元代进一步确定了孔庙的从祀制度。董仲舒、朱熹、司马光等皆在从祀的范围之内。概言之，元代对孔庙的祭祀制度，不仅继承了前代先例，而且也有自己的贡献。

变革期（明清时期）

明是汉人建立的政权。开国之初，统治者就把尊崇孔子、修建孔庙作为治国安邦的重要举措。洪武元年（1368

年），明太祖朱元璋诏令以太牢祀孔子于国学，并派遣官员前往曲阜祭拜。得益于统治者的推崇，这一时期全国的孔庙不仅在数量上有所增加，而且祭祀礼仪也得到了进一步规范。祭器、祭品、乐舞等的使用都有了明文规定，成为国家层次的礼仪制度。嘉靖年间，孔庙祭祀经历了一场重大变革。大学士张璁上书言说，颜回、曾参和子思三人配享堂上，他们的父亲却从祀两庑，此举不合礼制。因此，嘉靖皇帝决定在大成殿之后另建房屋来祭祀叔梁纥（孔子父），并以颜路（颜回父）、曾点（曾参父）、孔鲤（子思父）三人配享。除此之外，张璁还提出：孔子宜称先圣先师，不宜称王；庙宇应称庙，不宜称殿；祭祀宜用木主神牌，不宜用塑像；配享者宜称先贤先儒，不宜称公侯伯等。上述建议均为嘉靖皇帝采纳。皇帝下诏，孔子神位题"至圣先师孔子"，去掉文宣、大成及所封王号，其"四配"分别称为复圣、宗圣、述圣、亚圣，"十哲"以下皆称"先贤"，左丘明以下皆称"先儒"，不再称公侯伯。神主用木质，撤除塑像。

有清一代，统治者进一步认识到"尊孔崇儒"对世道人心的作用，因此大力修建孔庙，孔庙祭祀规格也有了进一步提升。康熙皇帝东巡到曲阜孔庙祭拜后，下令送神、迎神时要行三跪九叩之礼。康熙五十一年（1712年），将朱熹由先贤升为先哲。乾隆三年（1736年），将孔子的弟子有若升为先哲。自此以后，先哲就有十二位，并称"十二哲"。同治二年（1863年），下令孔庙全部改为黄瓦覆顶，祭祀乐舞使用八佾舞。除此之外，清朝末年从祀名额又有所增加，即将王夫之、黄宗羲、顾炎武从祀，以此来激励士子。到此为止，孔庙的祭祀已经达到了顶峰。但不久以后，大清帝国的大厦就倾塌了。

余音期（民国）

随着清帝国的覆亡，孔庙祭祀也逐渐接近尾声；但是之后的几十年间，孔庙祭祀尚有余音缭绕。民国建立之后，教育部下令停止读经祭孔，并将孔庙田产充为学校发展的经费。1919年，北洋政府将讲求实用之学的清初大儒颜元及其弟子李塨从祀孔庙，此二人成为孔庙从祀"先儒"中的最后两位。此时正值新文化运动方兴未艾之时，颜元、李塨的从祀，也不过是孔庙"祭祀史"上的回光返照而已。其大势已去，自不待言。自此以后，虽然曲阜孔庙每年春秋两季仍进行丁祭，但辉煌已经不再。到20世纪20年代晚期，祭孔仪式则主要存在于旧式学堂和地方士绅掌控下的乡村庆典中。1928年，国民政府认为不宜恢复官方的祭孔仪式，仅仅下令全国各学校在孔子的诞辰日开展纪念活动。自此以后，祭孔活动作为中国历代最重要的传统仪式之一，就成为历史旧迹了。

1934年，国民党"中常会"通过蒋介石等人的提案，以8月27日作为先师孔子诞辰纪念日，交由国民政府明令公布，且派中央大员前往曲阜孔庙致祭。自此以后，纪念孔子诞辰便成为惯例。不过，国民政府举行的孔庙祭祀，有几点与以往不同。首先，改变了原来四时丁祭的传统，仅以纪念孔子诞辰的方式祭孔；其次，祭孔仪式发生了重大变革，改跪拜礼为鞠躬礼，改献三牲为献花圈；再次，祭孔仪式前先奏国歌。当然，孔氏家祭依然采取传统礼仪。1935年，国民政府废除了"衍圣公"的称号，改为"大成至圣先师奉祀官"，沿袭了880年的"衍圣公"至此结束。实际上，在此前的1934年祭孔仪式上，由国民政府官员宣读的祭文中，已经称最后一代衍圣公孔德成为"孔氏奉祀官"了，官秩是特任，为文官的最高一级。

　　孔庙建立最初的目的是祭祀孔子，后来随着统治阶级对儒学的重视以及儒家文化自身旺盛的生命力，祭祀的对象逐渐扩大，从最初的孔子一人到后来的"四配十二哲"及历代先贤先儒，形成了一个庞大的祭祀群体。因此，曲阜孔庙的祭祀对象，也就成为一个不能不专门研究的重大问题。

曲阜孔庙祭祀的对象

　　众所周知，祭孔是为了表达对孔子的尊崇，同时也是为了延续道统、传承儒学。孔庙中奉祀的人物并不是随意安排的，必须经过精心挑选。他们的声名、地位与成就等具有典型性和代表性，是社会的典范。天下之士置身于孔庙之内，必然"观感奋兴，肃然生其敬畏之心，油然动其效法之念"①。

大成殿的奉祀对象

　　孔庙大成殿内主祭孔子，"四配"配享，"十哲"或"十二哲"从祀。曲阜孔庙大成殿内共奉祀五位圣人，分别

---

① 庞钟璐：《文庙祀典考》，光绪四年（1878年）戊寅刊本。

是"至圣"孔子（正位，居大成殿中央，坐北面南），"复圣"颜子、"述圣"子思子（配位，居正位右侧，坐东面西），"宗圣"曾子、"亚圣"孟子（配位，居正位左侧，坐西面东）。孔子是祭祀的主要对象，被供奉于大成殿的正中央，坐北朝南。孔子一人之兴衰关乎整个孔庙之兴衰，所谓"一荣俱荣，一损俱损"。孔子"道冠古今，德配天地，删述六经，垂宪万世"，是正统文化的象征。正是基于孔子对中华文明的巨大贡献，历朝历代才为他立庙祭祀。历代尊崇孔子，主要反映在对孔子的谥号加封上。从最初的"尼父""宣父"到"宣尼公""文宣王""至圣文宣王"再到后来的"至圣先师""万世师表"等等，都能看出孔子举足轻重的地位。

曲阜孔庙大成殿奉祀对象一览表

西傍东面	西位东面	正位南向	东位西面	东傍西面
先贤冉子耕	宗圣曾子	孔子	复圣颜子	先贤闵子损
先贤宰子予				先贤冉子雍
先贤冉子求				先贤端木子赐
先贤言子偃	亚圣孟子		述圣子思子	先贤仲子由
先贤颛孙子师				先贤卜子商
先贤朱子熹				先贤有子若

"四配"是孔子门下最杰出的四位人物。南宋咸淳三年（1267年），宋度宗到太学祭祀孔子，举行了简单的"释菜礼"，开始以"颜渊、曾参、子思、孟轲"四人享配，称为"四配"。"十哲"是孔子门下德才最出众的十位学生。唐朝开元三年（715年），唐玄宗诏令国学祭祀孔子时，将颜渊、闵子骞、冉伯牛、仲弓、宰我、子贡、冉有、子路、子游、

子夏等十人享配孔庙，称为"十哲"。孔子曾经用德行、言语、政事、文学四科来评定学生们的优长："德行：颜渊、闵子骞、冉伯牛、仲弓；言语：宰我、子贡；政事：冉有、子路；文学：子游、子夏。"这十人被公认为孔子最好的学生。

"十二哲"是在唐代至清乾隆二年（1737年）所定"十哲"的基础上，于乾隆三年（1738年），增加孔门弟子有若（字子有）和宋代大儒朱熹而构成的。南宋宝庆三年（1227年），宋理宗研读朱熹的《四书集注》后认为，朱熹发挥了圣贤之道，阐释了儒学精华，自己也要以圣贤为榜样，学习"四书"，并下诏追赠朱熹为太师，追封信国公。理宗还制定了《道统十三赞》，亲书朱熹的《白鹿洞学规》，并诏令将其牌位供奉于孔庙，让他和孔子同享后人的祭祀。清乾隆三年（1738年），朱熹同孔子的学生有若一同升为"十二哲"之列。

东西庑的奉祀对象

在孔庙从祀体系中，级别低于"四配""十二哲"的，称为"先贤"和"先儒"。供奉先贤和先儒的地点位于东西两庑。"先贤"和"先儒"上自春秋，下至清初，都曾是中国历史上被推崇的著名人物，也是他们那个时代的社会道德规范的楷模。孔庙从祀先贤先儒，开始于唐代。以后经过历代帝王的增添、改换，到清末为止，先贤和先儒已经达到156人。其中，先贤主要是指孔门弟子及再传弟子。东汉永平十五年（72年），汉明帝到曲阜孔庙祭孔，并祭孔门七十二弟子。此后，习惯上将七十二弟子的像画在孔庙两侧的墙上，但不祭祀。唐玄宗以"十哲"作为"配祀"时，将其他弟子从祀。南宋时，又将周敦颐、张载、程颢、程颐等宋代理学大师从祀。

"先儒"是指在历史上对儒学有杰出贡献的学者。最早推出这一举措的是唐太宗。贞观二十一年（647年），唐太宗下诏，每年太学祭祀时，将左丘明、卜子夏、公羊高、谷梁赤、伏生、孔安国、刘向、郑众、马融、卢植、郑玄、何休、王肃、王弼、杜预、范宁、贾逵等22位为《春秋》《诗》《礼》《易》等做过注解的学者作为传播儒学的功臣配享，以表彰其传注之功。宋神宗时期，又将荀况、扬雄、韩愈三位在儒学史上有杰出贡献的学者列入从祀名单。此后，明清时期将一批尊奉儒家思想、品德高尚、对中华民族有重要贡献的仁人志士列为先儒。例如诸葛亮、韩琦、范仲淹、司马光、李纲、陆秀夫、文天祥、黄宗羲、王守仁、王夫之、顾炎武、张伯行等。

曲阜孔庙东西庑奉祀对象一览表

东庑		西庑	
奉祀对象	奉祀时间	奉祀对象	奉祀时间
先贤公孙子侨	咸丰七年	先贤蘧子瑗	咸丰七年
先贤林子放	宋代初年	先贤澹台子灭明	宋代初年
先贤原子宪	开元八年	先贤宓不齐	开元八年
先贤南宫子适	开元八年	先贤公冶子长	开元八年
先贤商子瞿	开元八年	先贤公皙子哀	开元八年
先贤漆雕子开	开元八年	先贤高子柴	开元八年
先贤司马子耕	开元八年	先贤樊子须	开元八年
先贤梁子鳣	开元八年	先贤商子泽	开元八年
先贤冉子儒	开元八年	先贤巫马子施	开元八年
先贤伯子虔	开元八年	先贤颜子辛	开元八年
先贤冉子季	开元八年	先贤曹子恤	开元八年

东庑		西庑	
奉祀对象	奉祀时间	奉祀对象	奉祀时间
先贤漆雕子徒父	开元八年	先贤公孙子龙	开元八年
先贤漆雕子哆	开元八年	先贤秦子商	开元八年
先贤公西子赤	开元八年	先贤颜子高	开元八年
先贤任子不齐	开元八年	先贤壤驷子赤	开元八年
先贤公良子孺	开元八年	先贤石作子蜀	开元八年
先贤公肩子定	开元八年	先贤公夏子首	开元八年
先贤鄡子单	开元八年	先贤后子处	开元八年
先贤罕父子黑	开元八年	先贤奚容子蒧	开元八年
先贤荣子旗	开元八年	先贤颜子祖	开元八年
先贤左人子郢	开元八年	先贤句井子疆	开元二十七年
先贤郑子国	开元八年	先贤秦子祖	开元八年
先贤原子亢	开元八年	先贤县子成	开元八年
先贤廉子洁	开元八年	先贤公孙子句兹	开元八年
先贤叔仲子会	开元八年	先贤燕子伋	开元八年
先贤公西子舆如	开元八年	先贤乐子欬	开元八年
先贤邽子巽	开元八年	先贤狄子黑	开元八年
先贤陈子亢	开元八年	先贤孔子忠	开元八年
先贤琴子张	开元八年	先贤公孙子蒧	开元八年
先贤步叔子乘	开元八年	先贤颜子之仆	开元八年
先贤秦子非	开元八年	先贤施子之常	开元八年
先贤颜子何	开元八年	先贤申子枨	开元八年
先贤颜子哙	开元八年	先贤左丘明	崇祯十五年
先贤县子亶	开元八年	先贤秦子冉	开元八年
先贤牧子皮	开元八年	先贤公明子仪	咸丰三年

续表

东庑		西庑	
奉祀对象	奉祀时间	奉祀对象	奉祀时间
先贤乐正子克	开元八年	先贤公都子	雍正二年
先贤万子章	开元八年	先贤公孙子丑	雍正二年
先贤周子敦颐	崇祯十五年	先贤张子载	崇祯十五年
先贤程子颢	崇祯十五年	先贤程子颐	崇祯十五年
先贤邵子雍	崇祯十五年	先儒谷梁子赤	贞观二十一年
先儒公羊高	贞观二十一年	先儒高堂生	贞观二十一年
先儒伏子胜	贞观二十一年	先儒董子仲舒	至顺元年
先儒毛子亨	同治二年	先儒刘子德	光绪三年
先儒孔子安国	贞观二十一年	先儒后子苍	不详
先儒毛子苌	贞观二十一年	先儒许子慎	光绪元年
先儒郑子玄	贞观二十一年	先儒赵子岐	宣统二年
先儒杜子子春	贞观二十一年	先儒范子宁	贞观二十一年
先儒诸葛子亮	雍正二年	先儒陆子贽	道光六年
先儒王子通	嘉靖九年	先儒范子仲淹	康熙五十四年
先儒韩子愈	元丰七年	先儒欧阳子修	嘉靖九年
先儒胡子瑗	嘉靖九年	先儒司马子光	咸淳三年
先儒韩子琦	咸丰二年	先儒游子酢	光绪十八年
先儒杨子时	至正十九年	先儒吕子大临	光绪二十一年
先儒谢子良佐	道光三年	先儒罗子从彦	万历四十一年
先儒尹子焞	雍正三年	先儒李子纲	咸丰元年
先儒胡子安国	正统三年	先儒陆子九渊	嘉靖九年

东庑		西庑	
奉祀对象	奉祀时间	奉祀对象	奉祀时间
先儒李子侗	万历四十一年	先儒张子栻	景定二年
先儒吕子祖谦	景定三年	先儒陈子淳	雍正二年
先儒袁子燮	同治七年	先儒真子德秀	正统二年
先儒黄子幹	雍正三年	先儒蔡子沈	正统二年
先儒辅子广	光绪三年	先儒魏子了翁	雍正二年
先儒何子基	雍正二年	先儒赵子复	雍正二年
先儒文子天祥	道光二十三年	先儒金子履祥	雍正二年
先儒王子柏	道光二十二年	先儒陆子秀夫	咸丰九年
先儒刘子因	宣统二年	先儒许子衡	皇庆二年
先儒陈子澔	宣统二年	先儒吴子澄	乾隆二年
先儒方子孝孺	同治二年	先儒许子谦	雍正二年
先儒薛子瑄	隆庆五年	先儒曹子端	咸丰十年
先儒胡子居仁	万历十二年	先儒陈子献章	万历十二年
先儒罗子钦顺	雍正二年	先儒蔡子清	雍正二年
先儒吕子柟	同治二年	先儒王子守仁	万历十二年
先儒刘子宗周	道光二年	先儒吕子坤	道光六年
先儒孙子奇逢	道光七年	先儒黄子道周	道光五年
先儒黄宗羲	光绪三十四年	先儒王子夫之	光绪三十四年
先儒张子履祥	同治十年	先儒陆子世仪	光绪元年
先儒陆子陇其	不详	先儒顾子炎武	光绪三十四年
先儒张子伯行	光绪四年	先儒李子塨	民国八年
先儒汤子斌	道光三年		
先儒颜子元	民国八年		

崇圣祠的奉祀对象

崇圣祠原名启圣祠，是奉祀孔子上五代祖先的地方。除此之外，还以"四配"之父配享及宋代理学家周敦颐、张载、程颢、程颐、朱熹、蔡沈之父从祀。明嘉靖九年（1530年），朝廷采纳张璁的建议，下令国学及天下学校都要建造启圣公祠，主祭孔子之父叔梁纥。与此同时，下令以颜回之父颜路、曾参之父曾点、孔伋之父孔鲤、孟轲之父孟孙激配享，程颢和程颐之父程珦、朱熹之父朱松、蔡沈之父蔡元定从祀。明万历二十三年（1595年），又增加了周敦颐之父周辅成从祀。清雍正元年（1723年），世宗追封孔子上五代王爵，命令将"启圣祠"改称"崇圣祠"，并加以奉祀。崇圣祠正中位置供奉的是孔子五代祖"肇圣王"木金父，东侧向外依次供奉着高祖"裕圣王"祈父、祖父"昌圣王"伯夏，西侧向外依次供奉曾祖"诒圣王"防叔、"启圣王"叔梁纥，均面向南。东面面西供奉颜路、孔鲤，西面面东供奉曾点、孟孙激，东面再外供奉周辅成、程珦、蔡元定，西面再外供奉张迪、朱松。其中，"肇圣王"木金父、"裕圣王"祈父、"诒圣王"防叔、"昌圣王"伯夏均为清雍正元年（1723年）追封，而"启圣王"叔梁纥在宋大中祥符元年（1008年）被追封为齐国公，并于曲阜孔庙内建专祠。元至顺元年（1330年），叔梁纥被加封为"启圣王"；明改称"启圣公"；清雍正元年（1723年），又被封为"启圣王"。

曲阜孔庙崇圣祠

曲阜孔庙家庙

曲阜孔庙崇圣祠奉祀对象一览表

东面		正位		西面	
对象	身份	对象	身份	对象	身份
颜路	颜回之父	木金父	肇圣王	曾点	曾参之父
孔鲤	孔伋之父	祈父	裕圣王	孟孙激	孟轲之父
周辅成	周敦颐之父	防叔	诒圣王	张迪	张载之父
程珦	程颢、程颐之父	伯夏	昌圣王	朱松	朱熹之父
蔡元定	蔡沈之父	叔梁纥	启圣王	/	

曲阜孔庙祭祀的名目

孔庙祭祀分为家祭和官祭两类。家祭由衍圣公主献，族人随班。每年四孟月（农历一、四、七、十月）上戊日（第一个戊日），或遇家族重大事情时，在孔氏家庙行礼。官祭一年只有两次，但种类很多。明清时期，由国子监或皇帝亲自行礼，或由皇帝遣官致祭、遣官祭告，地方学堂则由所在地最高行政长官主祭。曲阜孔庙历来由衍圣公主祭孔子、"四配"，属官分祭"十二哲"、先贤先儒、崇圣祠、寝殿等。

皇帝到曲阜孔庙祭孔始于汉高祖刘邦。此后，汉光武帝、汉章帝、北魏孝文帝、唐高宗、唐玄宗、宋真宗、清康熙帝、清乾隆帝等亲自到曲阜孔庙祭孔。特别值得一提的是，乾隆皇帝曾九次到曲阜孔庙祭祀孔子，或两跪六叩，或三跪九叩，格外虔诚。

遣官致祭，即皇帝派遣官员为代表祭孔。一般遣官到京师国子监致祭，有时也到曲阜孔庙致祭。遣官到曲阜孔庙致祭始于北魏皇兴三年（467年），此后历代沿袭。遣官祭告，即皇帝因有大事派人祭告。遣官祭告开始于唐代，元代大兴。凡皇帝登基、维修曲阜孔庙、改变孔庙祀典等都遣官祭告，以后成为惯例。清代更为频繁，凡是平定叛乱、祈求丰年、皇太后及皇帝逢十大寿、皇帝登基逢十大庆、皇帝南巡、立国储、立正宫、孔庙大成殿上空出现祥云等重大事件，都要遣官祭告，仅乾隆一朝就达十六次。

曲阜孔庙祭祀典礼名目繁多，规格不一，仪式内容也各不相同。按照祭祀的目的、时间以及礼仪的简单复杂程度可以分为行香、祭告、时享、袷祭、释奠、释菜、荐新等，其中规格最高的是释奠。这些名目不仅有古代传承下来的，也有后世兴起的；不仅有定期举行的，也有不定期举行的。如此众多且复杂的祭祀名目，既显示了祭孔形式的多样性，也反映出国家对于孔子的尊崇达到了极致。

释奠，属于"三礼"中的"君师"之礼，即在祭典中陈设音乐、舞蹈，并呈献牲、酒等祭品。释奠原为古代学堂祭祀先师的典礼。释奠最早见于《礼记·文王世子》："凡学，春，官释奠于其先师，秋冬亦如之。凡始立学者，必释奠于先圣先师。"当时所谓的先圣先师，当然不是指孔子，也不是指特定的某一个人或某些人。凡是在文化教育领域做出过重要贡献之人都可以称为"先圣""先师"，都是师生祭祀的对象，以示尊师重道。后来释奠的对象逐渐以孔子为主。到了隋朝，孔子被尊为"先师"以后，"释奠"便成为祭孔典礼的专属名称。

"释奠"又称为"丁祭"，是指每季仲月上丁日所举行的祭祀。古代将一年分为四个季节，每个季节又分成三个月份，分别称为孟月、仲月、季月。按照干支纪日法，一个月不超过三十天，所以甲乙丙丁等天干一般会出现三次，其中第一个丁日就被称为"上丁"。祭孔就在这一天举行。具体来说，每年农历二月、五月、八月、十一月这四个月的第一个丁日都要举行释奠仪式，称为"四大丁祭"。但从唐代开始，释奠仪式逐渐改为春秋二季的仲月上丁日举行，此后历代相袭，成为定制。释奠礼仪相当繁缛，由礼、乐、舞三部分组成。大典仪程、规格、主祭官员、祭品都由朝廷颁定，以乐舞伴随全过程。释奠礼仪非常隆重，祭前二十天就开始准备，张贴告示，打扫卫生，演练乐舞。祭孔时的程序分为瘗毛血、迎神、初献、亚献、终献、撤馔、饮福受胙、送神、望燎，各个环节均奏不同乐章。祭孔仪式结束后，衍圣公在金丝堂宴请客人；客人走后，再与族人饮酒。宴时，演奏《诗经》中的《鹿鸣》《鱼丽》《节南山》《天保》等乐歌。

释菜，古代凡新入学就读者均需行释菜礼，以芹藻之类祭祀先师，不用牲牢币帛，是一种从简的祭礼。北齐天保元年（550年），开始命国子监每月朔日行礼。清朝时期，释菜仅有菜、枣、栗三种祭品，各自放置在豆内，祭祀时献爵，每月朔日举行。曲阜孔庙在大成殿、启圣王殿、崇圣祠行礼，由衍圣公主献，公府属官、四氏学师生以及孔氏族人随班。

"释奠"与"释菜"原本是相对简单的礼仪形式。郑玄说："释奠者，设荐馔酌奠而已，无迎尸以下之事。"孔颖达称："释奠，直奠置于物，无食饮酬酢之事。"[1]但二者也有所不同，其区别主要在于释奠礼重，释菜礼轻。"释菜惟释芹藻而已，无牲牢，无币帛。"[2]

行香，每月望日举行。清代以前设供品，至清代取消供品，只上香行礼。由衍圣公率领属官、族人在大成殿、启圣王

① 郑玄注，孔颖达疏：《礼记注疏》卷20《文王世子》，中华书局1980年版，第1405、1406页。
② 郑玄注，孔颖达疏：《礼记注疏》卷12《王制》，中华书局1980年版，第1333页。

殿、崇圣祠行礼。月望焚香开始于宋代，"（太宗）淳化四年，从监库使臣请，先圣庙六衙朔望焚香"[1]。万历年间进一步规定，国学及府、州、县学月朔行释菜之礼，月望行上香之礼。

幸鲁，原指皇帝到山东巡视，后来特指皇帝到曲阜孔庙祭祀孔子。历史上共有12位皇帝先后亲临曲阜孔庙祭祀。其中，首开先河的皇帝是汉高祖刘邦，祭祀次数最多的是清高宗乾隆皇帝，曾先后九次亲临曲阜孔庙，六次释奠，两次拈香。

在全国所有的孔庙中，曲阜孔庙地位比较特殊，因为曲阜孔庙的祭祀兼有国祭和家祭的双重性质。与国子监孔庙以及各地孔庙的祭祀形式有所不同，曲阜孔庙的祭祀形式主要有三种，分别是袷祭、时享、荐新。袷祭原来只在天子、诸侯丧事后举行，集合远近祖先神主于太庙袷祭，后成为定期的祭礼。何时行礼没有明文记载，通常三年举行一次。曲阜孔庙则是每年腊月初一日在家庙袷祭，由衍圣公率族人行礼。时享本是宗庙四时祭祀的祭典。曲阜孔庙也有孔氏家庙性质，所以每年四孟月上戊日在家庙行礼，由衍圣公主献，族人随班。荐新是指用新熟的五谷祭祀祖先。曲阜孔庙于每年农历二月的花朝日、三月的寒食日、五月的端阳日、六月的初伏日、八月的中秋日、九月的重阳日、十一月的长至日以及十二月的腊日，由衍圣公率领族人举行。

曲阜孔庙祭祀的物品

祭祀用的物品便是祭品。曲阜孔庙的祭品主要包括币帛、酒醴、牲牢、粢盛、羹、香以及其他水土庶品。古代人们对祭品的选择十分讲究，必须本着"必丰必洁"的原则。

① 陈镐纂修：《阙里志》卷6《祀典》，山东友谊书社1989年版，第243页。

其中，"币"和"帛"都是丝织品，二者可以互用。"酒醴"指的是五齐和三酒。五齐味道薄，三酒味道厚。二者根据酿造时间的长短来区分，而且都由专门的酿酒人员制造。"牲牢"特指猪牛羊。祭牛要用全黑、体壮、一百斤重且没有拉犁的乳牛，羊要用三十斤重的白羊，猪要用八十斤重的纯黑色猪。牲口选定后，要送到专门的牲舍喂养一段时间，称为"在涤"。大祀在涤九十天，中祀三十天，小祀十天。牲牢的宰杀、分割、烹制也都有一定的讲究。"粢盛"是谷物的总称，实于器中为盛。用于祭祀的谷物主要是黍、稷、稻、粱这四种。"羹"指的是太羹、和羹。太羹不加任何调料，和羹要调五味加盐菜。水土庶品主要包括形盐、干鱼、干枣、鹿脯等等，具体需要根据笾和豆的数量来配备。

祭祀所陈设的各种器具便是祭器。曲阜孔庙的祭器一部分是由本庙自造或者地方助造的，另一部分由朝廷赏赐而来。主要包括尊、爵、俎、栖、明水瓶、登、铏、笾、豆、簠、簋、彝、斝、勺、坫、罍、枓、洗、盥盘、盥盘架、帨巾、筐、幂、茅沙地、庭燎、烛台、燔炉、香鼎、提炉、燎叉、祝版、鸾刀、曲柄黄盖等等。每一祭器都有特定的用处，其中，尊是用来盛酒的，爵是用来饮酒的，俎是用来放置牲的，毛血盘是用来盛毛血的，胙盘是用来盛胙的，栖是用来舀取食物的，明水瓶是用来盛祭祀用的净水的，登是用来盛太羹的，铏是用来盛和羹的，笾和豆是用来盛水土产品的，簠和簋是用来盛黍和稻的。不仅如此，祭品和祭器都是固定搭配而不是随便摆放的，十分讲究。

自汉高祖刘邦第一次用太牢祭孔后，历代皇帝或朝廷祭孔都用太牢。曲阜孔庙也大多用太牢，其他地方孔庙则用少牢。祭品的规格不仅体现在牲牢的制度上，还体现在笾和

曲阜孔庙部分祭器

豆的数量上。唐代规定，国学释奠笾数为十，豆数为十，地方释奠笾数为八，豆数为八。以后历朝历代皆沿用此制（宋、金除外）。随着孔庙祭祀体系的日渐成熟，孔庙正位、配享、哲位、两庑的受享待遇也出现了阶梯差别。以明清为例，大成殿内正位案上摆十笾、十豆，牲牢用一牛、一羊、一豕；"四配"共四案，每案八笾、八豆，各用一羊、一豕；"十二哲"东西各六案，每案四笾、四豆，东六位共享一豕，西六位共享一豕；东西庑内两位共用一案，每案四笾、四豆，东庑共享一豕，西庑共享一豕；崇圣祠内正位五案，每案八笾、八豆，牲牢用一羊、一豕，配位四案，每案四笾、四豆，各用一羊、一豕。总之，不管一案有几人享用，祭品的种类是一定的，等级差别也是大致不变的。

曲阜孔庙祭祀的乐舞

孔庙祭孔乐舞包括宫悬之乐、八佾之舞、轩悬之乐、六佾之舞、登歌等。整个乐舞人员由歌生、舞生和乐生三大部分组成，还有指挥作乐起舞的麾生、旌生等等。仅以轩悬之乐和六佾之舞的规模而言，可达百余人；若再用宫悬之乐和八佾之舞，可达一百五十多人，场面更为壮观。所用乐器为金、石、丝、竹、匏、土、革、木，八类俱全。音乐庄严肃穆，舞姿雍容大方，具有古朴典雅的风格特征。

祭孔乐舞按照祭祀仪式和程序配制乐章，其演奏成数固定为六章六奏：

迎神　奏《昭平》之章

初献　奏《宣平》之章

亚献　奏《秋平》之章

终献　奏《叙平》之章

撤馔　奏《懿平》之章

送神　奏《德平》之章

曲阜孔庙祭祀用乐始于东汉元和二年（85年），汉章帝到阙里孔庙祭祀孔子，作六代之乐。国学孔庙用乐则始于南朝宋元嘉二十二年（445年），皇太子释奠"乐用登歌"。梁大同七年（541年），首先为孔庙祭祀制作专门的歌词，使孔庙释奠形成歌、舞、乐、礼四位一体。从隋朝开始，每个王朝都为孔庙制定专门的音乐和歌词。宋代以前的释奠乐谱现已不存，宋、元、明、清和民国的都有遗存。

祭祀乐器，八类俱全。南齐永明三年（485年）设轩悬之乐，属于诸侯礼制，三面悬挂乐器。唐开元二十七年（739年），追封孔子为文宣王，将乐器由"轩悬"三面改为"宫悬"四面。宋代以后，孔庙释奠又改为轩悬之乐。南宋绍兴十年（1140年），定释奠为大祀，使用《凝安》九成之乐。郡邑行事，则乐止三成。

国学释奠用舞始于东汉。"建武五年（29年），乃修起太学，稽式古典，笾豆干戚之容，备之于列，服方领习矩步者，委它乎其中。"[1]舞具为干戚（盾牌和斧子），自然是武舞。南齐永明三年（485年），朝廷议定国学宣尼庙释奠用六佾之舞。从此，除个别时间外，释奠基本上都用六佾舞。唐代皇太子释奠文武舞并用，文舞在"迎神"至"初献""饮福"阶段表演，武舞在"亚献"至"送神"阶段表演。宋代专门为孔庙释奠创作了舞蹈，文舞名《天纵将圣之舞》，在"迎神"至"初献"阶段表演，武舞名《无思不服之舞》，在"亚献"至"送神"阶段表演。明代改为只用文舞，成化十三年（1477年）升为大祀，国学舞蹈改为八佾，郡县仍为六佾。嘉靖九年（1530年），厘正文庙祀典，国学也改为六佾。有清一代，国学和各级学校文庙一律用六佾舞。光绪三十二年（1906年），升为大祀，恢复了文武舞并用。宣统元年（1909年），颁发了祭祀武舞谱。1914年，民国政府规定释奠孔子仍为大祀，"礼节、服制、祭品当与祭天一律"，也是文武舞并用。不过，这两次大祀执行的时间都很短，没有真正举行过几次。

祭祀舞蹈贯穿于祭祀的整个过程，但并不是每个程序都有。唐宋时文舞三成，从迎神开始；武舞三成，从亚献开始。金元时期，有乐无舞。有明一代，文舞，"奠帛、初献、亚献、终献"有舞。清代改为"奠帛、初献、亚献、终献"

---

① 《后汉书·儒林列传》。

有舞。民国则改为"初献"用武舞，"亚献、终献"用文舞。明代以前的舞谱现在已经失传，明、清、民国三个时期的舞谱至今还有保留。另外，需要注意的是，六佾舞为舞蹈六行，每行六人。但明代的六佾舞是纵八行，每行六人。明成化时改为八佾舞，八行，每行八人。弘治九年（1496年），改为大八佾舞，纵八行，每行九人。

曲阜孔庙祭祀的作用

孔庙祭祀活动意义重大，其首要作用是崇德报功，其次则是教化万民。对于统治者而言，祭祀是一种手段，具有维护国家长治久安的重要作用；对于整个社会来说，祭祀能够维系人心，匡扶世道；对于一般的士子和百姓而言，祭祀活动能够激励他们追踵前贤，并使他们成圣成贤；此外，祭祀活动还能够加深人们对于儒学的信仰，增强士子对于儒家学说的认同感。

维系人心，匡扶世道

孔庙祭祀不仅是中国人尊崇孔子的重要体现，更是中华民族重视文教、传承道统的重要体现。简言之，祭祀只是一种方法和途径，教化才是最终目的和宗旨。但无论是方法还是目的，孔庙祭祀着眼的始终是现实社会，而非虚幻的世界。对于国家而言，祭祀是国家施行教化的重要手段和途径，通过祭祀之礼可以弘扬儒道，教化万民。对此，明侍郎程徐曾言："孔子以道设教，天下祀之，非祀其人，祀其教也，祀其道也。今使天下之人，读其书，由其教，行其道，而不得举其祀，非所以维人心、扶世教也。"[1]由此可见，孔庙祭祀的重要作用在于匡扶世道、教

① 张廷玉等撰：《明史》卷139《列传第二十七·钱唐》，中华书局1974年版，第3892页。

化百姓，最终达到社会安定有序的良好局面。"祀所以昭孝息民、抚国家、定百姓也，不可以已。"①除了有利于国家层面的长治久安以及社会层面的安居乐业之外，祭祀还有宣扬孝道的重要作用。但对于孔庙祭祀而言，宣扬的不是孝道，而是孔子之道。

激励士民，追踵前贤

在孔庙内祭祀先圣先贤，还具有激励士子和百姓的重要作用。对于广大士子来说，祭祀既是一种无形的精神信仰，也是一种有形的象征符号。"文庙祭祀能够使士子耳濡目染成圣希贤的荣耀，对他们的道德信仰有显著的塑造作用。"②士子入其庙，登其堂，祭拜至圣先师；观其貌，诵其言，俨然若见圣人；进而就其学，习其礼，明其乐，思其道，以求与圣人齐。与此同时，士子的情感得以升华，朝廷的教化得以实现。在孔庙祭祀现场，圣贤高踞，烟香缭绕，祭器精美，乐舞和谐，这些都对士子和百姓有着很强的感染力。换句话说，祭祀能够营造一种庄重肃穆的文化氛围。在这种文化氛围的渲染下，他们能够深切地感受到圣贤的人格魅力，进而"生其敬畏之心，动其效法之念"。不仅如此，大到隆重的祭仪，小到丰盛的祭品，也都处处彰显着成为圣贤的荣耀。这对广大学子来说更是一种莫大的激励。另外，士子瞻仰圣贤之像，"入其堂俨然若见其人的心理效应大大拉近了圣贤与士子的距离"③，更加坚定了他们求学问道的信念。凡此种种，促使他们将先圣先贤当作自己学习的榜样，并树立成圣成贤的远大理想。

古往今来，受孔庙祭祀影响而渴望成圣成贤之人并不在少数。"文天祥……自为童子时，见学宫所祠乡先生欧阳修、杨邦义、胡铨像，皆谥'忠'，即欣然慕之，曰：'没不

① 左丘明：《国语》，上海古籍出版社2015年版，第381页。
② 房伟：《文庙祭祀与儒家道德信仰》，载《廊坊师范学院学报》（社会科学版）2017年第4期。
③ 许莹莹：《试析明代福建文庙祭祀的教化功能》，载《福建论坛》（人文社会科学版）2016年第7期。

俎豆其间，非夫也。'"①明代的臧应奎也是受孔庙祭祀影响的一位典型儒家士大夫。他"以圣贤自期，尝过文庙，慨然谓其友曰'吾辈没，亦当俎豆其间'，其立志如此"②。即使到清朝末年，"成圣成贤"依然是士子们不懈的人生追求，以至于某些儒生"梦在两庑之间"，以为"人至没世而莫能分食一块冷肉于孔庙，则为虚生"③。

凝聚信仰，增强认同

祭祀活动还具有凝聚信仰的重要作用。文庙祭祀不仅是对圣贤本人的崇拜，更是对儒学至尊的推崇。从这一方面来看，祭祀具有一定的信仰认同作用。祭祀圣贤的目的是强化儒学的正统地位，进而使自己所修的儒家之学得到认可。换句话说，祭祀是增强士子阶层归属感、学派认同感的一种手段。古往今来，人们总是祭祀自己崇敬的圣贤或者信奉的门派。一个与他人信仰相违背的学者或者派别，也不可能受到他人的推崇。因此对于大部分士子来说，儒学已然是他们的信仰，孔庙也已经成为他们的归宿。在这种信仰的支撑下，魂牵孔庙的士子们纷纷埋头读经，砥砺品德，以期无愧于孔子之道。

① 脱脱等撰：《宋史》卷418《列传第一百七十七·文天祥》，中华书局1977年版，第12533页。
② 张廷玉等撰：《明史》卷192《列传第八十·张澯郭楠》，中华书局1974年版，第5103页。
③ 刘大鹏：《晋祠志》，山西人民出版社1986年版，第201页。

　　孔子去世后的第二年，鲁哀公即在曲阜孔子故宅建庙祭祀。自此以后，一直到清末，两千多年间，祭孔活动一直时有进行。近代以来，随着西方文明的侵入以及帝制王朝的没落，孔庙的地位开始动摇，祭祀活动逐渐减少。新中国成立以后，祭孔活动曾一度被视为封建迷信而被禁止，改革开放后祭孔活动得以恢复。

　　那么，在帝制王朝早已消亡的今天，我们为什么还要祭祀孔子呢？

追怀万世师表

　　孔庙是纪念与祭祀至圣先师孔子的地方，在孔庙内祭祀孔子是理所应当的事情。今人祭孔，不仅体现了对孔子的尊重与怀念，也体现了尊师重教的优良传统。孔子是一位伟大的教育家，他学而不厌，诲人不倦，既为当时培养了一大批杰出人才，也为后世树立了一道师道标杆。孔子的教育思想与学习方法，不仅对当时的人们如何学习、如何做人、如何做事等方面都具有重要的启迪意义，而且在两千多年之后的今天，我们依然能从中获得深刻的感悟。

正因如此，1984年曲阜孔庙首次恢复民间祭孔之后，全国各地来此祭拜的人接连不断。特别是近几年来，随着"孔子热""国学热"的出现，祭孔活动更是为大众所推崇。

纪念文化圣哲

中国是礼仪之邦，向来重视礼仪活动。祭祀活动在众多的礼仪活动中占据着重要地位。祭祀的目的是培养人们的敬畏之心。比如，古人祭祀天地，祭祀人鬼，都是为了表示敬畏和敬重。祭祀孔子，实际上代表了我们对于以孔子为代表的中华传统文化的尊重与礼敬。

元武宗诏书说："先孔子而圣者，非孔子无以明；后孔子而圣者，非孔子无以法。"明代成化碑明言："孔子之道之在天下，如布帛菽粟，民生日用，不可暂缺。其深仁厚泽，所以流被于天下后世者，信无穷也。"[1]史学大师柳诒徵先生也说："孔子者，中国文化之中心也，无孔子则无中国文化。自孔子以前数千年之文化，赖孔子而传；自孔子以后数千年之文化，赖孔子而开。"[2]可以说，礼敬孔子，就是认可中国文化的基本精神和价值观。明太祖朱元璋下诏废止淫祀，却唯独宣称："其孔子善明先王之要道，为天下师，以济后世，非有功于一方一时者可比，所有封爵，宜仍其旧。"[3]孔子之功，绝不是在于某时某地，他所确立与阐述的价值观念指导着历代中国，使得中华民族更加团结、更加和睦。

从本质上讲，孔庙祭祀活动是对中国优秀传统文化的尊

① 孔继汾：《阙里文献考》（影印本）卷32《艺文考第十二》，山东友谊书社1989年版，第784—785页。
② 柳诒徵：《中国文化史》上卷，东方出版社2008年版，第226页。
③ 转引自冯军：《济渎庙碑刻研究》，郑州大学2011年硕士学位论文，第42—43页。

重与传承。今人祭孔，也是对中国文化及其创造者们表达敬意的途径和方式。一个充满自信和创造力的民族，必定抱有宽容的精神，能够正确对待传统文化和现实文化，从多元文化中择善而从。我们现在能够客观地看待传统文化，说明中华民族越来越走向成熟。而且，我们要想走出近代社会剧烈变动所带来的迷茫与彷徨，就必须更加诚敬地走近孔子，认真汲取以孔子为代表的儒学思想和智慧结晶。要实现这一理想，就必须以庄重、诚敬的方式和心态来祭祀孔子、礼敬孔子，以此彰显我们对孔子以及以他为代表的传统文化的尊重与礼敬。

致敬历史伟人

孔子对中国文化的发展做出了巨大的贡献，他的儒家思想学说奠定了历代炎黄子孙的生命底色。儒家自始至终强调"自天子以至于庶人，壹是皆以修身为本"，讲求修身养性不仅是为了自己，应由身修到家齐、国治、天下平，这是一个具有内在逻辑联系的过程。他们有"家国天下"的情怀，有一套系统的"修己安人"的学说，教人们立志好学、自省躬行、推己及人，这正是孔子思想的精髓所在。古人曾说："天不生仲尼，万古如长夜。"我们不可想象，一个没有孔子存在的中国，会有着怎样的一部历史？

我们今天祭祀孔子，是因为孔子是我们中华民族优秀传统文化的优秀代表，是中华文明最杰出的奠基人。中华文明历史悠久，早在尧舜禹及夏商周时代就创立、建构起了杰出的文明源头。孔子所创立的思想，为后来两千多年的文化和文明的建构奠定了基础。尽管孔子的许多思想在历史上被不断地修改、改造，但是他思想中所蕴含着的人道主义情怀、对天下苍生的悲悯情感、对人类文化的建设，都表现出一个圣哲所具有的卓越的智慧和情怀。中华文明五千多年来从未中断，中华文化绵延至今，与孔子的贡献是分不开的。所以，当今天我们中华民族成为世界上一个强大民族的时候，当今天我们的中华文明重新崛起的时候，我们不该也不能忘记曾为我们的文明做出重要贡献的孔子。

表达家国情怀

孔子思想是两千多年来中国人安身立命的人生哲学，是中国人有别于其他民族的人文气派和民族性格，也是海外的华人华侨怀念故国、安抚心灵的精神支柱。早期中国移民的历史是一部心酸的苦难史。他们一无所有，四海漂泊，凭借浸润到血脉里的儒家信念和坚忍不拔、忍辱负重、顽强拼搏的品质，才冲出了一条条生路，建立了一条条"唐人街"。如今，海外的许多华人社区都建有孔子庙、孔子像。在孔子诞辰日举行祭孔活动，虽然仪式不那么规范，但他们内心的虔诚不容置疑。孔子诞辰的时候敬上一炷香，背上几句唐诗宋词，就是他们思念故国的情感寄托，就是他们最大的心灵安慰。

曲阜孔庙祭祀的注意事项

虽然史上传承下来的孔庙祭祀活动礼仪完备，场面壮观，但就目前来看，还存在着许多值得商榷的问题。例如：当代祭祀活动是完全按照古代的祭祀程序，还是应该与时俱进，建立与当代社会相适应、符合现代社会表达方式的祭祀程序？祭品祭仪是因循守旧，还是取其精华去其糟粕，在继承的基础上有所创新？因此，从祭祀的程序以及祭祀的礼仪等方面加以规范是非常必要的。

首先，要规范祭祀的日期。目前来看，各地普遍把祭孔日期定在农历八月二十七日或公历9月28日，这是孔子出生的日期。而按照我们国人的习俗，应该是生日的时候庆贺，死亡的时候祭祀。在孔子生日的时候进行祭祀，显然不合常理。所以应该将祭孔的时间调整到农历二月十一日或公历4月11日。

其次，要规范祭祀的礼仪。两汉以后一直到明清时期，对于祭孔的每个环节都有明确的规定。虽然现在我们不能像过去一样，完全照搬古代的礼仪，但还是应该注意一些基本的规范。比如，香案和祭品摆放在大成殿门外，有对圣人不敬的嫌疑。另外，祭祀只是单纯的祭孔，而忽略了其他先贤先儒，这种做法有所不妥。

最后，祭拜时的个人行为也需要注意。以往官员祭拜孔子时，文官要下轿，武官要下马，普通百姓也会心怀崇敬之情。但从现代祭孔的表现来看，人们祭拜如同走流程，只想赶快完事，少有敬慕之情，态度不够认真。这样岂不是对圣人的亵渎？因此要规范祭祀时的个人行为，要发自内心地对圣人进行祭拜，保持虔诚的心态来完成所有的祭祀活动。除此之外，还要对祭祀人员的着装提出规范化要求，以达到衣着整齐、仪态端庄的效果。

曲阜庙学及庙学教育的性质与特征

台湾学者高明士说："一部中国教育史的特质，可以说是由'学'到'庙学'的发展过程。"①其中的"庙"是指孔庙。可以说，除了家庙以外，其余县级以上的孔庙都是学校的一部分。我国历史上的孔庙，从性质上来说是学校，庙学教育即学校教育。孔庙从最初的家庙变为国庙，从阙里走向全国，从与学校的分离到成为学校教育不可分割的一部分。从中不难看出，庙学的演进是一个动态发展的历史过程。因此在本部分，我们首先立足曲阜庙学，就其创立、发展和师生状况等进行专题性研究，继而由点及面地放眼全国，就庙学教育的演变脉络及性质与特征进行梳理和探究。

---

① 高明士：《中国教育史》，台湾大学出版中心2004年版，第75页。

曲阜庙学的创立与发展

传统的庙学教育是中国传统文化的一部分，传承了中华民族的意义符号体系。从时间上看，庙学教育属于中国古代至清末时期的教育；从性质上说，庙学教育属于官学，而且是中国古代教育科举制度的一部分。对于中国的庙学教育，我们可从不同侧面进行不同的解读。从文化传承的角度来看，庙学教育就是传递、保存并发展以中国儒家思想为核心的文化符号体系而展开的教育。儒家思想又以孔子思想为核心，因此孔子思想就成为核心的文化符号，孔子本人就成为儒家文化的核心象征。中国传统教育就是在以孔子为象征符号的教育环境中展开的。

孔氏家学

孔氏家学即孔子后裔"累世相传，数十百年不坠"之世业，是中国"家学"史上的典型代表。它自孔子开创后，一直传承不绝，在中国学术史上占有重要的地位。孔氏家学传承以"夫子之教"为核心要义。"夫子之教"首重诗、礼，继而孔氏家族形成了"学诗、学礼"的家学风范。"诗礼传家"对孔氏家族影响深远，使得孔氏族人明礼尚德，成为"文章道德圣人家"。

孔子从小就受到很好的家庭教育。三岁丧父后，在母亲颜徵在的教育以及鲁国崇礼重教的环境影响下，孔子幼年常"陈俎豆，设礼容"，养成了习礼好学的习惯。孔子十七岁那年，其母颜徵在去世，孔子生活更加无着。他曾自称："吾少也贱，故多能鄙事。"①《史记·孔子世家》说，孔子"及长，尝为季氏史，料量平；尝为司职吏，而畜蕃息"。《阙里志年谱》载，孔子"二十岁为委吏，二十一岁为乘田吏"。《孟子·万章下》也追述说："孔子尝为委吏矣，曰：'会计当而已矣。'尝为乘田矣，曰：'牛羊茁壮长而已矣。'"看来，孔子的确是做过"委吏""乘田"之类贵族们不愿做的低级职务。这初步显现出孔子的实际才干和人生态度。

孔子十九岁时娶宋人亓官氏之女为妻，一年后生子。鲁昭公派人送鲤鱼表示祝贺，孔子便给儿子取名为鲤，字伯鱼。这是孔子唯一的儿子。那么，孔子是如何进行家庭教育的呢？他对其子孔鲤的教诲，载于《论语·季氏》中。

> 陈亢问于伯鱼曰："子亦有异闻乎？"对曰："未也。尝独立，鲤趋而过庭。曰：'学诗乎？'对曰：'未也。''不学诗，无以言。'鲤退而学诗。他日，又独立，鲤趋而过庭。曰：'学礼乎？'对曰：'未也。''不学礼，无以立。'鲤退而学礼。闻斯二者。"陈亢退而喜曰："问一得三，闻诗，闻礼，又闻君子之远其子也。"

---

① 《论语·子罕》。

由此可见，孔子非常注重家学或家庭教育。孔子要求儿子孔鲤学《诗》学《礼》，并阐明学《诗》《礼》的重要意义，"趋庭"和"庭训"亦因之被赋予特殊的含义，成为承受父教的代称。另外，《论语·阳货》还记载了孔子晚年与儿子的如下一段对话："子谓伯鱼曰：'女为《周南》《召南》矣乎？人而不为《周南》《召南》，其犹正墙面而立也与？'"此处，孔子又具体要求孔鲤研究《诗》之《周南》和《召南》，并指出如不学此两篇，如同面壁而立，不得前行。这段记载，简要而生动地描述了孔子在家教子的情况，可谓我国古代士人家学的最佳写照。

《孔子家语·致思》中还载有一条较长的史料，从中也可看出孔子对儿子所寄予的希望。原文如下：

> 孔子谓伯鱼曰："鲤乎！吾闻可以与人终日不倦者，其惟学焉。其容体不足观也，其勇力不足惮也，其先祖不足称也，其族姓不足道也，终而有大名，以显闻四方，流声后裔者，岂非学之效也？故君子不可以不学，其容不可以不饬。不饬无类，无类失亲，失亲不忠，不忠失礼，失礼不立。夫远而有光者，饬也；近而愈明者，学也。譬之污池，水潦注焉，萑苇生焉，虽或以观之，孰知其源乎？"

这段话文字虽多，其意思却很明白，就是希望伯鱼努力学习、注意仪表、依礼行事，这与前引数例亦无甚不同。

孔子身体力行，教育儿子，初创孔氏家学。但孔鲤先孔子卒，为家学的传承留下了遗憾。幸亏孔子之孙当时已经出生，让晚年丧子的孔子多少有些慰藉。孔子之孙名孔伋，字子思，是思孟学派的创始人。史料记载：

> 夫子闲居，喟然而叹。子思再拜请曰："意子孙不修，将忝祖安乎？羡尧舜之道，恨不及乎？"夫子曰："尔孺子安知吾志？"子思对曰："伋于进膳，亟闻夫子之教：'其父析薪，其子弗克负荷，谓之不肖。'伋每思之，所以大恐而不懈也。"夫子忻然笑曰："然乎，吾无忧矣。世不废业，其克昌乎！"①

到孔子去世时，子思至少已五六岁。良好的家庭文化氛围，加以生母悉心的照拂，使子思比同龄儿童成熟得较早。加之伯鱼早卒，孔子只好将家学之传寄托在子思身上，因而上述祖孙间的对话应是可信的。于此，我们不仅能体察到孔子"喟然而叹"的良苦用心，还能看出子思很小就善解人意。《孔丛子·记问》还有如下记载：

> 子思问于夫子曰："为人君者，莫不知任贤之逸也，而不能用贤，何故？"子曰："非不欲也。所以官人失能者，由于不明也。其君以誉为赏，以毁为罚，贤者不居焉。"

> 子思问于夫子曰："亟闻夫子之诏，正俗化民之政，莫善于礼乐也。管子任法以治齐，而天下称仁焉，是法与礼乐异用而同功也，何必但礼乐哉？"子曰："尧舜之化，百世不辍，仁义之风远也。管仲任法，身死则法息，严而寡恩也。若管仲之知，足以定法。材非管仲而专任法，终必乱成矣。"

① 冯云鹓辑：《圣门十六子书》。

> 子思问于夫子曰："物有形类,事有真伪,必审之,奚由?"子曰:"由乎心。心之精神是谓圣。推数究理,不以物疑。周其所察,圣人难诸。"

当然,上述记载或许经过后人润色,但子思曾问学于孔子应毋庸置疑。如《孔丛子·杂训》载,子思答子上曰:"吾昔从夫子于郯遇程子于涂,倾盖而语,终日而别,命子路将束帛赠焉。"可见子思的确曾经追随于夫子身旁。所以,孔子对子思必有家教。

孔子去世以后,弟子相继离去,但在其故里留下了学习礼乐文化的传统,影响了鲁地之人。至汉武帝时,司马迁"适鲁,观仲尼庙堂车服礼器",曾亲见"诸生习礼其家",并极其钦佩地感慨说:"天下君王至于贤人众矣,当时则荣,没则已焉。孔子布衣,传十余世,学者宗之。自天子王侯,中国言六艺者折中于夫子,可谓至圣矣!"①孔子子孙

曲阜孔子故宅门

---

① 《史记·孔子世家》。

"即宅为庙""世以家学相承，自为师友"，且"鲁之诸生，亦以时习礼其家"。①这既可视为中国"庙学合一"的最初范型，也可视为孔子家学的"扩大版"。

孔氏庙学

魏黄初元年（220年），文帝曹丕封孔子二十一世孙议郎孔羡为宗圣侯，以鲁县百户奉祀孔子。黄初二年（221年），皇帝下诏令鲁郡修起旧庙，又于其外"广为屋宇，以居学者，此孔氏家学所由仿也"②，"莘莘学徒，爰居爰处。王教既备，群小遄沮"③。魏文帝此举无疑是对孔氏家学的肯定和提升，也是史上"因庙建学"之始，可视为中国最早的"庙学合一"。此家学建于孔子旧庙南偏东的位置，即今曲阜孔庙之东，构成"左学右庙"的格局。由此，孔氏家学正式告别了"依宅为学"的时代，具有了独立的学舍和活动空间。

后来，鲁地遭遇西晋之乱，"百度废弛，数百年中，无复讲诵"。南朝宋文帝元嘉十九年（442年），朝廷下诏鲁郡"复学舍，召生徒"④，又下诏为孔林添置"鲁郡上民孔景等五户"为洒扫户人，种植松柏树木六百株。其后至赵宋以前，设学情况乏善可陈。之所以如此，主要原因是孔子嫡裔此后迁徙到了外地。据《孔子世家谱》记载，唐高祖武德九年（626年），孔子第三十三代孙孔德伦受封褒圣侯。太宗贞观二十年（646年），辽海兵变，祸及山东。李世民为保护圣裔，诏令孔德伦由山东曲阜迁往中州的河南宁陵，建庙奉祀。孔子嫡裔在宁陵历六世，徙居一百七十余年，史称"宁陵阙里"。

尽管唐玄宗时，朝廷封孔子第三十五代孙孔璲之为文宣

① 孔继汾：《阙里文献考》（影印本）卷27《学校考第八》，山东友谊书社1989年版，第617页。

② 孔继汾：《阙里文献考》（影印本）卷27《学校考第八》，山东友谊书社1989年版，第617页。

③ 潘相：《曲阜县志》（影印本）卷52《金石二·魏鲁孔子庙碑》，圣化堂藏版，乾隆甲午年（1774年）新修。

④ 孔继汾：《阙里文献考》（影印本）卷27《学校考第八》，山东友谊书社1989年版，第617页。

公，但因居于宁陵，曲阜阙里庙宅无宗子奉祀，故曲阜孔庙年久失修。直至唐宪宗元和十四年（819年），第三十八代孙、文宣公孔维晊才奉旨归鲁，奉孔子祀。

在之后的晚唐五代时，孔氏族人多在外地为官散居，曲阜阙里仅第四十二代孙孔光嗣担任泗水主簿。其间，曲阜孔氏宗子于后梁乾化年间经受大难，险遭灭门之灾，唯孔光嗣幼子孔仁玉受母族张氏庇佑，幸免于难。

孔氏族人再受青睐是在宋代。大中祥符元年（1008年），宋真宗封禅泰山后亲临曲阜，追封孔子为"玄圣文宣王"，诏令增扩曲阜孔子庙，亲作《宣圣赞》，称颂孔子为"帝王之师"，还拨邻近10户奉守林庙，而且诏封孔子之父为"齐国公"、孔子之母为"鲁国太夫人"、孔子之妻为"郓国夫人"。在此背景下，大中祥符三年（1010年），孔子四十四代孙、孔氏"中兴之祖"孔仁玉第四子、时任曲阜知县的孔勖上书朝廷，请求"于家学旧址，重建讲堂，延师教授"[1]，以训孔氏子孙。朝廷准其奏。自此，孔氏家学改为"庙学"，全面优待圣贤后裔。

总之，在孔子思想、贡献和地位的影响下，借助时断时续的孔氏家学的熏陶，孔氏家族形成了积极向上、学《诗》学《礼》的家学风范，产生了孔伋、孔穿、孔鲋等名家高士。流风所及，汉唐时期的孔氏后人，如孔武、孔光、孔安国、孔宙、孔融、孔僖、孔季彦、孔褒、孔桢、孔昌寓、孔载、孔敏行、孔颖达、孔纬、孔绚、孔纶、孔绲、孔振、孔拯、孔温业、孔温裕、孔温资、孔温谅、孔昌庶、孔昌弼、孔昌序等等，或学优而仕、贵为帝师，或坚守家业、潜心学术，或著书立说、教化乡里，皆为一时之望，使孔氏家学呈现出日益兴盛的面貌。

---

① 孔继汾：《阙里文献考》（影印本）卷27《学校考第八》，山东友谊书社1989年版，第617页。

曲阜孔庙东路之鲁壁（相传为孔鲋藏书处）与孔宅故井

三氏学

北宋乾兴元年（1022年），孙奭知兖州，对庙学加以修葺。宋哲宗元祐年间，孔氏家学发生了重大变化，开始增收颜氏、孟氏子弟入学学习，由原来的孔氏家学正式转变为孔、颜、孟"三氏学"。宋哲宗元祐元年（1086年）十月，朝廷下令官府拨款改建孔氏庙学，并正式设官，即设庙学教授一名，"正七品，掌训课生徒"[①]，而且明文规定"令教谕本家子弟，其乡邻愿入学者，听"[②]。不久，又增收颜、孟二氏子弟，划拨尼山附近良田二十四顷作为学田，其收入供师生膳食。不仅如此，朝廷为了表示对庙学的重视，还赐给庙学经、史书各一部。元祐四年（1089年），增设三氏学正（教官）、学录各一名。学正、学录都由孔氏充任（金元间也有时用异姓充任），官秩九品，以此加强对孔、颜、孟三氏子孙的教育。教授任职两三年后，即可捐纳或由衍圣公保举升转。宋元祐年间，所给尼山学田荒地一顷五十亩，粟四十八石，以赡师生，其后陆续开垦。宋哲宗时期的这次改建，不

[①] 潘相：《曲阜县志》（影印本）卷39《职官一·四氏学教授》，圣化堂藏版，乾隆甲午年（1774年）新修。
[②] 孔继汾：《阙里文献考》（影印本）卷27《学校考第八》，山东友谊书社1989年版，第617页。

但明确了庙学即孔氏家学，接着添入的颜、孟二氏子孙和学田的划拨，更标志着"三氏学"的始设和成型。由孔氏扩至颜、孟，无疑是对孔氏家学的一次扩编，涵盖的范围更大，尊儒崇道的意蕴也更加突出。

明昌元年（1190年），金章宗下诏重修庙学，令孔氏子孙学习辞赋经义，准备应试。依兖州府养士例，每人月支官钱二贯、米三斗，小生减半支给。如兖州管下进士，愿从学者，听。曾得府荐者，试补终场。举人免试入学，仍限二十人为额。

元世祖中统三年（1262年），皇帝下诏曰："孔氏颜孟之家，皆圣贤之后也。自兵乱以来，往往失学，甘为庸鄙，朕甚悯焉。今以进士杨庸教授孔氏颜孟子弟，务严加训诲，精通经术，以继圣贤之业。"①至元三十一年（1294年），朝廷又拨曲阜地九大顷五十亩，沛县地五十大顷，用作生徒学田。文宗至顺年间，沛县学田为豪氏所占。五十四代孙衍圣公以理说服，使其归还。元仁宗延祐六年（1319年），朝廷下令批准颜、孟二氏充任学官。

明太祖洪武元年（1368年），朝廷下旨："孔颜孟三氏子孙，俱系先圣先贤之后，历代崇重，事同一体。设三氏子孙教授一员，学录一员，于师儒官内保升其各生，止入学习，未有生员之名，或有以儒生应试京闱者，或有以儒士由兖州府学应试者。"②曲阜庙学随即被改为"三氏子孙教授司"，置学司一员。洪武七年（1374年）裁去学正，继而于洪武十年（1377年）修复学宫。至宣德元年（1426年），学录开始以圣裔任职，衍圣公同族众公举"年德俱尊向优长者"咨部铨除。正统元年（1436年），衍圣公孔彦缙题准"本学诸生，由宗师考入山东乡试"。正统九年（1444年），孔彦缙再

① 孔继汾：《阙里文献考》（影印本）卷27《学校考第八》，山东友谊书社1989年版，第618页。
② 李经野等纂修：《曲阜县志》，（台）成文出版社1969年版，第376页。

次奏言："三氏子孙，初止在学读书习礼，未定生员名额。今学徒日盛，有以京闱领荐者，有以府学领荐者，有以儒士领荐者。请照郡县学例，置立生员，听提学官考选，应山东布政使司乡试。"[①]皇帝下诏，批准了衍圣公的这一请求。

宪宗成化元年（1465年），经衍圣公孔弘绪上奏，朝廷颁给学印一枚，镌名"三氏学"。从此之后，"三氏学"之名又被改回。孔弘绪继而上奏说，三氏学在学读书者不下二三百名，仅由科举一途选拔已经满足不了需要，请求朝廷依照各府儒学之例设岁贡。朝廷批复：可以三年贡一人，以曾经科举及考试通习经书且素有行止者充选。

孝宗弘治十一年（1498年），兖州知府龚弘请求重修三氏学，将规模加以扩大。在山东巡抚主持下，地方政府对三氏学进行了一次大规模的修建，其规模为：中为"明伦堂"五间，左右为东西二斋各五间，且为南向，又作中门为便门以通孔庙，并建墙垣。总共建房110楹，第一次使学舍建制正规起来。稍后，地方政府在孔庙稍东处又建"三氏书舍义仓"。

嘉靖四十二年（1563年），巡抚张监发帑银对其校舍进行了扩建，以供教授、学录及弟子三十二人居住。"新为屋，南五楹，东西十楹，重门周垣，井灶必备，佥守者一人同届。"明神宗万历十年（1582年），六十一代孙孔弘复在担任曲阜知县时，认为"学舍界于公府，藩臬行署湫隘抑塞，规制不备"，将三氏学校址迁于按察司之东，改建工程历时九年才完成。

① 孔继汾：《阙里文献考》（影印本）卷27《学校考第八》，山东友谊书社1989年版，第618—619页。

四氏学

万历十五年（1587年），山东巡按史毛在请求在三氏学中增入嘉祥曾氏子弟，改名"四氏学"，得到批准并改铸"四氏学"印信。[①]将曾子的后裔纳入官学教育的范围，无疑是对孔氏家学的再次扩编。可以看出，两千年来，孔氏家学的队伍是不断扩大的。从原初的家学到曹魏时期的庙学，再到赵宋时期的三氏学、朱明王朝的四氏学，历代统治者对儒家子孙的关注范围不断扩大，尊儒崇道的意蕴也愈加浓厚。

千年以来，朝廷和地方官府对"圣裔子孙"是"关心热度"不减的，扶持力度也不断加大。其办学体制除比照国子监之例设学之外，经济支持也不遗余力。由于学田是"例无国赋""历免差徭"的特殊性质的土地，各方对于学田的拨付格外"青睐有加"，以显示对圣裔学校的优渥。例如，明代增拨学田见诸记载的就至少有四次：万历二十八年（1600年），巡盐御史吴达可在曲阜城北蔡庄置学田三顷，又在泗水县城西临的两个村庄置学田四顷五十亩有奇，作为科贡盘费；万历三十七年（1609年），巡盐御史毕懋康于曲阜城西北春亭庄置学田三顷二十六亩有奇；万历四十年（1612年），兖州知府陈良材于曲阜城北边置学田四十八亩有奇；万历四十五年（1617年），兖州知府张铨于曲阜城西北的大庙庄捐置学田五十亩。

除拨付学田、免除租赋之外，官府还给予生员很多生活补助。生员廪膳供给，始于宋元年间。元代以所拨尼山学田收入"充庙学生员供膳"。明嘉靖二十年（1541年），山东巡抚李中奏准，纳泗水县泾府禄米，岁给三百六十石，作为三氏学廪膳。嘉靖二十三年（1544年），"又以泗水道远"，

---

① 李经野等纂修：《曲阜县志》，（台）成文出版社1969年版，第376页。

改由曲阜县应纳鲁府禄米支给，数量增为三百七十三石。明神宗万历四十年（1612年），增加廪生十名，廪饩在学田收入内支领，直至明末。清初，规定"四氏学"学官俸禄及斋薪银、车马银，连同斋夫、门斗各役工食，均由曲阜县正项钱粮内开支。生员廪米每人每年十二石，闰月加一石，在曲阜县存留粟米内支给。后改米为银，又曾一度裁去三分之二，乾隆二年（1737年）恢复旧额。总计以上各项，至清代，政府每年需为"四氏学"拨银一千六百二十五两八钱九分，其中尚不包括公务费、修缮费等。①

万历四十二年（1614年），六十三代孙、世职曲阜知县孔贞丛迁建"四氏学"于庙西观德门外，即清代所谓"学宫"。此次迁学在曲阜庙学史上影响重大，标志着延续千年的"左学右庙"格局正式演变为"左庙右学"。自此，四氏学之地遂定，直至清末，再未更改。

迁建后的四氏学建制与弘治年间所修大致相同，其具体规模为：中为"明伦堂"三间，左右二斋各五间——左边为"启蒙斋"，右边为"养正斋"；后为"尊经阁"，阁左边为"教授署"，阁右边为"学录署"。外辟重门，门外建有泮池、泮桥，桥前为状元坊，并立有四氏学历代考取进士题名碑。②不计门外各项设施，共占地4亩7分9厘。

由此可见，曲阜庙学校址数经迁移，格局也发生了显著的变化。宋代以前是"因庙建学"，学舍沿用曹魏黄初时旧址，宋代之后则演变成了完全意义上的"庙学合一"。如宋代将庙学建于孔庙东南，虽规模不详，但总体上形成"右庙左学"之制；明代后期则迁学于庙西，演变成了"左庙右学"之制。另外，曲阜庙学规模虽屡有变革，但总体趋势是不断扩大的，规制也愈加严格。

① 潘相：《曲阜县志》（影印本）卷42《学校贡举·四氏学》，圣化堂藏版，乾隆甲午年（1774年）新修。
② 孔继汾：《阙里文献考》（影印本）卷27《学校考第八》，山东友谊书社1989年版，第621页。

即便不上溯自曹魏，仅从宋哲宗元祐元年（1086年）算起，曲阜庙学的存续时间也已近千年。三氏学、四氏学是中国历史上延续时间最长的家族学校，也是中国教育史上一所意义特殊的学校。这所专门为四氏后裔而设的贵族学校，为统治阶级培养了大批人才。例如，仅道光二十年（1840年）至光绪二十九年（1903年），曲阜县学及四氏学生员共中举人90名，其中出自四氏学的就有71名。这不仅足以显示出四氏学显著的办学功效，而且在社会教化方面起到了样板性的引领作用。

私立明德中学

清末兴盛一时的"洋务教育"运动，曾把兴建新学堂和派遣留学生作为自新图强的重要手段。戊戌变法尤其是《癸卯学制》颁布之后，兴办新式学堂更成为社会风尚。流风所至，一些具有新思想的人士主张在曲阜县办中等学校，以培养新型人才。曲阜籍出国的留学生，如留日的孔令俊、颜振兹，留美的化学硕士孔令煊等人，在曲阜上层人士中积极活动。他们一方面极力阐扬孔道，一方面力主科学救国。

民国十三年（1924年）冬，孔令俊等人正式提出建议，由衍圣公府出资办一所中学。当时，衍圣公府的孔德成尚年幼，他们便与孔府执政孔繁澂协商。孔繁澂对办学很有兴致，设想出一些筹集资金和维持学校的办法，取得了孔令贻遗孀陶夫人的同意。当时在省立七中（济宁）任校长的孔令灿和在山东省财政厅任科长的孔令煜等孔氏族人也都极力赞同。

经过几方面力量的推动，由孔繁澂具体筹措，决定从衍

曲阜四氏学建筑复原图（原曲阜一中旧址）

圣公府的奉祀金里拨田租3000元和集市租税2400元建校，校址设在孔庙以西原四氏学旧址。校舍虽经改建，但明伦堂正面的屏风两旁仍挂着康有为书写的"天不变道亦不变，学何尝师亦何尝"的对联。民国初，此地又办过以"尊孔读经"为宗旨的经学会。同时，这里又是康有为创办的孔教总会所在地。在此设学，意在显示圣裔"一脉相传"之意。学校命名从维护和弘扬儒学的观点出发，取"大学之道，在明明德"的典故，认为"德之不明，废经者害之也"。学校首先要注重读经，要"阐扬孔道，极济世风"，于是便命名为"阙里孔氏私立明德中学校"。

1925年夏，学校筹备就绪。名誉校长由当时年仅五岁的孔德成兼任（"明德学校"校牌亦由孔德成题写），由衍圣公府聘请清末进士、时任曲阜孔教会会长的孔繁朴为校长，聘优级师范毕业生孔宪滢为教务主任，聘请了几位名望较高的学者担任教员。当年秋季正式开学，招收初级中学生3个班。1931年2月，由山东省教育厅申报南京国民政府教育部批准立案后，学校改名为"曲阜私立明德初级中学校"。8月，添招1个班。至1934年，有5个班，每班50名学生，计250人。学校由校长专函聘请校董，成立学校董事会。董事会根据衍

曲阜明德中学牌坊复原建筑图

圣公府的要求，总揽学校各项事宜。在制定的《校则》中首先规定以"尊崇孔教，阐扬东方文化，造成中坚人才，挽救世风"为宗旨。后为与1912年教育部公布的《中学校令》取得一致，改为以"尊崇孔教，阐扬礼乐，注重道德，完足普通教育，造成健全国人"为宗旨。校内专设监学（初名"舍监"）负责执行校则，管束学生。

除此之外，学校还明文规定："加入政党者""在外滋生事端致巡警干涉者"一律除名；"聚众要挟罢课辍业者"，除名以外还要追缴校费。所谓校费，不是学生应交的4元学费，而是指以本校每月经费的总数除以全校学生数所得的钱数。学生即使在课余时间走出校门，也需要经过监学的批准。另外，学校还规定每年的春秋丁祭和孔子诞辰，学生均要由校长率领入孔庙行跪拜礼。后来由于遭到学生的反对，学校逐渐取消对学生的禁锢，允许学生走出校门，取消了入孔庙祭孔及行跪拜礼等的规定。

为了突出对圣裔的优待，学校明确规定"四氏子弟"免交学费，孔府的庙户、佃户子弟减半，其他学生则交学费4元。招生范围除曲阜外，还扩及外县外省。据1934年续修《曲阜县志》载，当时学校的经费来源共分三项：一是祭田每年拨发5400元；二是"省款补助"1200元；三是学生纳费约3000元。总计岁入9600元。

在课程的设置方面，明德学校最初以讲经典、习乐学、学琴瑟与国文修身为首要课程，特别注重讲经和读经，其次才是英语、算术、史地、自然、图画等科目，再次之则为体操运动。学校还请孔庙乐舞指挥胡大元为音乐教师，教授学生弹古琴。每逢孔庙大小丁祭，学校均派学生代表前往参加乐舞助祭。立案后，即按省立中学统一课程设置。

明德中学课程及学分表

学年及学期　　学分　科	第一学年		第二学年		第三学年		学分总计
	第一学期	第二学期	第一学期	第二学期	第一学期	第二学期	
修身	1	1	1	1	1	1	6
国文	10	10	10	10	10	10	60
经学	8	8	8	8	8	8	48
英文	9	9	9	9	9	9	54
数学	7	7	7	7	7	7	42
历史	3	3	3	3	3	3	18
地理	3	3	3	3	3	3	18
图画	1	1	1	1	1	1	6
乐舞	6	6	6	6	5	5	34
自然	3	3	3	3	5	5	22
体育	2	2	2	2	2	2	12
合计	53	53	53	53	54	54	320

1934年明德中学每周授课时数表

科目时数\学年及学期		公民	体育	卫生	国文	英语	算术	自然				历史	地理	劳作	图画	音乐	总时数	自习
								动物	植物	化学	物理							
第一学年	第一学期	2	3	1	6	5	4	2	2			2	2	2	2	2	35	13
	第二学期	2	3	1	6	5	4	2	2			2	2	2	2	2	35	13
第二学年	第一学期	2	3	1	6	5	5			4		2	2	2	2	1	35	13
	第二学期	2	3	1	6	5	5			3		2	2	2	2	1	34	14
第三学年	第一学期	1	3	1	6	5	5				4	2	2	4	1	1	35	13
	第二学期	1	3	1	6	5	5				3	2	2	4	1	1	34	14

如前所言，经过屡屡迁址和扩容，到明代后期，曲阜庙学规模已经很大，将儒家"五大圣人"（"至圣"孔子、"述圣"子思子、"复圣"颜子、"宗圣"曾子、"亚圣"孟子）之后尽纳其中。既然曲阜庙学是专为圣裔而设的贵族学校，学校的地位也就非同一般，不仅校舍、经费等得到朝廷和地方各界的全力保障，而且师生的权利也优于一般官学。此方面情况多已随文叙述，兹就未曾述及或言之不详者，简略梳理如下。

教师资格、待遇与职责

在曲阜庙学中充任教师的，其称谓历代并不一致，有教授、学正、学录、学司、教谕等不同名号。纵观千年发展史，历代庙学的学官主要有教授和学录两类。教授是四氏学的主要人员，"掌训课四氏生徒"。宋哲宗元祐元年（1086年），改建庙学，开始置教授一员，"令教谕本家子弟"，并规定"于举到文官内差，或委本路监司举有义行者为之"①。金章宗明昌元年（1190年），皇帝敕"于四举五举终场进士出身人内，选博学经史、众所推服者"充任四氏学教授，秩正八品。元世祖中统元年（1260年），皇帝下诏遴选名师硕儒为教授，秩正九品。元仁宗延祐六年（1319年），朝廷议准："三氏子孙学官，初本不以常例拘之，后来有司不体优待圣贤之意，将听除人，一概注授，遂使学校废弛。以后注用人员，必听衍圣公遴选，以为定制。"②

到了明代，朝廷明确规定，四氏学教授定秩九品。明太祖洪武元年（1368年），设三氏子孙教授一员，"或有以儒生应试京闱者，或有以儒士由兖州府学应试者"。其月俸在衍圣公免田粮内支给，柴薪、斋夫银均由曲阜县正项钱粮内开支。洪武二年（1369年），设学司一名，管理三氏子孙教授司。洪武七年（1374年），裁去学正。宣德元年（1426年），学录开始以圣裔任职，衍圣公同族众公举"年德俱尊向优长者"咨部铨除。正统元年（1436年），衍圣公孔彦缙题准"本学诸生，由宗师考入山东乡试"。万历四十年（1612年），四氏学教授改由部中除授。

清顺治二年（1645年），由衍圣公孔胤植题准，保举博学生员咨部铨除。康熙四十一年（1702年），衍圣公孔毓圻奏准四氏学教授的升转，与各府、卫教授同。乾隆七年（1742年），四氏学教授升为正七品。乾隆二十六年（1761年），准山东布政使崔应阶条奏，"令衍圣公将拣选应用人员移送抚臣验看，再送部具题"。同时规定，"如孔氏见（现）任学录内有文行兼优、已历俸六年、堪保送之员，准一体拣选升补"③，从而使四氏学教授的升转与国家官吏的选拔相一致。

① 李经野等纂修：《曲阜县志》，（台）成文出版社1969年版，第376页。
② 孔继汾：《阙里文献考》（影印本）卷18《世爵职官考第四》，山东友谊书社1989年版，第406页。
③ 孔继汾：《阙里文献考》（影印本）卷18《世爵职官考第四》，山东友谊书社1989年版，第406页。

由此可见，对四氏学教授的任用是非常慎重的，其地位当然也很显荣，因为其任职既要得到衍圣公的提名举荐，还要得到朝廷有关部门的批准。事实上，有关史料表明，四氏学教授皆是地方上的一时之望。教授任职后，必须严格履行自己的职责。清代孔尚任在增补的《阙里新志》卷十二中，细述了教授应尽的职责："曰考论道德，曰申明伦纪，曰讲究经史，曰说课文艺，曰表坊士类，曰化导风俗。遇文庙祭期，则充领班官，率诸生随班陪祭。"看来，四氏学教授必须品学兼优，多专多能，一身多任。

"四氏学"教授、学录一览表（部分）

教授							学录	
颜崇椠	尚云路	孔祥桢	毕培慈	薛焕章	孙统启	蒋正沛	孔广荣	孔庆镔
孔广彬	尹肇秀	宋振鹭	孔昭玶	吕福?	储徽美	颜士锦	孔广芬	孔广谋
王受长	许春田	阮金封	孔繁湛	魏崇勤	杨辅庭	彭士荣	孔继璋	孔继言
孔宪圭	杨立灌	陈景昭	臧继勋	胡秉礼	孔庆黄	孔广伟	孔宪堉	孔傅学
孔继璋	虞修本	孔宪朴	苏继焕	林衍庆	武在封	孔广荣	孔昭美	孔傅煜
郑澍	岳廷楷	李延煜	孔宪举	孔庆元	孔傅恩	颜士金	孔傅堉	孔宪?
马受昌	颜承佑	孔广鼎	胡万峨	鲁子想	孔傅戟	宋奥经	孔庆元	孔傅恩
尹鸿榆	颜振翔	柴廷琦	颜振藻	李守正	孔继坪	颜振泗	孔祥桢	孔庆镔

学录为教授之佐，本为国子监之职，普通学校无权设置，可见四氏学是特权独享的。明代山东提学副使陈镐在其编撰的《阙里志》中记载："天下学官皆用教谕，独四氏学用学录者，盖以比隆国学，亦以圣贤之子孙，不与他学同也。"《阙里文献考》也有类似的表述。四氏学学录的设置始于宋元祐四年（1089年），以孔氏充任，听从教

授安排，当时尚有学正一员。①金元年间，学录、学正间用异姓。①明洪武七年（1374年），裁去学正，只设学录一员，"秩未入流"。明宣德元年（1426年），经朝廷议决，"定以圣裔任，令衍圣公保举孔氏生员年德俱尊、学问优长者，咨部除授"②，从此专用孔氏，历代沿袭。"学录始自孔元顺。明宣德七年，孔克晏由儒士履任。其后，景泰六年之孔论、天顺八年之孔克旻、成化三年之孔克煦、十三年之孔克璜，皆以儒士荐焉。正德十七年之孔公杰、嘉靖十三年之孔公铉、十九年之孔彦衢、三十一年之孔彦佩，皆以监生任焉。三十九年为孔承镐，万历八年为孔承作，皆以生员任。"③可见，学录的确皆为孔氏族人担任，区别仅在于出身略有不同而已。

与四氏学教授一样，学录的月俸也在衍圣公免田粮内支给，柴薪、斋夫银均由曲阜县正项钱粮内开支。每月各支俸米五石，节次裁剪，每年支银二十四两。到清代，学官的俸禄中削去了俸米，每年给俸银五十六两九钱六分，马草银、斋薪银各十二两。

有清一代，因袭明制，学录亦专用孔氏族人。清顺治元年（1644年），经山东巡抚方大猷上奏，皇帝诏称：天下学官皆用教谕，独四氏学用学录，从而确认了曲阜庙学在新王朝中的特权。雍正十三年（1735年），定学录官秩为正八品，而同期的国子监学录则为从九品，可见四氏学地位之殊。乾隆二十六年（1761年），经山东布政使崔应阶条奏，学录先由衍圣公"于孔氏岁贡廪生、捐贡及廪生内拣选，照教授见例，令衍圣公拣选应用人员，移送抚臣验看"④，再送部除授。

与教授相似，学录正式上任后，也有自己严格的职责。

① 潘相：《曲阜县志》（影印本）卷39《职官一·四氏学学录》，圣化堂藏版，乾隆甲午年（1774年）新修。
② 孔继汾：《阙里文献考》（影印本）卷18《世爵职官考第四》，山东友谊书社1989年版，第407页。
③ 潘相：《曲阜县志》（影印本）卷39《职官一·四氏学学录》，圣化堂藏版，乾隆甲午年（1774年）新修。
④ 孔继汾：《阙里文献考》（影印本）卷18《世爵职官考第四》，山东友谊书社1989年版，第407页。

孔尚任在《阙里新志》卷十二中，亦细述了学录应尽的职责："盖凡天下郡县之学，皆任以教授、教谕，而为之佐者则以训导。惟四氏学之佐特设学录，又特以孔氏为之。揆之字义，录之为言，曰收拾，曰俭束，则又非特训迪一责而已。是盖仿国学六堂之制。……曰绳愆纠缪，曰察功考过，曰劝勤惩惰，曰纪事司籍。又，凡遇圣庙祭期，充监祭官，查核一应祭器陈设。"可见，学录的职责既明确又琐细，相比教授并不轻松，尤其要负起日常管理之责。

那么，为什么四氏学教授可以由异姓充任、学录却要由孔氏族人担任呢？不仅因为教授要学问博洽，传授经史文艺，非广纳人才无以胜任，而且更重要的是，"异姓，则师严而道尊；宗人，则情亲而爱笃。严者激励以成其材，而亲者用以拾遗而补阙。其用意亦良深厚矣"。即便如此，也不是所有族人都能胜任这一职务的，因为学录作为教授之佐，也有督促生员课业之责，所以，"苟非学行素著，鲜有能称是选者"[1]。

学生员额、名号与待遇

如前所言，在历代统治者的特别眷顾下，曲阜庙学屡屡扩容，规模越办越大。宋哲宗元祐之前，曲阜庙学虽然已是"扩大版"，但主要还是收纳孔氏族人。如金章宗明昌元年（1190年），朝廷敕旨称："许孔宅子孙不限人数，年十三以上，愿习业者，皆听就学。"自三氏学成立后，因为对入学文化程度的要求并不严格，学生数额急剧扩张。如明成化年间，六十一代衍圣公的奏折就明言，在学员额已不下二三百人，仅由科举一途已不裕所用。这说明，当时的庙学规模

① 孔继汾：《阙里文献考》（影印本）卷76《子孙著闻者第十五》，山东友谊书社1989年版，第1601—1602页。

已经相当庞大了。所以，到英宗正统九年（1444年），衍圣公孔彦缙不得不再次奏言，希望请"照郡县学例，置立生员，听提学官考选，应山东布政使司乡试"①。武宗正德四年（1509年），生员颜重礼及本学教授先后具疏，并以贡举不均为言。礼部议决："令贡孔氏三名之后，其年同贡颜氏一名；孔氏又贡三名之后，其年同贡孟氏一名。著为例。"②从世宗嘉靖十九年（1540年）开始，支给生员廪米。次年，山东巡抚李中奏准，于泗水县泾府禄米内岁给三百六十石，为三氏学廪膳。

明嘉靖六年（1527年），巡抚刘节奏称："三氏学生员岁贡，向来惟以入学为序，并无考选例，是以学者无所劝惩。请定为考选之法：凡在学生员，先立廪膳、增广、附学之名，廪、增或照府学各四十名，或照州学各三十名，附学不限名数。"部议："照州学例，设廪、增各三十名。"首次确定了三氏学生员的名额。

万历十五年（1587年），三氏学扩增为四氏学，庙学就学者日众，需要更多关注。所以万历四十年（1612年），山东提学道陈瑛报请山东巡抚，希望将四氏学廪、增生员名额各增至四十名。陈瑛说："四氏学官有教授、学录，视国学则少杀，视郡学则教隆。其廪、增额数自当比视郡学，向因人才未盛，故旧额仅三十人。今后裔蕃衍，入学者已三百有余，而廪额如故，非所以重圣贤之裔也。应将四氏学廪生加十名，如府学数，增广生员亦如之。廪饩在学田内支领。儒童、岁科两试，入学四十名，岁贡每年贡一人。"③巡抚根据陈瑛的请求，上报朝廷，得到批复，缓解了庙学的压力。

总体而言，由于曲阜庙学在地位、性质等方面非常特殊，三氏学和四氏学生徒在身份、经济待遇及科举考试中都

---

① 孔继汾：《阙里文献考》（影印本）卷27《学校考第八》，山东友谊书社1989年版，第618—619页。

② 孔继汾：《阙里文献考》（影印本）卷27《学校考第八》，山东友谊书社1989年版，第619页。

③ 孔继汾：《阙里文献考》（影印本）卷27《学校考第八》，山东友谊书社1989年版，第620—621页。

受到历代政府的种种优待。

首先，从考场的安排来看，清代，兖州考场设东、西二棚，东棚在曲阜，西棚在兖州。清乾隆以前，参加东棚考试的有邹县、曲阜等十二县的县学及四氏学。考试时，以十四个单位计算，四氏学顶两个县的名额。乾隆十九年（1754年），沂州新设考场，原来参加曲阜东棚考试的各县学开始重新划分试所，结果东棚只剩下曲阜县县学和四氏学，不够一棚之制。为此，山东学政以"曲阜为圣人之乡，久建之棚，不可轻废"为由，行知兖州府议准，将泗水、滕县、峄县、邹县、宁阳等五县的县学划归东棚，从而使曲阜考棚得以保留。①

其次，在乡试科举中，四氏学享有特别优厚的待遇。明天启元年（1621年），云南道御史李日宣，请将所在孔氏后裔"于山东省额中式外，每科加举一二人，贡之阙下，以光新政"。礼部商议之后，批准"孔氏后裔另编耳字号，于填榜时总查各经房，如孔氏无中式者，通取孔氏试卷，当堂公阅，取中一名，加于东省原额之外，但不必拘定一人，以滋多碍；凡历五科，皆取中二名"②。科举考试一般是以《千字文》编号，朝廷竟然批准为孔氏后裔另编字号，可见何等荣宠。对此，时人表示接受，说："四氏学教公世子，即仿古大学教公卿、大夫嫡子之意。其学之长视郡博，其副视国子监学录。四氏生，衣青衫，坐耳号。"③这就不仅是接受了，而且言之凿凿地认为理所当然。

正是在这种偏袒下，科举名额屡屡被占用。如崇祯七年（1634年），名额就被鲁"宗学"分去一名。清顺治十四年（1657年），提学道施闰章言于山东巡抚缪正心，允准"将旧额二名归还四氏，不拘孔颜曾孟，凭文取中"④。雍正二年

① 参见《孔府档案》五八七五。
② 孔继汾：《阙里文献考》（影印本）卷27《学校考第八》，山东友谊书社1989年版，第621页。
③ 潘相：《曲阜县志》（影印本）卷42《学校贡举·四氏学》，圣化堂藏版，乾隆甲午年（1774年）新修。
④ 孔继汾：《阙里文献考》（影印本）卷27《学校考第八》，山东友谊书社1989年版，第622页。

（1724年），又增一名，共正额三名，成为定例。乾隆元年（1736年），"恩科广额于三名外，得广一名"。顺治初年，入学之数裁为十五名，不久又增加五名，定为二十名。武生之设始于清初。康熙四年（1739年），每遇岁试，考取十五名，永为定例。四氏学每次高中的举人都在三名以上，到同治九年（1870年），竟达八名之多，因此山东乡试有"无孔不开榜"之说。

再次，在岁贡方面，四氏学也有岁贡，这始于明宪宗成化元年（1465年）。前已详述，此不赘言。

最后，在恩赐方面，唐宋以来，对圣裔礼遇备至。有的"以乡贡十举以上，赐同本科出身"，有的"以幸学恩，特赐出身"，有的"以年德俱高，特赐进士及第"，等等。这些举措，都为圣裔入仕提供了极大的便利。即便在平时，曲阜庙学的生徒也是享有特权的。如《孔府档案》一五二八就明言："孔颜曾孟四氏圣裔，仰承祖业，历朝优崇。一切地亩、杂项、差徭，概行蠲免。其散居各处者，俱令所在有司，加意优恤。"山东巡抚也在有关咨文中云："康熙五十年三月二十三日准贵府（孔府）咨开，希将四氏优免之处，再行府檄县，照例遵行，缘由到院。准此。除行布政司转饬照遵行外，拟合咨复。"[1]明确四氏学生徒可享有其他生徒难以企及的特权。

---

① 《孔府档案》一五二七。

尽管魏晋以前，孔庙规模在不断扩大，但孔庙与学校还未明确结合，也没有制度方面的保证。孔庙与学校开始结合并成为一种制度，从历史上考证，最早是在魏晋时期。北魏时，孝文帝曾下诏郡县各立学，同时祀孔子和周公，这一举措为孔庙在各地的兴起奠定了基础。另有记载，北魏孝文帝太和十三年（489年），封孔子为"文圣尼父"，"立先圣庙于京师"。这说明在北魏统治者的推动下，除曲阜以外的其他地区也开始了修建孔庙的活动。例如西魏时期的怀州文庙，其庙学碑文中明确记载"孔安国立祠其处……比曲阜孔庙"，表明该庙当时是依照曲阜孔庙修建而成的。魏文帝大统五年（539年），又对曲阜孔庙加以修葺。兖州刺史李延令工匠"雕塑圣容旁立十子"，曲阜孔庙由此开始塑像。

庙学教育的形成

北齐时，各地效仿皇家，祭祀孔子之风渐盛。天保元年

（550年），文宣帝又诏鲁郡按时修治孔庙。同时，下令在各郡国的最高学府内都必须修建、设立孔庙和颜庙，"博士以下，亦每月朝"。此后不久，出现了包含初级庙学制度的学校——"庙屋"。孝武帝太元九年（384年），尚书谢石上书曰："立人之道，曰仁与义，翼善辅性，唯礼兴学。今皇威遐震，岂可不弘敷礼乐，使焕乎可观？请兴国学，以训胄子；班下州郡，普修乡校。"孝武帝予以采纳。于是"选公卿、二千石子弟生，增造庙屋一百五十五间"，此处的"庙屋"即是指孔子庙。除了这些由皇帝下令建造的、具备庙学制度意义的"庙屋"以外，当时各州县普遍设立的孔庙大多也是"依学而立"。这些现象足以说明，魏晋时期，"庙学合一"的教育体制已经初步形成，并且得到广泛应用，孔庙的建立和学校教育密切相连。

到了北魏末年，经过一系列农民起义的打击，鲜卑贵族和汉豪强地主的势力大大削弱。至隋朝，出现了南北统一的局面。隋朝统治者为巩固中央集权，采取一系列政治措施，包括废除九品中正制，在地方设立州、县学。这些学校推崇儒家文化，宣扬儒家思想，是庙学制度化过程的重要组成部分。

隋朝统治者统一全国后，采取了多种不同措施以适应国家社会关系的新变化。除了提高孔子地位、大修孔庙之外，他们采取的另一大举措就是开创科举制度。这一制度不仅对庙学，而且对中国教育乃至整个中华民族的文化都产生了深远的影响。

科举制是一种以考查对于儒家知识和观念的了解作为选择标准的选官制度。由于科举制以儒家思想为考查内容和标准，其本质上与尊孔崇儒是一致的。隋开皇年间，孔子被封为"先师尼父"。在祭祀时，东面坐周公像，南面坐孔子像，这一做法改变了北齐时周公、孔子同坐的局面，孔子的地位得到进一步提升。事实上，北齐至隋朝，孔庙和学校教育已经紧密相连，祭祀孔子已成为当时学校教育的一部分功能。据记载，"滏阳人焦通，性酗酒，事亲礼阙，为从弟所讼。彦光弗之罪，将至州学，令观孔子庙中韩伯瑜母杖不痛，哀母力衰，对母悲泣之像。通遂感悟，悲愧若无容者。彦光训喻而遣之，后改过励行，卒为善士"①。通过州、县孔庙宣传孝悌伦理道德以教化群众，使家庭关系和谐发展，体现出孔庙的学校教育功能。

庙学教育的确立

隋朝的庙学制度只是开始形成，尚未被确立。但从前文略述的历史当中不难看出，庙学制度化已经显示出两项基本特征：一是在全国官学中都能发现孔庙的身影；二是学制与庙制在不断完备。

庙学制度的真正确立是在唐朝。隋末爆发的大规模农民起义，给唐王朝的上层统治者带来了深刻的教训，使他们重新思考治国之本。唐初，执政者多是深受儒家文化影响的前朝遗老，在总结教训的基础上，他们重视以儒家文化治理国家的重要作用。统治者认为："德以修己，教以导人。修之也，则人不劝而自至；导之也，则人敦行而率从。是以君子欲政之必行也，故以身先之；欲人之从化也，故以道御之。"②用言传身教来规范教化天下百姓，百姓就会品性淳朴而心悦诚服，君子的政令才能够得以实施。而这些思想正是出自儒家学说。为了培养官僚，中央的国子监统监国子学、

① 李延寿等撰：《北史》卷74《循吏列传》。
② 刘昫等撰：《旧唐书》卷140《李华萧颖士列传·文艺下》。

太学、四门学、律学。因此，儒家文化渗透到从中央到地方的各类学校。通过祭孔活动，孔子的思想便从上层社会逐步渗透到中下层社会。于是，皇帝的祭孔活动也更加隆重和频繁。

唐初武德二年（619年）六月一日，朝廷下令："盛德必祀，义在方册……惟兹二圣，道著生民，宗祀不修，孰明褒尚。宜令有司于国子监立周公、孔子庙各一所，四时致祭。"[①]孔庙和国学合一，为庙学格局的形成奠定了基础。唐贞观元年（627年），唐太宗下诏："天下学皆各立周、孔庙，追赠孔子为司寇，谥'文宣'，旋准房玄龄议停周公祀，专祀孔子，尊为先圣，以颜回为先师，配享孔庙。"从中央到地方县学，普遍完成"庙学制"是在唐太宗贞观四年（630年）。是年，太宗诏"州县皆特立孔庙，四时致祭，左丘明等廿二人从祀"。各州县由此准予建立孔庙，诸儒名流从此也被纳入孔庙，同孔子一道共同被祭。在此之前，只有京师及各州郡学校完成了庙学制。自此以后，直至清代，自中央国子监到地方县学，皆须具备庙学制，后来出现的书院制度亦是如此。

这一时期，孔子的地位越来越高，统治者认识到应"弘扬王道，全依儒术"，圣人品德行为高妙，王道要靠它，人间的伦理道德也要靠它。唐开元二十七年（739年），朝廷追封孔子为文宣王，服王者章服，出内迁衮冕以衣之，祭典时，使用八佾舞，时间为仲春和仲秋的上丁日，孔子因此又享受"王者"礼遇。唐代的孔庙已有比较固定的供祀内容。孔庙的主殿，根据皇家的封号或称"先师殿"（唐高祖封其为"先师"），或称"文宣王殿"（唐武后封其为"文宣王"），州县孔庙有的也因此叫"先师庙""文宣王庙""文

---

① 范小平：《中国孔庙在儒学传播中的历史地位》，载《四川文物》1998年第6期。

庙"。其主殿格局仍按照曲阜孔庙的"庙屋三间"修建。

从此时开始，各地"因学设庙"或"因庙设学"的"庙学合一"格局基本形成。欧阳修在《襄州谷城县夫子庙记》中写道："隋唐之际，天下州县皆立学，置学宫、生员，而释奠之礼，遂以著令。其后州县学废，而释奠之礼，吏以其著令，故得不废。学废矣，无所从祭，则皆庙而祭之。""州县莫不有学，则凡学莫不有先圣之庙。有先圣之庙，则有释奠之礼。"中国的庙学制度自此确立起来。可以说，在学校校园内建立孔庙，实行儒家教育的制度，使得"学校"这一教学空间与"孔庙"这一祭祀空间有效地结合在一起，形成一个新的完整的教育空间。自此以后，直至清末，校园建设几乎都是以孔庙为轴心来进行的。

庙学教育的发展

纵观历史不难发现，唐代以后，庙学的发展更进了一步。各朝各代都很重视对于代表儒家思想的孔子的祭祀，因而孔庙虽历经战火，但总体上依然得到了进一步发展。这些发展从孔子称谓的变化以及"庙学"称谓的变化中都可以看得出来。随着庙学制度的确立，尽管唐代后期藩镇割据，战事频繁，执政者仍然重视和推崇儒学。五代时期，皇帝到孔子祠（孔庙）祭孔，被作为重大事件记于正史之中：

> 六月乙酉朔，帝幸曲阜县，谒孔子祠。既奠，将致拜。左右曰："仲尼，人臣也，无致拜。"帝曰："文宣王，百代帝王师也，得无敬乎？"即拜奠于祠前。其所奠酒器、银炉并留于祠所。遂幸孔林，拜孔子墓。帝谓

近臣曰："仲尼、亚圣之后,今有何人?"对曰:"前曲
阜令、袭文宣公孔仁玉,是仲尼四十三代孙;有乡贡三
礼颜涉,是颜渊之后。"即召见。仁玉赐绯,口授曲阜
令;颜涉授主簿,便令视事。仍敕兖州修葺孔子祠宇,
墓侧禁樵采。[1]

从这段引文足以看出,建庙祀孔是统治者政治生活中的
一项重要内容。后周太祖郭威的这些举动,客观上促进了孔
庙建筑的保护,为两宋时期孔庙的繁荣发展,奠定了良好的
基础。

宋初承袭前朝旧制,在发展社会经济的同时,推行礼乐
教育,推崇儒学。宋王朝对孔子的追封及对后裔的礼遇可
以说是至高无上的。据《宋史》记载,大中祥符元年(1008
年)十一月,宋真宗"幸曲阜县,谒文宣王庙,靴袍再拜。
幸叔梁纥堂。近臣分奠七十二弟子。遂幸孔林,加谥封孔子
曰玄圣文宣王,遣官祭以太牢,给近便十户奉茔庙,赐其家
钱三十万,帛三百匹。以四十六世孙圣佑为奉礼郎,近属授
官、赐出身者六人"[2]。

除了孔子的后裔得到以上嘉赏以外,孔子的四十五代孙
孔道辅还被授予其他官职,即"迁大理寺丞,知仙源县(今
曲阜县),主孔子祠事"[3]。宋王朝对孔子的尊崇,对其后人
的这些礼遇,势必促进儒学的发展,无疑在一定程度上促进
了孔庙建筑模式的形成。皇家大兴土木,不仅大修孔庙,而
且下诏由官府出资修葺各地孔庙。宋景德三年(1006年),
王钦若上奏"令诸道台州府军监文宣王庙毁处,量破仓库
头子钱修葺"[4]。次年,皇帝下诏"诸州县文宣王庙自今并
官司给钱完葺"[5]。宋朝统治者的这些措施,使得"岁月颓

[1]薛居正等撰:《旧五代史》卷
112《周书三·太祖纪三》,中
华书局1976年版,第1482页。
[2] 脱脱等撰:《宋史》卷7《本纪
第七·真宗二》,中华书局1977
年版,第138—139页。
[3] 脱脱等撰:《宋史》卷297
《列传第五十六·孔道辅》,中
华书局1977年版,第9883页。
[4] 孔元措:《孔氏祖庭广记》卷
11,山东友谊书社1989年版,第
124页。
[5]《续资治通鉴》卷27《宋
纪》。

敝，气象凋落”的庙学建筑得到了复苏。

宋代大规模修建孔庙，除了“衣食足，兴礼仪”这一客观原因之外，另一个重要因素是办学兴教的需要。因为宋朝统治者认为，通过孔庙可以“人知向学”，激发学生积极进取的志向。另外，一些偏僻地区的地方官员认为“无庙学，则无学者，难以兴礼仪”，于是纷纷上奏朝廷，要求修建孔庙。据记载：“龚鼎臣知渠州，渠故僻陋，无学者。鼎臣请于朝，建庙学，选邑弟子为生，日讲说，立课肄法，人大劝。”①这段时期，庙、学并重，一反唐代“重庙轻学”的现象，各级地方官僚在皇家的倡导下纷纷“崇孔子庙，以尊圣人之道；阐明黉宇，以修先王之教”。各地庙学也因此应运而生，形成“今天下郡邑必有学，学必有庙”的局面。

儒学作为代表国家核心价值观的教育，逐渐在官学教育中贯彻下来。宋初以来，出现了以私学藏书为主的书院教育，其本质也属于庙学的范畴。书院教育一开始就受到唐五代以来庙学制的影响，而具备庙（祠）学之制。岳麓书院、白鹿洞书院都可以明确地看到这一点，它们从建书院之初就有祭孔的活动，后又塑宣圣像、十哲像等。凡此举措，都可视为宋代全面实施庙学制（含官学与书院）的开始。

宋代的书院因接受了政府的赠书或学田等而走向半官方化，也逐渐成为庙学制的形态。只是书院教育本为私学教育形态，其与官学相较，呈现出多样化，尤其是在奉祀对象方面。南宋后期，虽兵荒马乱，但辽、西夏、金等政权对儒家思想仍然认可。曲阜以及其他地区的一些文庙，曾被人为焚毁，但统治者又下令重修。辽太祖与大臣们的一段对白可以说明这一问题。据《辽史》记载，太祖问侍臣：“受命之君，当事天敬神。有大功德者，朕欲祀之，何先？”皆以佛对。

① 脱脱等撰：《宋史》卷347《列传第一百六·龚鼎臣郑穆》，中华书局1977年版，第11012页。

太祖说："佛非中国教。"有人回答说："孔子大圣，万世所尊，宜先。"太祖大悦，建孔庙，诏皇太子春秋释奠。

由此可见，在辽朝立国之始，统治者就十分注意吸取汉族统治者利用儒学来维护统治的成功经验，大力提倡儒家学说。尤其是辽朝的贵族群体，更是对儒学崇拜备至，信奉有加。他们尊孔子为"大圣"，并且不断地向汉族统治区域派遣人员进行学习。辽太祖耶律阿保机则公开主张祭祀孔子，孔子宜为万世所尊。976年，辽景宗下令恢复南京礼部试院，计划实行科举考试。至辽圣宗时，正式实行开科取士，全国各地也都纷纷建立州学和孔庙。辽咸雍十年（1074年），渤海人"建孔子庙，部尼服也"。

西夏国王李仁孝追尊孔子为"文宣帝"，礼祀孔子及其尊亲，仿行中原王朝的政治制度采纳儒家思想治国。早在西夏立国之初，其统治者就极为注意儒家经典的翻译，尤其是儒学的启蒙读物《孝经》，不仅译成西夏文字，而且要求各级各类学校一律要作为主要的教材来使用，并借此强调以孝治天下。《论语》《孟子》《尚书》《左传》《贞观政要》等经典著作，也都先后译成西夏文字，并被列为各级学校的必读书。1154年，创设大汉太学。1160年，设立翰林学士院，并明确了儒学在国家政治生活中的主导地位，又令各州县设立学校，增子弟员三千余人。

金太宗天眷三年（1140年），诏求孔子后，以四十九代孙孔璠袭封衍圣公，奉阙里祀事。金泰和四年（1204年），下诏各刺史："州郡无宣圣庙学者，并赠修之。"在金朝的统治区域里，建立了许多学校，例如女真府学等。海陵王天德三年（1151年），朝廷建国子监；世宗大定六年（1166年），建立国子太学；大定十三年（1173年），建立女真国子学。这些学校以儒学经典作为基本教材，而且将儒学经典作为科举考试的主要内容，孔子和儒学自然日益深入人心。

明清时期，庙学又得到进一步发展。明朝统治时期，朝廷在祭孔活动、修建孔庙等方面仍不落伍。明太祖入江淮时，首谒孔子庙。洪武元年（1368年）二月，明太祖"诏以太牢祀孔子于国学，仍遣使诣曲阜致祭"。明太祖还常请儒士进宫为武臣们讲解经史。清代是中国最后的帝制王朝，也是中国孔庙发展的鼎盛时期，中国境内现存的孔庙建筑几乎都经历了清朝大规模的维修、扩建或重建。清代各地方县志中关于学校方面的记载，都与当地文庙有关。皇家颁布的关于文庙建筑的所有规定，都能在官方的方志中找到。

在孔庙的碑刻中，保留着清王朝所颁布的相关礼制规定。据《兖州志》记载，顺治元年（1644年），清世祖曾遣官祭告阙里。顺治二年（1645年），清世祖对孔子加称为"大成至圣文宣先师孔子"。于是，清顺治时期，所有孔庙的孔子牌位均由明嘉靖九年（1530年）以后的"圣先师孔子"改为"大成至圣文宣先师孔子"。此后，各地的孔庙开始统称为文庙，即"文宣先师庙"。康熙元年（1662年），皇帝视太学，行释奠礼。康熙十四年（1675年），省去"大成""文宣"四字，只保留"至圣先师孔子"。此后各地孔庙的孔子牌位均沿用此制。康熙二十三年（1684年），皇帝幸阙里，钦颁御书"万世师表"匾额。康熙二十五年（1686年），皇帝在"巡省东国，谒祀阙里"之后，御制《宣圣孔子赞》碑立于曲阜孔庙，并流传到全国各地文庙。

庙学教育的传播

自唐初庙学制确立以后，庙学教育逐渐发展。不但此后宋、元、明、清诸朝的学制如此，即便邻近的韩国、越南以及日本的传统学制也是如此。因此，庙学制影响了世界尤其是东亚一些国家的教育，即形成了高明士教授所称的"东亚教育圈"。[①]

古代朝鲜。新罗在682年创建国学制度。其国学有无建置孔庙，史籍无明确记载。但8世纪以后，从唐朝带回了"文宣王、十哲、七十二弟子图，即置于大学"。景德王六年（747年），实施国学经学教育，也建立了孔庙。《三国史记》卷四十收录有"孔子庙堂大舍"的职位，可以证明新罗已建置孔庙。新罗惠恭王以后，又常"幸学，听学官讲经"，这里面即有释奠的活动。

古代日本。其学校的创建亦取法唐代庙学制的形式。大宝年间的《官（职）员令》规定，大学头的职掌是"掌试学生及释奠"，也规定"凡大学、国学每年春秋二仲之月上丁，释奠于先圣孔宣父"。于是大宝元年（701年）二月十四日丁巳，有释奠之礼的举行。《本朝文粹》中，收录有关9、10世纪在孔庙（圣庙）释奠后讲经之诗、序、文多篇，可见圣庙在古代日本是存在的。神护景云二年（768年）七月三十日，大学助教膳大丘自唐归国后，建议仿唐新制，将孔宣父改为文宣王。

古代越南。明确而可靠的记载，是在李朝圣宗神武二年（1070年）八月，"修文庙，塑孔子、周公及四配像，画七十二贤像，四时享祀。皇太子临学"[②]。1070年已建置国子监及文庙，也就是说，当已完成了庙学制（含从祀制）。

① 参见高明士：《唐代东亚教育圈的形成》，（台）编译馆1984年版。
② 《大越史记全书·本纪全书》卷3《李纪》。

庙学制的建置，表面上类似于西欧中世纪的大学，尤其是教会兴办的学校，例如法国的巴黎大学，但是两者仍有较大的差异。后者具有宗教性，甚至隶属于教会。但中国乃至东亚诸国的庙学，则直隶于国家，皇权至高无上。孔子虽是庙中的主神，但不是上帝，也不是有求必应的诸神之一，所以平时不供民间膜拜祈求。

简言之，统治者将孔子以及先贤推上了圣坛，超越了世俗的王权，目的是为士子提供学习的榜样，以期他们将来成为圣贤。但这并不属于宗教或神学。中西双方虽有差异，但也有相似的地方，即透过一定的仪式，使人们兴起效法之心。就庙学制的仪式而言，可以说具有一定的宗教性和烦琐性。具体呈现在两个方面：一方面成为政治控制的工具；另一方面成为教育者自身的护身符，连帝王都不敢违抗孔圣。庙学制的这种作用，使它能在中国王朝不断更替之际，持续一千数百年之久。若不拘泥于庙的硬件建筑的出现，而考虑其祭祀礼仪活动，即"学祭教育"的施行，已有两千年以上的历史。

曲阜庙学教育的性质与特征

中国数千年的历史是一个变动频仍的历史，王朝更替，物是人非，但也有基本不变的人和物，那就是孔子以及祭祀他的庙宇。尽管儒家思想在历史上也曾受到过佛教和道教的挑战，孔子的地位也有所浮沉；但总体而言，孔子"至圣先师"的名号一直以来都基本保持着，庙学的建制也日臻完善，其性质与特征也十分鲜明。

庙学教育的基本性质

庙学教育是中国传统文化的重要组成部分，也是传递、保存和发展中国传统文化的基本手段。庙学教育在时间上属于中国古代至清末的教育，性质上属于官学，也属于中国古代科举制度教育的一部分。关于庙学的特性，从不同的侧面可以有不同的解读。从文化传承的角度看，庙学教育就是为了传递、保存并发展儒家思想而展开的教育。祭祀孔子的孔庙成为学校校园的中心，这与以孔子为代表的儒家文化成为中国传统文化的主流相一致。作为意义符号系统的文化核心符号，孔庙自建立之始便成为孔子及传统儒家思想的代名词。

庙学制度和从隋唐开始的科举制度一起，通过制度性的安排，使士子们的注意力集中到儒学上面，有效地实现了思想的稳定性与统一性。儒家思想在被确立为国家的意识形态之后，儒家文化便成为国家的主流文化，形成了一套文化意义符号。统治者采用一系列的制度设计来确保儒家思想的独尊地位，使其作为国人生活的参照。统治者通过对儒学的尊崇来强化其统治的合法性。同时，儒生通过祭祀活动强化对儒学的宣扬，不断抬高孔子的地位。通过学校和孔庙结合形成的庙学制度，孔子这个象征符号变得具象化。以文化符号为内容，借助文化符号传播文化，就是庙学教育内在的逻辑。同时，在国家制度的引导下，民间还有一个无形的手——民俗。宗法制度下的传统中国，礼的体系扎根很深，民俗同样是礼文化的具体体现，民俗传承着与国家价值理想一致的符号体系。

国家制度与民间习俗的互动，共同传承了这一符号体系，使其成为公共的信仰。无论多么抽象的符号，在生活中往往都能够以物态的形式呈现。这些物态的东西成为文化符号的载体，无论是教育的内容、形式还是其他民俗事象。因此，在文化传承过程中，一个民族是通过传承代表性物态事象，来实现文化的传承与价值的传递的。反之，当代表一个民族的文化符号遭到破坏时，破坏的首先是这些物态的东西。极具象征意义的符号的破坏，就是民众信仰基础的破坏。中国文化不断地起起落落，而中国的孔庙就是体现这一逻辑与规律的典型代表。

庙学教育的主要特征

自秦汉以后，由于皇权日益强化，统治者为使其政治合法化，建立起以周孔为代表（魏晋以后是孔颜，宋以后成为孔孟）的圣贤世界。汉代以来，祭祀、崇儒等礼仪成为学校生活的重要活动。东晋以后，学校开始建立孔庙；唐太宗以后，除中央国子监及地方州学以外，庙学制扩及县学，一直到晚清时期，这一制度都没有结构性的改变。甚至在宋代以后兴起的书院教育，也同样属于庙学制的教育形式。因此，自东晋以来所建立的庙学制，便成为此后直至晚清官学的普遍形式，亦即庙学教育形式。

因庙立学之制始自魏晋，此即中国古代庙学教育的一大特征。自唐以后至清代为止，中央的国子监到地方的州县学，均以庙学作为普遍的学校形态。学校教育制度包容宏富，如教育目的的厘定、教育内容的安排、教师资格的确定、教学活动的考评等。庙学教育制度则是其中各项制度的核心安排之一。孔子的圣人化成为推崇儒家思想及国家层面制度化的重要环节。学说创立人的神圣性可使其学说具有一种天然的合法性，学说创立人也能有效地成为整个制度合法性的代言者。在统治者的推崇下，孔子成为道统的代表性符号，孔庙则由家庙上升为国庙。祭祀孔子就是推崇他所创立的思想学说，以达到教化目的。

"庙学合一"制度正式确立，使儒家思想得以广泛传播并深深植根于传统社会之中，此为中国古代庙学教育的又一重要特征。如前所述，自唐代始，"庙学合一"之制正式确立，并在之后的千余年间在全国各地广泛推行。儒家倡扬的君子人格、家国情怀、学优则仕、尊师重道、注重人伦、积极入世、高明中庸等教育思想，随之日渐深入传统社会的各个阶层，为中国传统文化的传承做出了贡献。

庙学教育不仅是中国传统文化的传承方式，更是中国传统文化的重要组成部分。概言之，庙学教育本身就是中国传统意义符号体系的一部分，它悄然传播着儒家的意义符号，此即庙学教育的又一重要特征。庙学作为意义符号和中国整个传统社会的符号体系是和谐统一的整体。从国家层面来看，作为一项重要的选考制度，从汉代的察举制到隋朝始创并延及明清的科举考试，无一不是以儒家思想为核心的。不论是察举还是笔试，都注重仁德、孝悌等品质。从社会层面来看，中国传统的节日，例如春节、清明、端午、重阳等，无一不是儒家孝文化的表现与重要意义符号。从国家到社会再到每个家庭，儒家文化无处不在。这一切都是为了突显以孔子为核心的中华民族的这套文化符号体系。

曲阜孔庙功能研究

政治教化功能

庙学教育功能

社会教化功能

从唐代开始，我国大范围地实行"庙学合一"的制度。自此以后，孔庙既是祭祀孔子的地方，也是培养人才的场所，其教育（教化）功能非常突出。孔庙的教育功能是围绕儒家思想而展开的，具体表现在三个方面：一是政治的教化功能；二是学校的教育功能；三是劝学功能，即社会教化功能。教育的内容是儒家经典，教育的方式是研习儒经和潜移默化相结合。三者相得益彰，使得国家牢牢地控制社会的意识形态。历朝历代均将建庙、修庙、尊孔、祭孔作为政治生活中的大事。

政治教化功能

孔庙具有政治教化功能，这是孔庙得以创立和延续的重要原因之一。其政治教化功能在孔庙的修建、孔庙奉祀的人物以及祭祀活动这三个方面展现得淋漓尽致。无论是从孔庙建立的目的还是从其内容的设置，抑或是从其祭祀活动本身及性质来看，孔庙都具有明显的政治教化功能，是统治阶级为维护其政治制度而在意识形态方面采取的重要举措，即通过固定的礼仪制度达到"德化天地，礼仪四邦"的目的。

修建孔庙体现政治教化

对于孔庙的教化功能，历代统治者都心知肚明。修庙尊孔是形式，是手段，是载体，宣教才是本质。历朝历代的统治者都重视孔庙的修建，并通过御制碑文的方式来实现对民众的教化，求得民心归顺以及社会稳定。曲阜孔庙除了对孔氏后裔进行成圣成贤的教育之外，还对一般民众进行伦理道德教化。明成祖朱棣下令维修曲阜孔庙，"撤其旧而新之"，竣工后御制碑文纪成，赞扬孔子"参天地，赞化育，明王道，正彝伦，使君君臣臣、父父子子、夫夫妇妇各得以尽其分，与天道诚无间焉"，希望臣民"凡观于斯者，有所兴起，致力于圣贤之学，敦其本而去其末"，期望"作我士类，世有才贤，佐我大明，于斯万年"。[1]清朝康熙皇帝维修曲阜孔庙后，同样也御制碑文纪成，碑文说："凡我臣民，瞻仰宫墙，倍增严翼，尚思敦崇德义，砥砺伦常，以不负朕尊师重道之意。"[2]他们都是希望通过孔庙教育臣民学习儒家思想，加强道德修养。总之，无论是曲阜孔庙还是各地方孔庙，历代统治者的做法都是一样的，都是通过建庙、修庙、扩庙，不断加封孔子的谥号，推崇儒家学说并以此来达到教化民众的目的。

奉祀人物体现伦理教化

但凡入祀孔庙的先圣先贤，无一例外都符合统治者所提倡的主流思想及价值标准，并带有明显的政治倾向。统治者认可孔子及儒家学说的地位，从而将其发展为帝王之纲，使孔庙成为弘扬王道的政治场所。孔子所倡导的"仁"的思想是儒家思想的本质和灵魂。孔庙内供奉的孔子、"四配""十二哲"以及两庑中供奉的先贤先儒，都是孔子思想的身体力行者。比如，"十二哲"中的闵子骞就是践行孔子"孝敬父母为'人之本'"这一理念的典型，即孝亲的典型；端木赐谨遵孔子教诲，诚信经商而被奉为信的典型；仲由是主张并且行义的代表；两庑中供奉着鞠躬尽瘁的蜀汉丞相诸葛亮以及宁死不屈的南宋文天祥，他们都是忠的典型。统治者正是通过对这些人物的奉祀来教化天下百姓，达到维

[1] 孔继汾：《阙里文献考》（影印本）卷33《艺文考第十二》，山东友谊书社1989年版，第781—783页。
[2] 潘相：《曲阜县志》（影印本）卷1《奎文一·重修阙里孔子庙碑》，圣化堂藏版，乾隆甲午年（1774年）新修。

系社会和谐与国家长治久安的目的。孔庙获得封建统治者青睐的最主要原因就是得益于它的教化作用。孔子所倡导的宗法伦理制度对于维护封建统治极为有利，以孔庙为载体，行传播礼治之实。从这一方面来讲，孔庙实际上与其他寺庙一样，成为传道布教的场所，只不过孔庙传的是儒家学说。正是靠着皇权的庇护，孔庙才得以延续两千余年，其地位也远远高于佛教的寺庙和道教的道观。

祭祀活动体现道德教化

与兴庙、奉祀活动相似，祭祀活动本身也体现了统治者对民众的教化。祭祀的对象一旦被推上受人顶礼膜拜的圣坛之后，无论是圣人还是贤者，都不再是简单的血肉之躯，而是道德的载体、道统的象征。孔庙的祭祀不仅是一种简单的参拜仪式，也不仅是单纯的对孔子及儒学的推崇，更重要的是对人们进行道德的教化。概言之，祭祀是手段，教化是本质。为了强化孔庙宣传教化的作用，历代帝王及地方统治者每年都会在各种类型的孔庙中举行大型的祭孔活动，通过祭孔来弘扬和倡行儒道。这些祭孔活动逐步形成固定的礼制，即每年仲春、仲秋两月逢上丁日祭孔。每次祭孔都是非常隆重的，祭孔的前两日各衙门设斋戒牌，不饮酒，不食蒜薤，不吊丧问疾，不听乐，不理刑，不判署刑杀文字，不预秽恶事。每逢祭日，午夜过后，参祭人员便到达庙前。晨三时许，祭孔仪式开始，按照固定礼仪程序行祭，庄重严肃，直到拂晓才礼毕散班。

实际上，每次祭孔都是一次大规模的宣教活动。所用的乐舞既宣扬了儒学，也强调了儒学的至尊。祭孔时所用的佾舞是集乐歌舞三位于一体的综合艺术。在古代，不同的等级享用不同的佾舞。例如，"八佾"为帝王所专用，孔庙祭孔最后用"八佾"说明统治者给予孔子高度的重视。不过孔庙内的"八佾"乐舞具有特殊的内涵和意义，它专以褒扬孔子和赞颂儒学为主要内容，所用的乐是周代的古乐，所唱的歌均以赞颂孔子和宣传孔子的礼乐思想为主，所用的舞蹈动作同歌词的思想是相符的。歌词唱完一句，乐曲奏完一曲，舞者正好完成一个动作。这一过程体现了乐歌舞的完美结合和统一。

庙学教育功能

孔庙不仅具有政治教化的作用，还具有学校教育的作用。其本身便是一座学校，拥有教育教学的职能。曲阜孔庙此方面的功能亦十分突出。

庙学教育的渊源

汉明帝刘庄东巡时，带皇子到曲阜孔庙祭祀，在祭祀孔子及七十二贤人、优礼圣裔的同时，用礼乐讲学，开孔庙内讲学之先例，孔庙开始具有学校的功能。然而这时的学校和孔庙还没有有机地结合在一起，庙和学还有些分家，其职能还有些区别。作为先师的孔子释奠在学，享祀在庙。所谓释奠即"释谓置也，置牲币之奠于文宣王"[1]，享祀则指孔子的塑像或牌位在孔庙内供奉。而且在唐代以前，孔子未得专祀，而是学校内周公和孔子同祀。所以学校和孔庙虽有联系，但仍是分离的。孔庙和学校的最早结合是在三国时期，即魏文帝黄初二年（221年），以"遭天下大乱，百祀隳坏，

---

[1] 李昉等：《太平御览》卷3《时序部》。

旧居之庙，毁而不修，褒成之后，继而莫绝。阙里不闻讲诵之声，四时不睹蒸尝之位"[1]，不符合"崇化报功，盛德百世必祀"之理，朝廷"令鲁郡修起旧庙，置百石吏卒以守卫之。又于其外广为屋宇，以居学者"[2]。可见最初的"庙学结合"是从曲阜孔庙开始的，是"因庙建学"。

唐代以前孔庙与学校的结合还是零星的、个别的。到了唐代，"庙学合一"则是普遍的、大量的，并成为定制。唐太宗李世民于贞观元年（627年）下诏"停周公祀，专祀孔子"，继而又于四年（630年）下诏"州县学皆特作孔子庙"。自此以后，不仅建立孔庙之风蔚然盛行，而且孔庙和学校完全结合在一起，形成"有庙必有学，有学必有庙"的固定格局。唐代以前的历史说明，"庙学合一"特点的形成是一个渐进的过程，是伴随着统治者对儒学的不断重视及孔子地位的提高而逐渐确立的过程。

庙、学的设立有以下三种情形：第一是"因学设庙"。古代有"凡始立学者，必设奠于先圣先师"的传统，由设奠演变为孔庙。而且，许多帝王也明文规定州县学皆立孔子庙。在统治者的倡导下，因学设庙较为普遍。第二是"因庙设学"。先有孔庙，后为了适应设学的需要而在庙内或附近设学，最为典型的便是曲阜孔庙。曲阜孔庙作为家庙，其初始是没有学校的，三国时才在其庙宇之外建学。第三是"庙学同建"。这种情形存在于唐以后新建的庙学之中，体现了一体性和同源性，如北京孔庙和广泛设立于各州县的学庙。

"庙学合一"带来了三个变化：第一，在称谓上，出现了庙学、学庙、学宫等不同说法，其实均为孔庙或学校的别称。庙即是学，学即是庙，二者不分。"由学尊庙，因庙表学"，兴学的过程也是建庙的过程，孔庙随着学校的普及而

① 孔继汾：《阙里文献考》（影印本）卷33《艺文考第十二》，山东友谊书社1989年版，第735页。

② 孔继汾：《阙里文献考》（影印本）卷27《学校考第八》，山东友谊书社1989年版，第617页。

遍布全国。第二，在组群结构上，出现了明伦堂、尊经阁、泮池、书院、国子监、辟雍等配套建筑。这些建筑有的在孔庙组群结构之内的中轴线上，如明伦堂；有的则在孔庙的组群之外，并与之毗邻。第三，在功能上，孔庙既是祭祀之地，也是肄业之所。读经和尊孔结合在一起，形成我国古代教育最突出的特征。隋唐以后，科举考试成为选拔官吏的唯一手段，"公卿将相多由此途而出"。孔庙成为传统社会科考取士的教育机构，庙学成为输送考生的重要途径之一。明朝则明文规定"科举必由学校"[1]，只有接受学校教育取得童生身份的学子才有资格参加科举考试；孔庙因此同科举制紧密结合在一起，成为为科举取士培养人才的重要场所。

庙学教育的内容

孔庙作为重要的教育场所，有着巨大的教育教学功能，这是它区别于其他庙宇的最重要的特征。隋唐时期，孔庙教授《礼记》《尚书》《春秋左氏传》《春秋公羊传》等；宋元时期，虽然经过几次变动，但依然以教授《诗经》《尚书》《礼记》《周礼》《春秋》为主；明朝时期，孔庙在教授六经、诸史的基础上增加了明太祖所作《御制大诰》；清朝时期，孔庙的教学内容以"四书五经"为主，兼通"十三经""二十一史"。[2]由此可见，虽然不同朝代的教学内容有着细微的差别，但总体来看，还是以儒家经典为主。另外，值得注意的是，在孔庙内学习的学生，除了学习书本知识之外，还学习祭祀方面的礼仪。这一独特的"庙学教育"形式，实际上是教育理念与教育实践的完美结合。

从中央到地方的各级庙学所教授的内容均是儒家学说和

① 张廷玉等撰：《明史》卷69《志第四十五·选举志一》，中华书局1974年版，第1675页。
② 广少奎：《斯文在兹，教化之要——论文庙的历史沿革、功能梳辨及复兴之思》，载《河南大学学报》（社会科学版）2017年第5期。

儒家经典，这使得儒家思想进一步深入人心。通过庙学，儒家思想得以推而广之。由于庙学直接为科举服务，其中的佼佼者被选用为各级官吏，尤其是到了明代，"中外文臣皆由科举而进，非科举者毋得与官"[①]。庙学学子"进足以匡吾君，而泽吾民；退足以化其乡，而善其俗"。因此，庙学教育培养了一大批深谙儒道的知识分子，造就了一批维护君主专制统治的卫道士和官僚分子；"庙学"的普及性教育，使得"三纲五常"的宗法伦理观念开始成为普通百姓衡量道德的尺度、判定是非曲直的标准。因此，庙学起到了左右人民思想的作用，并在意识形态领域形成牢固的维护宗法观念的保护网，在潜移默化中实现文化专制。这也是我国帝制社会得以长期延续的主要原因。

① 张廷玉等撰：《明史》卷70《志第四十六·选举志二》，中华书局1974年版，第1696页。

社会教化功能

从唐代开始，各地学校实行"庙学合一"制度，孔庙不仅有祭祀的功能，也有教育的功能。但自清末教育制度改革以来，庙学开始分离，孔庙仅保留了祭祀的功能，不再承担教育的职能。进入21世纪以来，随着国家综合国力的增强以及民族自信心的提升，儒学的价值重新受到人们的重视。因此，孔庙作为儒学的重要载体，理应成为传播和弘扬儒学的主要场所。而且，弘扬和传播儒学，孔庙也有得天独厚的优势。

传统文化教育

儒学教育是孔庙教育的基本内容。儒学是中华优秀传统文化的核心，是我们的民族之根。进入21世纪以来，人们越来越意识到，以儒学为代表的中华优秀传统文化蕴藏着解决当代人类难题的重要启示。例如，关于和谐共生、天人合一的思想，关于天下为公、大同世界的思想，关于自强不息、

曲阜孔庙八佾舞

厚德载物的思想，关于以民为本、安民乐民的思想，关于为政以德、政者正也的思想等等。[1]社会各界都在呼唤儒学的回归。曲阜孔庙每年的祭孔大典都吸引着大批的学生、家长和老师前来祭拜孔子，他们共同诵读儒家学说的经典篇章，实践拜师的礼仪，表演八佾舞等。通过这些活动，学生、家长以及老师可以亲身体验传统儒家礼仪，熟悉儒学经典，加深对儒学的认识。因此，活动的举办对于弘扬以传统儒学为核心的中华优秀传统文化来说，其作用是不可忽视的。

尊师重教教育

孔子是我国伟大的思想家、教育家，是儒家学派的创始人。他首创私学，培养出许多优秀的人才，赢得了人们的尊敬。孔庙作为纪念与祭祀孔子的地方，自然也是践行尊师重教教育的最佳场所。近年来，曲阜孔庙十分重视开展尊师重教的教育活动。孔庙拜师是指在大成殿前进行祭孔展演活动。当晨钟仪式过后，游客集聚大成殿前，祭孔展演便开始

[1] 参见广少奎、彭冉等：《孔子画传》，山东教育出版社2018年版，第257—260页。

了。先是身着华服的舞者在庄严肃穆的乐声中敬礼先师孔子，然后再由宾客们行三献礼，随乐舞拜祭。通过这样的方式，游客能够亲近孔子，缅怀先师，切身地感受儒家文化的魅力。除此之外，在每年的祭孔活动中，成年礼和拜师礼也是两个必不可少的环节。经过孩子、家长、老师三者间的互动，他们便能在心中埋下尊师重教理念的种子。每年新学期开始之际，曲阜孔庙都会向当地的大中小学生以及来自社会各界的人士免费开放，不少学生会在家长的带领下到曲阜孔庙进行祭拜，并在大成殿前的许愿树上挂上写有祝福语的卡片。这类活动更加有利于青少年形成尊师重教的优良学风。

曲阜孔庙成人礼

爱国主义教育

从依托曲阜孔庙举办的一系列文化活动可以看出，爱国主义教育也是曲阜孔庙当代教育的主要内容之一。作为全国爱国主义教育示范基地、全国研学旅行示范基地，曲阜孔庙依托深厚的儒学文化底蕴，深度整合丰富的文物和文化资源，打造了祭孔朝圣、修身研学、"六艺"体验、《论语》背诵、古建技艺等文化教育项目，形成一整套完备的儒家优秀传统文化研学体系。通过深入发掘教育内涵，不断拓展文教体验方式，曲阜孔庙成为面向全国青少年开展中华优秀传统文化教育、培养民族认同感和爱国主义情操的重要阵地。不仅如此，这些依托曲阜孔庙的活动对于提高人们的整体素质，引导人们树立正确的理想、信念、人生观、价值观等都具有重要的教育作用。

由此可见，曲阜孔庙的社会教化功能是相当突出的，无论是孔庙的静态文物景观，还是依托孔庙举办的各项活动，都能使曲阜孔庙多途径地实现其当代教育功能。在新的时代背景下，曲阜孔庙的教育内容也在逐渐扩大。它在进行传统儒学教育、尊师重教教育和爱国主义教育的同时，也成为其他知识与信息的提供者与传播者。

06>

与曲阜孔庙有关的重要人物

清高宗弘历与衍圣公孔昭焕、孔宪培

清圣祖玄烨与衍圣公孔毓圻

世职曲阜知县孔贞丛

东衮道佥事潘珍

山东巡抚胡缵宗

明宪宗朱见深与衍圣公孔弘泰

明太祖朱元璋与衍圣公孔希学

衍圣公孔思晦

达鲁花赤按檀不花

金章宗完颜璟与衍圣公孔元措

宋真宗赵恒与孔勖、孔道辅

如前所述，曲阜孔庙是世界上建造时间最早、建筑规模最大、影响最为深远的礼制性庙宇。虽然今天孔庙的规模、形制和建筑大都是金、元、明、清时期奠定的，但之前尤其是唐宋时期，对于曲阜孔庙之建设也贡献颇著。就庙学而言，虽然它始自北宋，但其渊源实可溯自曹魏，时间已近1800年。在如此漫长的时间里，尤其是关乎曲阜孔庙和庙学兴建这样一项在中国古代极为"神圣"的工程，人们无不梦想能够参与其中，尽心竭力，以求青史留名。因此，与曲阜孔庙和庙学有关的人物实难尽述。在此，只能依据现有史料，择其要者加以略述。

宋真宗赵恒
与孔勖、孔道辅

在中国历史上，宋代是以"右文"（重文、兴文教）政策而闻名的。宋太祖、宋太宗都非常推崇儒家思想，视之为"治国之道"。宋真宗赵恒承袭祖制，更加提倡尊孔崇儒。他特命国子监祭酒邢昺等人重订《周礼》《仪礼》，颁于学宫，亲撰《文宣王赞》《崇儒术论》，并规定科举考试要考儒学经典。重儒术、尊孔子，是宋真宗治国理政的一大特色。

大中祥符元年（1008年），宋真宗封禅泰山后亲临曲阜，拜谒孔庙，诏令增扩，并"赐孔子庙经史，又赐太宗御制、御书一百五十卷，藏于庙中书楼"①，还追封孔子为"玄圣文宣王"（1012年改封为"至圣文宣王"），诏封孔子之父为"齐国公"，孔子之母为"鲁国太夫人"，孔子之妻为"郓国夫人"。大中祥符二年（1009年）春二月，诏立孔子庙学舍。三月颁孔子庙桓圭一，加冕九旒，服九章，从上公制。夏五月，诏追封孔子弟子，秋七月加左丘明等十九人封爵。大中祥符三年（1010年），孔子四十四代孙、时任曲阜知县的孔勖上书朝廷，请求"于家学旧址，重建讲堂，延师教授"，以训孔氏子孙，朝廷准其奏。可以说，正是孔勖的

① 潘相：《曲阜县志》（影印本）卷24《通编·起宋太祖建隆元年至真宗乾兴元年》，圣化堂藏版，乾隆甲午年（1774年）新修。

"顺水推舟""因时而动"，才使孔庙和孔氏家学得以改观。自此，孔氏家学增改扩容，成为庙学。经过二十余年的建设，到仁宗景祐四年（1037年），一座"栋宇崇崇，户牖空空；师座斯正，学人斯同"的讲堂赫然矗立，曲阜庙学迎来了一个新的时代。

虽然自唐至宋，朝廷都对阙里孔庙尊崇优渥，但既然到真宗时孔子已由"公"而被封为"王"，此时的阙里庙制就显得于礼不合、与爵不称了。于是，天禧二年（1018年），时大理寺丞兼知仙源县（即宋代曲阜县）、孔子四十五代孙孔道辅上奏，称"曲阜祖庙，卑陋不称，请加修崇"，这一请求获得批准。真宗命孔道辅主其事，诏转运使以官钱茸之。天禧五年（1021年），孔道辅"又请得封禅行殿余材"修圣庙，孔道辅所请得的封禅行殿余材，皆橡、樟、梗、梓之属，乃大扩旧制，增广殿庭。乾兴元年（1022年），移大殿于后，讲堂旧基不欲毁拆，即以砖为坛，环植以杏，名曰"杏坛"，又于坛前建"御赞殿"以容真宗赞孔子碑。

经过这次扩建，阙里孔庙焕然改观："庙门三重，次书楼，次唐宋碑亭各一，次仪门，次御赞殿，次杏坛。坛后乃正殿，又后郓国夫人殿。殿东庑为泗水侯殿，西庑为沂水侯殿。正殿西庑门外为齐国公殿，其后为鲁国太夫人殿。正殿东庑门外曰燕申门，其内曰斋厅，厅后曰金丝堂。堂后则家庙，左则神厨。由斋厅而东南为客馆，直北曰袭封视事厅，厅后为恩庆堂。其东北隅曰双桂堂。凡增广殿庭廊庑三百六十间。"[1]经过此次扩大旧制的阙里孔庙庙制已颇具规模，总共前后四进院落，东、中、西三路并行，今之格局已初步奠定，后世的扩建格局也均基本定位于此。

① 孔继汾：《阙里文献考》（影印本）卷12《林庙考第二》，山东友谊书社1989年版，第225页。

金章宗完颜璟与衍圣公孔元措

女真贵族统治北方后，虽然是少数民族主政，但崇儒兴庙的活动并未断绝。有金一代，孔庙总共重修四次。金熙宗皇统二年（1142年），皇帝即下令从行省拨钱一万四千贯，委任曲阜主簿、孔子第四十九代孙孔环修葺，严厉禁止官私侵占圣庙之地。皇统四年（1144年），朝廷再从行省拨钱一万四千五百贯，助其完成工役，命"创盖大成殿"。至皇统九年（1149年），正殿始成。海陵王正隆二年（1157年），政府又以官钱修葺孔庙两廊及齐国公殿。世宗大定十九年（1179年），五十代衍圣公孔摠"亲率族人至蒙山伐材，有司出羡钱，重建郓国夫人殿"[1]。

金章宗完颜璟是金朝汉文化水平最高的一位皇帝。即位之后，他即下令由孔子第五十一代嫡裔孔元措袭封衍圣公，决心推行汉化政策，实行仁政。章宗明昌元年（1190年），朝廷拨巨资对曲阜孔庙进行重修。帝曰："昔夫子设教洙泗，有天下者所当取法，今遗祠久不加葺，且隘陋不足以称圣师居。"[2]于是下令降钱七万六千四百缗，修葺孔子庙。并命干

① 孔继汾：《阙里文献考》（影印本）卷12《林庙考第二》，山东友谊书社1989年版，第226页。
② 孔继汾：《阙里文献考》（影印本）卷12《林庙考第二》，山东友谊书社1989年版，第226页。

曲阜孔庙奎文阁（始建于金代，经地震而幸存至今）

臣领导此次工程，孔元措监工。重建之后的曲阜孔庙一改之前的旧貌，增添了很多华丽色彩：大成殿外柱全部更换为雕龙石柱，殿顶及两侧廊庑屋顶均用绿色琉璃瓦收边，并以斜廊将大成殿及其廊庑连接。齐国公殿西侧增立毓圣侯殿，东侧斋厅后增修金丝堂。此次重建，曲阜孔庙扩展至360余楹，大大超越历代规模，并在孔庙前立下马碑。

整体来看，平面呈"工"字形。杏坛之上，增立大学士党怀英所书"杏坛"碑。重修了御书楼，并将其更名为奎文阁。两侧则以廊庑相连，其东侧门墙壁上有顾恺之、吴道子所绘孔子图像壁刻。东西廊庑各放置六块与八块碑刻，奎文阁北凉亭内置碑四块。大成门前东西两侧各增设两道门，从西侧入归德门后便可依次穿越观德门、由义门、居仁门、毓粹门进入孔庙。大中门外增设棂星门，并在原先庙宅之门与南围墙的相对之处开设庙宅外门，与里门、庙宅之门南北共连一线。此外，还在其周围修建了袭封宅、教授厅和学堂等建筑。

达鲁花赤按檀不花

金元之际，战乱频繁，曲阜孔庙的大成殿遭到破坏。元太宗九年（1237年），朝廷命孔元措重修孔庙，修葺费用由官府供给。定宗三年（1248年），对郓国夫人殿进行了修复。元世祖至元四年（1267年），在曲阜县令孔治主持下，对孔庙进行了较大规模的维修，将金时修建的庙宅外门封起来，另建"庙学"。

元大德元年（1297年），济宁路达鲁花赤按檀不花行部至曲阜，目睹曲阜孔庙祠宇荒凉，便向朝廷汇报，愿意自己出资修葺。御史台言："曲阜林庙非他处比，修理盛事当出朝廷。不可使臣下独专其美。不许所请。"①曲阜孔庙于大德四年（1300年）秋八月兴工，冬十二月又以"不急之役"而下令作罢，修建工程因而中止。

大德五年（1301年），济宁路达鲁花赤按檀不花接到诏书要求停工。当时曲阜孔庙的修建已经完成了八成，按檀不花仍然请求继续施工，得到了皇帝的许可。这一颇具周折的修缮工程，终于在元成宗大德六年（1302年）九月告竣。这

① 孔继汾：《阙里文献考》（影印本）卷12《林庙考第二》，山东友谊书社1989年版，第226页。

是元代规模最大的一次维修。阎复撰碑文记之曰："缔构坚贞，规模壮丽，大小以楹计者百二十有六，赀用以缗计者十万有奇。"①

① 孔继汾：《阙里文献考》（影印本）卷12《林庙考第二》，山东友谊书社1989年版，第226页。

衍圣公孔思晦

元至顺二年（1331年），孔子第五十四代孙、衍圣公孔思晦奏请于孔庙四隅建角楼，厚围墙，仿王宫制度。诏从之。有元一代，阙里孔庙修葺共十三次，而圣庙之兴，实则孔思晦之功。《元史·孔思晦传》云："初，庙毁于兵，后虽苟完，而角楼围墙未备，思晦竭力营度以复其旧。金丝堂坏，又一新之。祭器礼服，悉加整饬。又以尼山乃毓圣之地，故有庙，已毁，民冒耕祭田且百年，思晦复其田，且请置尼山书院，以列于学官，朝廷从之。"但元代的庙制详情未见文献记载。

孔尚任《阙里（新）志》记有明洪武十一年（1378年）重新修复的庙制情况：

大门三间，门内大中门三间，大中门内宋时旧庙门三间，谓之三门，左右俱有回廊。门北为奎文阁，阁左便门内唐元碑亭二座。唐碑亭西为观德门，门内北为启圣门。启圣门内右曰庙库，左曰筲亭，正北曰五贤堂，又后为启圣殿，殿后启圣王夫人颜氏殿。奎文阁后正中曰大成门，门内为御赞殿，殿北为杏坛，左为东庑，右为西庑，正中曰大成殿，即正庙也。殿后为寝殿，祀夫人亓官氏。寝殿东为泗水侯殿，西为沂水侯殿。寝殿后左右便门内为神厨、牲房、焚帛池。四直崇垣，四隅角楼，备王宫之制。

通过这一年的庙貌，基本可以窥见元代孔庙的形制。

曲阜孔庙角楼

明太祖朱元璋与
衍圣公孔希学

　　洪武七年（1374年）春，孔子第五十六代孙、衍圣公孔希学奏请修治曲阜孔庙，太祖诏从之。后来由于水患等原因，修建事宜延迟至洪武十年（1377年）才开始，次年落成。此次孔庙修葺共补塑圣像、重建正殿左右回廊十八间、东庑三十三间、三氏学生员房舍二十二间。明太祖极为重视阙里孔庙的庙貌情况，又于洪武二十年（1387年）春，诏工部派遣千余名工匠再修圣庙。

明太祖尊崇孔子超越前代，也更为其后继者视为成宪。宪宗即位后，即下令重修阙里圣庙，"去故易新"，规模"视旧有加"。成化四年（1468年），在大成门之南，洪武、永乐碑之东，树碑建亭以记其事。成化十六年（1480）春二月，宪宗下令，凡是经过孔庙的大臣及官员不准骑马。又因孔子六十一代孙、代袭衍圣公孔弘泰之请，宪宗"命有司作新，凡殿堂廊庑门庭斋厨黉宫等三百五十八楹，规制一新"。增广庙制，扩正殿为九间，计耗公帑货财十余万金，至二十三年乃成。维修后的阙里圣庙"柱石镂以龙凤之形，轮奂绘以金碧之色"。这次维修是明兴以来阙里圣庙规模最大、质量最高的一次。其最突出的改观是庙制的扩大，大成殿由面阔七间变为九间。根据孔尚任《阙里（新）志》的记载，维修后的曲阜孔庙规模是：

> 大成殿九间，重檐石柱。寝殿七间。寝殿之左转角便门后为望瘗所，稍东为神厨；寝殿之右转角便门后为

望燎所，稍西为神庖；寝殿前改泗水侯殿为左厢，贮礼器几案等；改沂国公殿为右厢，贮乐器悬架等。东连便门一间，通述圣庙；西连便门一间，通启圣庙。东庑五十间，祀澹台灭明以下诸贤；西庑五十间，祀宓不齐以下诸贤。前为杏坛，重檐八角，朱槛两层。坛前为拜位，又前御赞殿。前为大成门五间，左为金声门三间，与东庑连檐，右为玉振门三间，与西庑连檐。门前左有元至正碑亭、宋金碑亭，右有元大德碑亭、唐碑亭。

碑亭东为居仁门三间，又东毓粹门三间。两门之中南向为述圣门，门左右有榜棚。门内东有礼器库九间，西有松亭一座，北为诗礼堂。堂后有一照墙，后为述圣庙门，左右均有便门，门内述圣殿七间，祀泗水侯、沂国述圣公及中兴祖等。殿后燕申堂五间，后有高垣与神厨隔。

碑亭西为由义门三间，又西为观德门三间。两门之中南向为启圣门，门左右建有榜棚。门内西有乐器库九间，东有筠亭一座，北为金丝堂，由五贤堂改建。堂后照墙一堵，后为启圣庙门，左右俱有便门。门内启圣殿七间，祀启圣王等。殿后寝殿五间，祀启圣王夫人，后有高垣与神庖隔。

大成门直前为奎文阁，三层七间。阁左掖门三间，东连直房十五间，为学生族人斋宿之所；阁右掖门三间，西连直房十五间，为礼乐生户丁斋宿之所。

曲阜孔庙永乐碑亭

阁前旧庙门三间，东西有洪武、永乐碑亭。其左为家庙，正门一间，南向。正庙五间，东西二厢谓之别室，其后为寝庙；其右为神祠，正门一间，南向，正祠五间，家庙神祠门外有东西二门，通庙外。

其前为大中门三间，大中门之外有典籍、司乐、管勾、百户办事厅，各有外门一间，东向，正厅三间，左右厢房各三间、后房三间。

但遗憾的是，刚维修一新的阙里孔庙于孝宗弘治十二年（1499年）夏六月甲辰，遭到一次毁灭性的火灾。是夜子时，雷雨交加，大火从宣圣家庙东北角开始，延烧大成殿、寝殿、两庑等凡一百二十三间。这次火灾使阙里圣庙的主要建筑几乎全部被毁，大成门内只有杏坛幸免。灾情上报到京城后，宪宗极为震骇，在唏嘘"斯文在兹，胡天弗吊"的同时，急发帑银十五万二千六百两有奇，重建正殿九间，寝殿七间，大成门、家庙、启圣殿、金丝堂、诗礼堂各五间，移金丝堂于启圣殿前，改奎文阁为七间，改大门及大中门为五间，增快睹、仰高二门。此次修葺，始于弘治十三年（1500年）春二月，落成于十七年（1504）夏五月，明孝宗亲制碑文以纪成。

山东巡抚胡缵宗

曲阜城正南门仰圣门之上，镌刻匾额曰"万仞宫墙"。"万仞宫墙"四个大字源于《论语·子张》："子贡曰：'譬之宫墙，赐之墙也及肩，窥见室家之好。夫子之墙数仞，不得其门而入，不见宗庙之美，百官之富。得其门者或寡矣。'"古时七八尺为一仞，子贡把夫子之道比作"数仞"宫墙，后世则增为"万仞"，以此比喻孔子的道德学问高深莫测。此四字原为明代山东巡抚胡缵宗所题。他曾称赞孔子："一以贯之，金声玉振；是谓大成，贤于尧舜。教在六经，道该群圣；生民以来，未有其盛。"[①]后来，清乾隆皇帝到曲阜朝圣，命人撤去原匾额，换上御书，以表示自己对孔子的尊崇。

穿过万仞宫墙，迎面就是金声玉振坊。"金声玉振"四个字出自《孟子》。孟子对孔子有过这样的评价："孔子之谓集大成。集大成也者，金声而玉振之也。金声也者，始条理也；玉振之也者，终条理也。""金声""玉振"表示奏乐的全过程，以击钟（金声）开始，以击磬（玉振）告终。此处

---

① 孔继汾：《阙里文献考》（影印本）卷38《艺文考第十二》，山东友谊书社1989年版，第955页。

是象征孔子思想集古圣先贤之大成，赞颂孔子对文化的巨大贡献。因此，后人把孔庙门前的第一座石坊命名为金声玉振坊。金声玉振坊石刻，四楹，石鼓夹抱，四根八角石柱顶上饰有莲花宝座，宝座上各蹲踞一个雕刻古朴的独角怪兽"辟天邪"（俗称"朝天吼"）。两侧坊额浅雕云龙戏珠，明间坊额填色四个大字"金声玉振"，笔力雄劲，由明嘉靖十七年（1538年）著名书法家胡缵宗题写。细看坊名，不难发现，玉字上的点不在正常位置，而是点在中间，意即中庸之道。

曲阜孔庙金声玉振坊

东
兖
道
佥
事
潘
珍

明武宗正德六年（1511年），刘六、刘七领导的农民起义军于当年三月二十一日攻占原曲阜故城，并进驻孔庙，"秣马于庭"，这件事大大震动了明朝庭。为了保护孔庙不再遭受战乱的毁坏，时任东兖道佥事的潘珍请示将曲阜县治移到庙旁，量筑城池，以备防守，获得批准。于是以孔庙为中心，"环庙筑城"，"万仞宫墙"由此形成。这也是历史上所说的"移城卫庙"。武宗正德七年（1512年）春正月，"流贼刘七等犯阙里，毁坏圣庙。贼退，按察使司佥事潘珍疏请即庙围城，移县附之。诏可"①。从公元1513年至公元1522年，即从正德八年到嘉靖元年，历经两帝，筑成新城，这就是现在位置上的"明故城"。

---

① 孔继汾：《阙里文献考》（影印本）卷12《林庙考第二》，山东友谊书社1989年版，第229页。

世职曲阜知县

孔贞丛

在曲阜庙学发展史上，孔贞丛是一位不能不提的重要人物。他是孔子第六十三代孙、明万历年间曲阜知县。对于曲阜庙学，孔贞丛的贡献主要有二：一是在其主持下，将四氏学从孔庙之左迁到孔庙之右，从而变"右庙左学"为"左庙右学"，进一步凸显了"庙学合一"的意蕴；二是扩大了四氏学的规模和结构，使"学"的特色更加鲜明，规制更为严谨。

清圣祖玄烨与
衍圣公孔毓圻

康熙二十三年（1684年），帝临幸阙里，以三跪九叩大礼祭拜孔子，隆礼重轨，旷古未有。康熙在祭拜之余，登杏坛、抚松栝、闻金丝、观庙宇。当时的房舍建筑都为木质结构，由于风吹日晒、年长日久，孔子庙的椽、梁、檩等出现了一定程度的破损，涂在建筑物外面的红色涂料斑驳脱离。康熙看到这种情景，忧然于心，于是下拨帑币，对孔子庙进行修缮。修缮工作从康熙三十年（1691年）夏天开始，到康熙三十一年（1692年）秋天结束，历时一年多。

康熙三十年的这次修缮，是明弘治之后近二百年间最大规模的一次。衍圣公孔毓圻受宠若惊，备感皇恩浩荡："臣思前代修建，率多因仍旧制涂茨丹艧而已，未有鼎新轮奂崇闳美备如今日者也；其经费出于地方、取于税课而已，未有朱提十万特发帑金如今日者也；其鸠工董成责于有司、办于守土而已，未有煌煌圣谕特遣端官如今日者也；其开工修理或时作而时止，或经年而累月，未有不役一人不扰一物而成工迅速如今日者也然。"①

---

① 《幸鲁盛典》卷16。

明弘治年间，对孔庙的修缮历时四年，耗银共十五万二千六百余两。如此庞大的工程完工后，弘治皇帝既没有亲祭也没有派皇子或其他皇室成员祭祀，而是派遣李东阳代祭，这在当时已侈为盛事，传为美谈。康熙三十年的修缮，规格要比弘治小得多。即便如此，康熙帝尚且派遣皇子致祭，足见他对孔庙的重视，不愧为一代崇儒重道的明君。因而衍圣公孔毓圻难免会有这样的感慨："前代告成释奠，不过遣大臣行礼而已，从未有皇子亲行，百僚陪位，礼明乐备，万姓耸观如今日者也。"

清高宗弘历与衍圣公
孔昭焕、孔宪培

自汉代开始，历代帝王为"长治久安""四海永清"，都崇尚儒学，尊孔重道，因而在登基御极之后，不少躬诣阙里，或派大臣祭庙谒林。其中清朝乾隆皇帝曾九次来曲阜朝圣，表现得格外虔诚。今根据《孔府档案》所记，依次分述于后：

乾隆皇帝第一次拜谒曲阜孔庙是在乾隆十三年（1748年）二月，乾隆帝同其母皇太后銮舆自京师启程，稽古东巡，至曲阜后，诣孔庙拈香，至孔林酹酒，然后至泰安祭祀泰庙，后登泰顶。此次是乾隆御极后的第一次"巡幸"曲阜，声势浩大。上谕：凡圣驾经过之地，三十里以内的文武官员要于圣驾经过之日俱穿朝服接送。驾至曲阜后，七十一代衍圣公孔昭焕率"五氏"①有官职者，俱于是日五鼓时，各穿蟒袍、补服，齐赴庙内伺候陪祀，并随从听讲、观光。驾至孔庙大成殿，肃立孔子位前"恭谨虔诚"，行三跪九叩礼。拜谒毕，随引驾官孔继汾览庙中古迹，继而还古泮池行宫。衍圣公孔昭焕率所属职官、博士子弟赴行宫谒驾，并蒙

---

① 五氏：孔子、颜子、曾子、孟子、仲子（即孔子弟子子路，姓仲名由）五人的后裔。

赐诗一首：

> 和风融日扬前旌，近止尼山慰素诚。
>
> 道左追随贤后裔，心殷瞻就鲁诸生。
>
> 宫墙乍可窥巍焕，笾豆从知备洁清。
>
> 岂为卿家荣幸独，崇儒雅化示寰瀛。

次日，乾隆皇帝再次来到曲阜孔庙祭奠孔子，并献祭文。文曰："孔子……敷教化于六经，树百王之轨范，开万世之太平，为今古所尊崇。……"祭礼毕，即到诗礼堂讲筵。衍圣公、各博士及"十三氏"①子孙皆随从听讲。时为举人的孔继汾为乾隆皇帝进讲《中庸》。讲经满意，蒙受内阁中书。讲经毕，乾隆皇帝又到孔林，行一跪三叩礼。尔后谒少昊陵、周公庙拈香。后还行宫，赐"十三氏"宴，并面谕衍圣公曰："朕东巡至曲，敬礼先师。躬诣讲堂，睹宗庙百官之盛……"令对"十三氏"子孙，其中"有文学可观、读书立品之彦，宜加甄拔"；为广励人才，"对山东通省入学额数加恩增广一次"。赐"十三氏"子孙有职者皆加一级，进士、举人各赏银十两，贡、监、生员各赏银五两。此次，御书"与天地参"匾，悬挂孔庙大成殿，并御书十二首诗文赞。

第二次拜谒曲阜孔庙是在乾隆二十一年（1756年）二月初六日，乾隆皇帝东巡至曲阜，祭庙林，衍圣公孔昭焕率族人、博士接驾，蒙赐诗一首。诗云：

> 春风二月又巡东，释奠今年为献功。
>
> 讵止荣卿一家独，可知尊圣百王同。
>
> 携来四氏齐迎辂，接上千年尽号公。

---

① 十三氏：除"五氏"外，还有孔子弟子闵损、冉耕、端木赐、卜商、有若、言偃、颛孙师之后以及"元圣"周公之后东野氏等，共十三人的后裔，故称"十三氏"。

故是尼山余荫永，勖哉何以慎居丰。

是日，诣孔庙拈香，次日祭孔。上谕："不必讲书。"祭前一日，皇帝不看祝文，不填写御讳，不斋戒。祭祀时，皇帝御龙袍、补服，行三跪九叩礼。遣官分献"十二哲"以及从祀先贤先儒，遣大学士陈士倌祭告崇圣祠。然后至孔林祭祀，"祭时不作乐"。王公大臣、侍卫文武官员随驾。三品以上地方官、文职知府以上、武职副将以上和衍圣公及其"五氏"现有官职者俱斋戒一日，穿蟒袍、补服陪祀。其不斋戒之文武官员及地方官员于圣驾往还时，穿蟒袍、补服在行宫两旁跪迎。祭林毕，衍圣公孔昭焕率族人赴行宫叩谢，蒙赏鼠蟒袍、银鼠补服各一件；赐御制诗六卷，命勒石，"以为世守"。

第三次拜谒曲阜孔庙是在乾隆二十一年（1756年）三月。上至曲阜，谒先师孔子庙……庚午，释奠礼成。诣孔林、少昊陵、元圣周公庙。

第四次拜谒曲阜孔庙是在乾隆二十二年（1757年）春二月，乾隆帝南巡江浙，道经山左。渡黄河，由顺河集至徐州阅视河工；再由徐州至曲阜，瞻谒孔林，拈香孔庙。先期，衍圣公孔昭焕率各博士、族人赴峄县接驾，所有留庙各执事官均赴曲邑御路之旁跪迎。祭毕，乃至泰安，诣岱庙，登岱顶，驻跸灵岩寺。此次临曲阜，赐御制诗一首、御书条幅三帧——一系孔庙，一系泮池行宫，一系岱庙。

第五次拜谒曲阜孔庙是在乾隆二十七年（1762年）正月，乾隆帝南巡江浙回銮，经东省，幸阙里。"凡在东省各博士皆率族人相随"，衍圣公孔昭焕赴德州接驾。驾至曲阜，照例祭孔，驻跸孔府前上房。此次赐御制《赐衍圣公》

诗一首。

第六次拜谒曲阜孔庙是在乾隆三十六年（1771年）二月，乾隆帝同其母皇太后巡幸山东，"恭诣泰岱祝厘"，后临曲阜。因时值皇太后八旬，圣典尤隆。御路拟于曲阜城东旧城东南隅路两旁建修"接驾亭"及戏台。衍圣公孔昭焕率所属官员、族人以及庙庭佃户人等"胪欢称祝"，"以抒诚悃"。据记载，迎接者仅孔氏族中之老人就有一百余人，庙庭佃户人二百余人。当时孔昭焕之子孔宪培因足疾未能迎驾，致蒙"圣慈垂询"，经文襄公于敏中奏请皇帝，准留御医在曲阜为孔宪培医治足疾。

乾隆皇帝稍事休息后，随即驾至曲阜孔庙祭祀孔子，并献祝文。同时，乾隆皇帝派遣大学士于敏中致祭孔子五世祖肇圣王、高祖裕圣王、曾祖诒圣公、祖昌圣王、父启圣王。

第七次拜谒曲阜孔庙是在乾隆四十一年（1776年）三月，时"两川全境荡平"，乾隆帝"心攸泰然"，乃同其母皇太后再次"恭诣泰岱"，"祝厘延喜"。衍圣公孔昭焕率其子孔宪培赴德州迎驾。"是日大风，只见乾隆帝出御舟舱门外，升座，顾视甚悦。"至曲阜，孔宪培之妻于氏随其祖母何氏、婆母程氏，"恭迎皇太后慈舆"，蒙"召至辇旁"，"温语褒嘉"，"赐宴行宫"，"渥邀宠锡"。翌日，乾隆皇帝到曲阜孔庙祭祀孔子，祭礼完毕之后按原路返回。

第八次拜谒曲阜孔庙是在乾隆四十九年（1784年）二月，乾隆帝南巡过泰山，幸阙里，释奠孔子。七十二代衍圣公孔宪培率诸贤后裔、博士、族人赴德州北界迎驾。此次是孔宪培袭爵后第一次接驾，蒙召见，"天颜甚喜"，赏赐御制诗章一幅。诗云：

久住京师学问覆，言归承祭圣人乡。

亲仪慎勿仍其短，祖德恩维衍以长。

修己无过守礼乐，睦宗守世率端方。

卅年两见崇公袭，怅忆人生曷有常。

除了赐诗之外，乾隆皇帝还颁赐给孔宪培大缎八端，赏"十三氏"博士、执事、陪祀等官员大量银币。次日，孔宪培遵皇帝旨意，前往中水行宫护送乾隆皇帝回城，再次得到召见，"温语肫挚"。孔宪培"叩谢天恩"，并恭进"和御赐诗"一首：

早拜恩伦思自覆，望云千里促归乡。

违颜深愧诗书废，迎跸重钦训诲长。

锡以嘉名延世德，已其夙疾感良方。

淳淳天语同高厚，守拙惟应勉典常。

乾隆皇帝第九次拜谒曲阜孔庙是在乾隆五十五年（1790年）三月初。此时乾隆再次东巡，幸阙里。衍圣公孔宪培率各氏族人预期赴直隶阜城界迎驾。蒙乾隆召见，"训勉读书"，"垂询子嗣"（时孔宪培已年逾三十岁，尚无子）。初五日，驻跸泰安。十四日，幸阙里，诣孔庙拈香。十五日，释奠，驻跸斋宿。其间，孔宪培"因事事躬亲，心筹身历，昼夜无间"，乃复蒙召见，亲解御用荷包三对赐之，并赏银鼠蟒袍一领、银鼠补褂一领、大缎八端。孔宪培叩谢曰："我皇上尊师重道，銮辂八临，""沐恩施之高厚，惭微效于涓埃"，"感涑私忱，莫能仰达"。十六日，乾隆皇帝回銮，孔宪培恭送圣驾，并于四月间专程进京面圣谢恩。

曲阜孔庙作为中国现存规模仅次于故宫的古代建筑群，具有极高的价值。加强对孔庙等文化遗产的保护和利用，更好地传承中华文化，是当今时代政府及相关管理部门义不容辞的责任。

　　我们必须知道，文化遗产的利用与保护不是彼此对立的，而是相互促进、相得益彰的。对于曲阜孔庙等文化遗产来说，保护是第一位的。只有将承载着儒家文化精髓的元素和符号保存下来，才有机会挖掘它的精神内涵，进而带动文化的传承与经济的发展。因此，要处理好保护与利用的关系，增强人民群众对曲阜孔庙等文化遗产的保护意识，不要使"文化遗产"变成"文化遗憾"。

曲阜孔庙保护
和利用的现状

　　曲阜孔庙以其丰厚的文化积淀、悠久的建造历史、宏大的建筑规模而著称于世，是我国古代灿烂文化的结晶与东方艺术的宝库。明代诗人戴璟曾赞美孔庙："千年礼乐归东鲁，万古衣冠拜素王。泰岱巍巍垂俎豆，秋阳皓皓照宫墙。"因此，到曲阜不看孔庙将是一件憾事。但是，曲阜孔庙在其发展过程中仍然存在着一系列问题，例如保护力度不佳、价值开发单一、资金投入不足等等。这些问题都需要加以正视。

保护力度不佳

　　1986年对曲阜孔庙内古树的普查显示，曲阜孔庙原有古树名木共1250株，其中圆柏97株，侧柏606株，其余主要树种为国槐、楸树、银杏等。2007年第二次对孔庙古树木进行了普查，发现孔庙内的古树木共有1050株。两次普查结果表明，在约二十年的时间里，曲阜孔庙总共损失古树名木200株。这一方面是由于古树衰老以及病虫害等自然因素；另一

曲阜孔庙中的圆柏

曲阜孔庙中的国槐

曲阜孔庙中的侧柏

曲阜孔庙中的楸树

曲阜孔庙研究

方面则是由于游客们乱采乱摘、乱刻乱画等人为因素。

除此之外，孔庙自身建筑及碑刻也损毁严重。曲阜孔庙作为国家5A级旅游胜地，每天接待游客的数量庞大。特别是在旅游旺季以及节假日期间，来此参观的人更是络绎不绝。孔庙游客负荷过重以及无序的游览状态，会造成文物建筑的破坏。同时，由于时间分配不合理，同一时间内人数过多，造成景区过度拥挤，无法给游客带来良好的体验。另外，2000年11月，孔庙内一块元代石碑"御赐尚酝释奠之记碑"，被在孔庙内违规驾驶汽车的曲阜孔子旅游集团有限公司保卫科职工撞毁，损失已无法弥补；2000年12月，曲阜孔子旅游集团有限公司组织卫生大扫除，工作人员用水直接冲洗古建筑和碑刻，造成了油漆彩画、古建筑及碑刻的损毁。

价值开发不够

孔庙作为儒家文化的物质载体，有其重要的价值。如果这些价值没有被完全开发出来，那么孔庙就不能更好地为现代社会服务。对于曲阜孔庙来说，教育价值是其最重要的价值。在古代，孔庙不仅是祭祀孔子的地方，还是孔氏子孙读书学习的地方。现在来看，孔庙的教育功能已近荒废，几乎沦为单一的旅游场所。而且，对孔庙的修复只是关注其外表，而不注重其内涵。不仅如此，即便是曲阜当地的百姓，也很少到孔庙参观。究其原因，不外乎两个方面：一是因为民众对孔庙的关注度不够，好奇心不足；二是因为当地文化部门对曲阜孔庙的宣传力度太小，以至于人们一提起孔庙，只知道与孔子有关，其他信息知之甚少。

资金投入不足

　　资金问题是一个老生常谈的问题。孔庙的维护和利用、开发与宣传都需要大量的资金。目前来看，曲阜孔庙的运转资金依然依靠当地政府的拨款，而社会和民间团体的支持力度微乎其微。这种运转方式带来的弊端非常明显。政府资金投入力需要顾及的地方很多，需要统筹兼顾，不可能把所有的资金都用到曲阜孔庙的修缮当中。在这样的情况下，修缮曲阜孔庙的经费捉襟见肘，连保护都如此困难，更不用说开发与利用了。

曲阜孔庙保护和
利用之策

做好孔庙的保护工作，具有重要的意义。对孔庙等文化遗产加以利用，要顺应时代要求和发展形势，不能仅仅为了传承而传承。我们要在保护的基础上，重视对孔庙的历史、科学、文化、教育和经济等多重价值的发掘；要利用现代化的保护方法和技术手段，科学地进行保护，并展示其遗产价值，让孔庙内的文物"活起来"，以满足人民群众日益增长的精神文化需求，增强人民群众的幸福感和获得感。

提高孔庙保护意识

曲阜孔庙是历史留下来的宝贵财富，它的保护应当得到曲阜人民乃至全国人民的支持和参与。提高孔庙保护意识，可以通过以下途径进行：首先，开展保护孔庙的知识宣传活动，引导、支持和鼓励广大市民参与孔庙的保护工作。特别是在春节、清明节、国际博物馆日、文化遗产日等特殊日子里，利用展板、标语、过街联、电视台宣传等形式广泛宣传，使人们了解保护孔庙的重要意义，不断提高市民对于孔庙的保护意识，在全社会营造"人人珍惜遗产，自觉保护遗产"的良好氛围。

其次，在孔庙内张贴标语，持久宣传，使人们认识到保护古树名木的重要性，尽量减少或避免人为损伤古树名木现象。加强日常的监测与管理，对古树名木的生长情况做详细记录，严厉打击偷盗、破坏古树名木的恶劣行为，积极表扬在古树名木保护中做出贡献的人。对孔庙内重点古树名木安装防护栏，避免游客对其进行乱刻乱画。加强对古树名木病虫害的预防和监测，做到早发现、早防治。以人工防治为主，尽量减少化学防治，这样不仅可以保证防治的效果，还可兼顾游客的安全，有利于孔庙的可持续发展。

合理开发孔庙价值

首先，开发孔庙的文化价值。孔子是中国传统文化的象征，孔庙是儒家文化的物质载体。孔子开创的儒家文化源远流长，千百年来已融化在华夏儿女的心灵深处，积淀为民族的共同意识，并形成中华民族的民族精神。[①]在这一历史进程中，孔庙发挥着不可替代的作用。儒家文化博大精深，表现在社会生活的各个方面。作为儒家文化的物质载体，孔庙可以将其集中展现出来。例如，可以在孔庙内表演民族戏剧、民族音乐和民族歌舞，可以在孔庙中展示书法、国画和工艺品，可聘请书法家、画家现场创作，可以进行民族工艺品制作演示等。

其次，开发孔庙的教育价值。在古代，曲阜孔庙不仅是专门的祭孔场所，也是重要的教育场所，承担着经典教育的

① 参见广少奎、展瑞祥主编：《民族精神教育》，中国石油大学出版社2007年版，第4—6页。

重要功能。虽然在当代，孔庙与学校完全分离，已经丧失了学校教育的功能，但它仍然具有文化教育的作用。一入孔庙，人们便能感受到浓厚的文化气息。诗礼堂在古代是供孔氏家族子孙学习礼乐文化的地方，在现代依然可以成为国人学习传统文化的重要场所。我们可以在诗礼堂内举办各类国学大讲堂，将它的教育功能延续下来，为当地民众提供精神给养。曲阜孔庙还可与周围乃至全国大中小学校合作，面向学生开展各种文化教育活动。例如，在孔庙内举行"开笔礼""成人礼"等教育活动，通过这些活动引导学生接受传统文化的熏陶。另外，通过激发对孔子的敬仰与尊崇，学生们也会养成尊师重教的良好品德。

再次，开发孔庙的旅游价值。随着旅游产业的快速发展，曲阜孔庙开始作为景点向全国各地的游客开放。曲阜孔庙要想获得长远的发展，必须立足儒家传统文化，利用自身的优势，开发具有自主知识产权的文化产品。例如，整理出版《论语句解》《图说论语》等经典书籍和全套《玉虹楼丛帖》，开发竹简浮雕孔子像、玉雕书简孔子《论语》及"尼山石系列"产品，形成可以满足不同地区、不同层次、不同需求的儒家文化经典书籍、文物复制品、曲阜特色工艺品等产品。

最后，开发孔庙的展览价值。曲阜孔庙本身具有较高的文物价值，是人们向往的地方。孔庙的群落布局适合组织小型多样的专题陈列和临时展览，因此，可以在此举办与传统文化相关的各种展览。孔庙在实现展览价值的同时，要注意发展既能体现地方文化特色又符合自身资源性质的利用方式，使其展品的内容、陈设的方式与孔庙的整体氛围相和谐。

增加资金投入力度

曲阜孔庙要想获得长远的发展，离不开资金的支持。加大扶持力度，是曲阜孔庙发展的基础。首先，政府要对曲阜孔庙进行全方位的评估，合理确定资金投向。除了依靠政府的支持之外，曲阜孔庙也应该通过自身开发以及其他合理的方式来筹集资金。例如，可以用市场化手段破解建设资金的制约，可以成立孔庙保护基金协会，积极吸引社会闲散资金，面向社会、企业和个人，通过部门帮扶、社会募集、单位或个人捐资等多种形式多渠道筹集资金，为孔庙后期的发展提供保障。

除以上措施外，对曲阜孔庙的保护和利用还应从以下几个方面入手：

第一，改善曲阜孔庙的周边环境。首先，孔庙是一个神圣的祭祀之地，不是一个繁华喧嚣的市场，因此要将孔庙周边的饭店及办公场所迁出去，并对孔庙内的所有摊点进行清理，为孔庙提供一个庄重肃穆的环境。其次，要对孔庙内的路面进行整修，方便游客出行，但要禁止大型机动车辆进入孔庙。除此之外，还要对孔庙内的水池清淤排污，扩大绿化的面积。科学规划孔庙周边区域供水、供电、排污管线等基础设施的建设。根据曲阜市名城保护规划政策，制定文物保护管理的办法，做到有法可依、违法必究，并加强对孔庙的日常监测。

第二，科学修复孔庙内破损的古建筑。古建筑是孔庙等文化遗产的精华和主要载体，蕴含着深厚的建筑文化和历史文化。孔庙古建筑多为木石混合结构，历经岁月侵蚀，其维修保养变得尤为重要。要制定详细的维修方案，并按照"先急后缓"的原则有计划地开展维修。除此之外，还要对孔庙的水电及技防系统等基础设施进行升级，并将其列入政府预算。只有通过全面的保护，才能使曲阜孔庙更好地发展下去。

第三，为了更好地保护、利用孔庙的文化资源，弘扬民族优秀传统文化，曲阜孔庙应该加强与其他各地孔庙之间的文化交流。例如，1995年多家孔庙共同发起成立的中国孔庙保护协会，就发挥了重要作用。曲阜孔庙先后与贵州的安顺文庙、陕西的韩城文庙、黑龙江的哈尔滨文庙、江苏的南京夫子庙、浙江的温州文庙、浙江的杭州文庙、海南的三亚崖城孔庙、湖北的应城孔庙、广东的汕头潮阳孔庙及广东的化州孔庙等机构进行了文化交流和经验探讨，并向哈尔滨文庙、杭州文庙、安顺文庙、吉林文庙敬赠了尼山"圣土圣水"，使中国孔庙保护协会这一平台得到了有效利用，产生了良好的社会效益。

对孔庙进行保护和利用，是贯彻落实习近平总书记关于
文化建设系列重要讲话精神、推进中华优秀传统文化传承与
发展工程的具体举措。

传承优秀文化

党的十八大以来，习近平总书记多次阐述了弘扬中华优
秀传统文化的重要意义。他指出，中华优秀传统文化是中华
民族的精神命脉，是涵养社会主义核心价值观的重要源泉，
也要结合新的时代条件传承和弘扬中华优秀传统文化。2017
年2月，中共中央办公厅印发了《关于实施中华优秀传统文
化传承发展工程的意见》，传统文化的继承已经上升为国家
战略。习近平总书记明确表示，要很好地传承和弘扬中华优
秀传统文化，要讲清楚中华优秀传统文化的历史渊源、发展
脉络、基本走向，讲清楚中华文化的独特创造、价值理念、
鲜明特色，增强文化自信和价值自信，系统梳理传统文化
资源，让收藏在博物馆里的文物、陈列在广阔大地上的遗

产、书写在古籍里的文字都活起来。对孔庙等文化遗产进行保护和利用，就是对中华优秀传统文化的传承与弘扬，也是对习近平总书记重要指示的具体落实。

"回归儒学""回归传统"已经成为当下的一种热潮。数据显示，截至2019年12月，中国已在全球162个国家和地区建立了550所孔子学院和1172个中小学孔子课堂，已成为世界认识中国、中国与各国深化友谊和合作的重要窗口和中外文明交流的纽带。而在国内，"孔子热"亦蔚然成风。在这种时代背景下，具有两千多年历史的孔庙更加凸显了它的现实价值。无论是作为传承中国传统文化的场所，还是作为了解和阐释儒家学说的媒介，孔庙都无疑具有得天独厚的文化优势。

延续城市文脉

一座城市尤其是一座数百上千年的城市，需要保存一定数量的古代建筑，才能保持和传承这座城市的历史文化记忆，延续城市文脉，增添城市内涵。尤其在现代建筑日益"扩容"的今天，整修、呵护好若干具有厚重历史内涵的建筑遗存，更有助于厚植城市文运，提升城市魅力。

历史上，孔庙曾是一座城市的"标配"建筑。宋元明清时期，尤其是明清时期，县以上的行政区域都设有孔庙。曲阜是孔子的故乡，是具有极深文化内涵的东方圣城。在这样一座孕育圣人的城市里，没有孔庙就如同失去了灵魂，失去了活力，也失去了魅力。因此，对孔庙进行精心保护和有效利用，不仅是国家文保工作的天然之责，是维护历史文化遗产的必然之举，还能够为曲阜这座历史文化名城延续文脉，丰富其内涵，增强其吸引力和影响力。

寻求文化自信

遍布各地的孔庙或文庙，是一份珍贵而厚重的历史文化遗产。孔庙的价值，在于它传承了中华民族优秀的传统文化。通过孔庙及其活动所传承的儒家思想，其中的很多内容已成为我们增强文化自信的重要来源，如和谐友善、天人合一的思想，天下为公、大同世界的思想，自强不息、厚德载物的思想，以人为本、安民富民的思想，和而不同、礼尚往来的思想等，不仅在今天看来仍有教益，而且有助于增强民族的文化自信。

因此，如今"孔子热""国学热"的出现并非偶然。中国特色社会主义植根于中华文化沃土。习近平总书记指出，推动中华优秀传统文化创造性转化、创新性发展，可以不断提高人民的思想觉悟、道德水平、文明素养，不断铸就中华文化新辉煌。保护和利用好曲阜孔庙，其重要意义亦在于此。

曲阜孔庙定位与
文化传承

孔庙之所以能有今日之规模，不仅得益于历朝历代的统治者对于儒学和孔子的尊崇，更得益于孔庙在我国传统社会中的作用与影响。由于孔庙这种有形的实体文化"通俗易懂"，因而它在民间有着广泛的影响。可以说，中华文化的传承在某种意义上就是通过孔庙的各种活动而实现的，因为仅仅依靠书本知识的"单传"很难使中华文化在民间扎根。由于其他学派没有受到统治者的长期推崇，因此它们无法跟儒学相抗衡。即使在唐宋某一特定的时期，统治者倡导儒、佛、道"三教合一"，使得佛教的庙宇、道教的道观有了一定的发展；但它们的影响力与孔庙相比，依然有较大差距。因为佛学和道学的推崇只是一种短期的行为，而儒学的推崇则是一种长期的行为。儒学是一种入世精神强烈的学问。自从汉武帝"罢黜百家，独尊儒术"以来，儒学便成为中国传统文化的主流。正是因为在儒学的光环笼罩下，孔庙才得以不断发展壮大，并为中华文化的传承起到了一种形象化、立体化的传播作用。

孔庙应成为文化传播的主要阵地

通过对孔庙发展史的梳理，我们不难看出中华文化传承的轨迹：孔庙建立伊始，儒学的传播处于萌芽状态。当时的儒学仅是诸子百家中的一家。根据东汉班固的分类，有儒家、墨家、法家、阴阳家、道家、杂家、农家、纵横家、小说家、兵家、方技家等等。春秋战国时期，儒学还没有取得统治者的认可，只是在孔子的弟子当中流传。秦代"焚书坑儒"事件使得儒学受到重创，中华文化遭到了灭顶之灾。汉代，汉武帝听从董仲舒的建议，实行"罢黜百家，表章六经"，使得儒学成为中国传统文化的主流，并得到了长远的发展。在古代中国，儒学代表了中华文化，孔庙则是这一文化的载体。说儒学代表中华文化，还在于它吸收了其他学派的成分，以适应当时的社会需要。比如宋代，当时以儒学为主体的中华文化，大量吸收了佛教的"佛性论"以及道家的"宇宙论""本体论"等思想，将其与儒学的纲常伦理、人性论等思想结合起来。

由于儒学地位的确立，它的文化载体孔庙便进入一个大发展时期。汉高祖刘邦、汉章帝刘炟等都亲自前往曲阜孔庙祭孔。汉高祖刘邦以太牢之礼祭祀孔子，开启了历代帝王祭孔之先河，也开启了孔庙向国庙转变的历程。东汉桓帝元嘉三年（153年），桓帝下诏修建孔庙，设专人进行管理，曲阜孔庙正式由家庙变成国庙。魏黄初二年（221年），魏文帝曹丕"令鲁郡修起旧庙，置百石吏卒以守卫之。又于其外广为屋宇，以居学者"。此后，曲阜孔庙便正式成为"庙学合一"的场所，孔庙有了学校的功能。南北朝时期，孔庙发生了历史性的转折。北魏太和初年（477年），孝文帝下令全

国各郡、县学均要祭祀孔子，开始确立了国家在学校内祭祀
孔子的礼制，也为孔庙与学校的合二为一奠定了基础。太和
十三年（489年），孝文帝在其都城平城（今山西大同）建立
先圣庙。自此以后，孔庙不再为曲阜所独有，逐渐在华夏大
地上遍地开花。有唐一代，孔庙得到了很大的发展，将以儒
家思想为代表的中华文化推向了一个新的高潮。

孔庙应作为纪念孔子的最佳场所

孔子是一位垂范万世的文化圣人，也是一位与春秋时代
隔膜的思想家。"古来圣贤皆寂寞"可以说是对其一生的准
确写照。孔子思想博大精深，是中国思想文化宝库中的一笔
珍贵财富。孔庙是后人纪念、缅怀、追思孔子的最佳场所。
孔子生活在社会转型的乱世背景之下，各国竞相兼并，战争
不断，臣弑君，子弑父，兄弟相残，世道大乱。孔子悲天悯
人，心念苍生，欲挽狂澜于既倒，重整混乱的社会秩序。他
希望统治者通过"德治""礼治"等和平途径，实现"郁郁乎
文哉"的"有道之世"；他希望人人都能够成为君子，人格
高尚，学识丰富，智慧勇敢，讲信修睦；他希望仁人志士都
以天下为己任，修己安人，己达达人。可以说，悲悯救世的
情怀是孔子让人谈之千年的重要原因。

孔子悲悯救世的第一要义是倡导"仁"。与历史上所有
圣贤一样，孔子有一颗仁爱之心，更希望人们都能以"仁"
来对待世间万物，进而消弭纷争，走向和谐。在孔子本人看
来，"仁"首先是存在于人内心的一种美德，因此，为仁要
依靠自身的努力，不能依恃外在的力量。孔子曾云："仁远乎
哉？我欲仁，斯仁至矣。"[1]"行仁"须以"孝悌"始，"孝

① 《论语·述而》。

曲阜孔庙建筑景观"勾心斗角"

悌"为"行仁"之本；因此，他明言："君子笃于亲，则民兴于仁。"① 其次，孔子主张以外在之"礼"来节制内在之"仁"，使"仁"的外在表现能够符合社会的规范。故当颜渊问"仁"时，孔子回答说："克己复礼为仁。一日克己复礼，天下归仁焉。"颜渊再问具体的表现时，孔子回答说："非礼勿视，非礼勿听，非礼勿言，非礼勿动。"② 这种表述，清晰地表达了孔子对"仁"与"礼"二者关系的看法。再次，在孔子看来，践"仁"的途径是"士志于道"，"道"则可以用"忠恕"来表达，即"尽己之谓忠""推己之谓恕"，或"己所不欲，勿施于人"。故而他明确地指出："夫仁者，己欲立而立人，己欲达而达人。能近取譬，可谓仁之方也已。"③ 也就是说，推己及人的办法是实行"仁"的便捷法门。简言之，孔子所致力的教育目标，就是要培养为仁由己、德行敦厚、终日不违的君子，由此改造社会，劝化人

① 《论语·泰伯》。
② 《论语·颜渊》。
③ 《论语·雍也》。

心，救黎民于乱世，扶大厦之将倾。

在此基础上，孔子悲悯救世的又一要义是主张"德政"，反对滥用刑罚，更反对"不教而诛"的杀人立威。面对纷乱的世道，孔子对统治者"厚敛肥己"的行为极为愤慨，对于道德堕落的现状痛心疾首。他认为，现实之所以混乱不堪，根源就在于无德者在位、在位者无德。因此，天下要么有德者居之，要么在位者应以德要求自己。他认为：只要统治者能够以德治国，就会像居于中天的北极星一样，得到天下人的拥护和爱戴；只有统治者"道之以德，齐之以礼"，民众才能"有耻且格"。即使对于"无道"之人，孔子也认为不能一概运用刑杀的办法，而是主张以德治教化使之成善。他一再告诫执政者："政者，正也。子帅以正，孰敢不正？"[1] "苟正其身矣，于从政乎何有？不能正其身，如正人何？"[2] 只要当权者以身作则，百姓就能够受到感化，"德政"目标就有望实现。概言之，铲除"苛政"土壤，抨击"刑政"流弊，力倡"德政"模式，是孔子悲悯救世情怀的又一表现。

将悲悯的情怀落实到政治实践中，孔子明确地提出了"息讼"的主张，他希望人们能够通过反省自身来消除纷争。他说："听讼，吾犹人也。必也使无讼乎！"[3]意思是说：我审理案件时和别人差不多。如果一定让我去做，我管理诉讼的目标就是让人们再无诉讼。他还说："道之以政，齐之以刑，民免而无耻；道之以德，齐之以礼，有耻且格。"[4]意思是说：用政令来控制，用刑罚来管理，民众只会力避罪罚，却没有耻辱之心；用道德来引导，用礼仪来整顿，民众就不但知耻而且谨慎。

孔子的这种悲悯不仅体现在思想主张上，更内化在生活

---

[1]《论语·颜渊》。
[2]《论语·子路》。
[3]《论语·颜渊》。
[4]《论语·为政》。

的具体行为之中。他看到盲人，神情就特别严肃，尽力表达自己的关爱和同情；看到有人穿着礼服进行祭祀，就努力去感受那庄重的氛围。《论语·述而》记载，孔子不仅对人以礼行之，对动物亦是如此：他只用鱼竿钓鱼，而不用网捕鱼，因为用网容易把大鱼小鱼一网打尽；他只用带生丝的箭射鸟，但绝不射栖宿中的鸟，因为它们需要栖息繁殖。

总之，孔子不仅仁爱，而且心系苍生。他的爱是博大的，他的悲悯是深沉的。他呼吁统治者取信于民，倾听民众的呼声，主张"举贤用能""身正令行"，反对苛政暴政。他主张"使民以时""勿违农时"，反对过于搅扰人民的正常生活。他认为"居其位，无其言，君子耻之；有其言，无其行，君子耻之"，要求统治者"在其位，谋其政"，建议运用道德、舆论和风俗等手段进行治理。凡此种种，对于减缓春秋时期的战乱状况是有积极意义的，充分反映出人之权利在孔子心目中的位置。

孔庙应反映儒家思想的合理因素

孔庙作为一种历史文化遗产，被纳入国家级文物保护单位，并荣登世界文化遗产名录。鉴于此，孔庙应该利用陈列展览、学术报告、文化旅游、国学讲堂等多种形式，向来此参观的观众和听众展示儒家思想中生命力犹存的风貌，从而担当起传承中华优秀传统文化的光荣使命。

"和合""中和"的规则

"和合"理念的提出，是孔子对人类社会做出的伟大贡献。孔子说："君子和而不同，小人同而不和。"[1]《中庸》说"和也者，天下之达道也"，认为"和"是最高准则，"道

---

[1] 《论语·子路》。

并行而不相悖"，观点不同但不互相排斥。说到底，"和合"就是求同存异，同中有异，异中求同，和而不同。"和合"不是有你没我，你死我活，而是在不同的事物之间保持一定的平衡。大到一个国家、地区，小到人与人之间，都可以用和合规则化解矛盾。鉴于此，对于"和合"文化的传播理应加大力度，但目前孔庙在这方面的陈列还是个空白。孔庙应组织专家撰写陈列方案，开辟场所予以展示，让孔子的和合思想广为传播，为21世纪人类的和平事业做出贡献。

说到"中和"，就不能不提到儒家所倡导的中庸。中庸绝非一种庸俗、圆滑的处世哲学，而是一种内涵极为深邃的思想。从一般意义上说，中庸作为儒家的世界观、方法论和伦理修养的道德标准，不仅提示人们为人处事应该持中而立、中道而行，而且也要求人们对自我、人我和物我关系进行反思和审视。从哲学方面来看，儒家的中庸思想既肯定事物对立面具有相互依存、相反相成的关系，重视一定条件下事物的平衡状态，也主张坚守事物的限度、分寸，防止事物向不良的方面转化。

应该承认，对于中国古代的中庸思想，当代社会是否定多于肯定、武断批评多于冷静分析的。不少人认为，中国人保守、世故的心理应该归咎于中庸，安于现状、不思进取的行为应归咎于中庸，抱残守缺、明哲保身、逆来顺受等等心态也应归咎于中庸。这未免过于夸大了中庸的不良影响。事实上，尽管不排除中庸思想有其消极影响的一面，但总体而言，中庸仍可视为我国先哲的一大智慧；因为无论是作为一种世界观还是作为一种方法论，中庸思想不仅含有丰富的辩证法因素，而且在相当程度上正确揭示了事物运行和发展的规律，与马克思主义哲学实有不少相似与相通之处。在当前，尤其在感性多于理性、批评多于分析的当代背景下，我们更应该着力阐明这一思想的现代价值，因为这对于纠治偏颇、愤激、武断、人云亦云等不良现象具有直接的现实意义。

由此可见，儒家所倡导的中和、中庸思想今日仍颇有教益。我们应充分利用孔庙这一重要场所，采取各种措施，向民众广泛宣传这些思想。例如：可以进一步挖掘孔庙建筑中所蕴含的中和思想，给民众进行宣讲；可以利用孔庙中闲置的厅堂庑房，定期举办相关讲座；可以编写和制作各种展板、宣传牌，或对孔庙各建筑的简介文案进行适当增补，向游客介绍这些思想。总之，要让民众进入孔庙之后，不仅惊叹于建筑的华美与庄严，还要感受到传统思想的魅力。

"天下大同"的理想

"大同社会"是孔子和后世儒家孜孜以求的继"小康"之后的理想社会。《礼记》云："大道之行也，天下为公，选贤与能，讲信修睦。故人不独亲其亲，不独子其子，使老有所终，壮有所用，幼有所长，矜寡孤独废疾者，皆有所养。男有分，女有归。货恶其弃于地也，不必藏于己；力恶其不出于身也，不必为己。是故谋闭而不兴，盗窃乱贼而不作。故外户而不闭，是谓大同。"① 如上的这些论述，在今天看来不失为一种理想的社会状态，对于当前及未来社会的发展仍然具有重要的指导意义，理应作为各地孔庙传扬的重要内容。

仔细研读"大同社会"的理想追求，不难发现，其中饱含着儒家以人为本、伦理至上、相互友爱的思想元素。这些内容，也正是儒家区别于其他各家的突出特征。先秦时期的儒家思想，面向人生，谈论人事，阐述人道，体现出疑天重

---

① 《礼记·礼运》。

人、以人为本的鲜明特色。这一特色的形成肇始于孔子。如此重人事、轻鬼神，不慕玄远、注重现实，家国一体、天下为公等独具特色的思想，理应通过各种形式在孔庙中充分展现。

德性养成的伦理思想

儒家的伦理思想是以"孝悌"为根本，以"忠恕"为一贯的；"仁"则不仅是儒家伦理思想的总纲，也是其所有伦理概念的基础与核心。《论语·颜渊》记载，樊迟问何以为"仁"，孔子说"爱人"。这一通俗简约的回答，是孔子对"仁"之本质和基本内容的直接表达，其他意义都是它的推及与扩充。至于"仁"的具体内容及其行为表现，孔子也有很多论述。《论语·子路》载："子曰：'刚、毅、木、讷，近仁。'"《论语·学而》载："子曰：'弟子入则孝，出则弟，谨而信，泛爱众，而亲仁。'"《论语·阳货》亦载："子张问仁于孔子。孔子曰：'能行五者于天下，为仁矣。''请问之。'曰：'恭、宽、信、敏、惠。恭则不侮，宽则得众，信则人任焉，敏则有功，惠则足以使人。'"可见，孔子的伦理思想都是围绕着"仁"而展开的，孔子所致力的教育目标是要培养为仁由己、德行敦厚的君子。

社会主义道德建设是社会主义精神文明建设的重要组成部分。这既是一项复杂而艰巨的工作，也是一项任重而道远的使命。儒家以强调人的德性养成、修养提升为特色的教育思想，应该能够为这一工作的顺利进行提供有效的帮助和文化的支持。儒家的上述在今天看来仍极有教益的思想，也应该以各种可行的方式在孔庙中给予宣传和展示。

积极进取的生活态度

回顾历史可以看出，孔子的一生是坎坷的一生、曲折的一生，也是矢志不移的一生、积极进取的一生。即使在周游列国、屡遭冷遇、四处碰壁的情况下，孔子也一直坚持自己的理想和事业；到了"甚矣，吾衰也"的晚年，当意识到自己从政挽救时运的宏愿不能实现时，他将这种动力转向著书立说，寄望未来。

事实上，立足人的现世需要，积极入世改造社会，是孔子及其所开创的儒家学派整个教育思想的基本立足点和出发点。在儒家学者看来，人是最富灵性最有价值的，"人能弘道，非道弘人"。人的价值表现在两个方面：一是人作为人之"类"的价值，一是人作为个人的价值。孔子对此都持肯定的态度。前者集中反映在孔子对待"天命"的态度之中。在孔子看来，人虽然不一定能改变"天命"，却可以认识"天命"、顺应"天命"，从而发挥人的主观能动性。对于后者，孔子则肯定地指出，每个人都有独立的意志和人格，明言"三军可夺帅也，匹夫不可夺志也"[①]；还肯定每个人的生命都应受到重视，都有生存的权利，甚至对于"无道"之人，孔子也认为不能一概运用刑杀，不能"不教而诛"，而是主张以德治教化使之成善。《礼记·中庸》则进一步指出："唯天下至诚，为能尽其性；能尽其性，则能尽人之性；能尽人之性，则能尽物之性；能尽物之性，则可以赞天地之化育；可以赞天地之化育，则可以与天地参矣。"就是说，一旦人能保持自己的真诚理性，就能全面发挥其本性，并使每个人及每一物的本性得以发挥。这样，人就能回应天地的生命精神，提高自身的精神境界，与天地鼎足而三，理性地适应并进而辅相天地。人在宇宙中的地位、人的生活意义，由此而得以确立。

儒家学派的这种肯定人的价值、积极改造社会的思想，

[①] 《论语·子罕》。

已积淀为传统教育的一大思想精华。"天行健，君子以自强不息"①，可以视为这一精华的经典表述。这一表述首先表达的是，"天道"的运行是刚健强壮、永无止息的，宇宙是一个生生不已的大化流行；其次，肯定的是人能够与天地宇宙相参，能够感受"天道"的化育胸怀；再次，表达的则是人应发挥创造性的生命精神。《易·系辞传》曰："天地之大德曰生"，"生生之谓易"。意思是说，天地最伟大的德行是化育万物，化育万物则是天地变化无穷的功能。人也应该据以自强不息。人一旦具有了刚健自强、生生不已、坚忍不拔、一往无前的主体精神，就能够开拓创新，穷通变易，创造出骄人的业绩。换言之，人们只有发扬创造性的生命意识，才能够发挥人"最为天下贵"的价值，激发自身的禀赋与潜能，与天地之德相配合、相媲美、相协调、相鼎立，最终通过"正德、利用、厚生"，实现"立德、立功、立言"，在实际行动中体现人生的价值，张扬生命的意义。这是先人给予我们的谆谆教诲，也是我国历史上的一大优良传统，理应通过孔庙的相关活动予以重视和发扬。

尊师重道的良好传统

提倡尊师爱生、尊师重道，是儒家学派长期以来传承不辍的优秀教育传统。对于何以为师、何以尊师等问题，历代儒家学者多有论述。如孔子曾言："三人行，必有我师焉。择其善者而从之，其不善者而改之。"②他主张随时随地向别人学习，经常对照检查自己。他还有句名言："温故而知新，可以为师矣。"③这句话一方面揭示了新旧知识之间的辩证关系，另一方面阐明了历史经验和现实问题之间的联系，有类于子夏所云："日知其所亡，月无忘其所能，可谓好学也已矣。"④在孔子看来，只是长于记诵的人是不足以为师的，

---

① 《周易·乾卦》。
② 《论语·述而》。
③ 《论语·为政》。
④ 《论语·子张》。

只有既注意继承又能够创新、既掌握已知又能够推及未知的人，才能成为教师。孔子本人是我国历史上师德的典范，素有"万世师表"的美誉。他有教无类，广招学生，孜孜不倦地教育他们，被学生赞誉为"学不厌，智也；教不倦，仁也。仁且智，夫子既圣矣"①。他以"无隐""不倦""善诱"的态度教育学生，视学生如己出，曾充满深情地说："爱之，能勿劳乎？忠焉，能勿诲乎？"②他对学生一视同仁，鼓励学生自强、自学、自善、自省，尤其关注那些家境不好、生活不幸的人。他曾盛赞冉雍"雍也，可使南面"，赞扬颜回"三月不违仁""贤哉，回也"，评价子路"无宿诺"，亲自探望身患"恶疾"的冉伯牛。由于孔子在道德修养、知识学问、为人处事等方面堪为导师，因而备受学生尊崇，生前即被学生屡屡称为"圣人"。将"圣人"这一称号赋予一位布衣教师而不是帝王将相，充分反映出我国古代尊师重道的良好风气。

之后，儒家学者在《礼记》中，对于先秦尊师重道的思想做了系统的理论总结。例如《学记》中以如下一段话来阐明教师的地位和作用："凡学之道，严师为难。师严然后道尊，道尊然后民知敬学。是故君之所不臣于其臣者二：当其为尸，则弗臣也；当其为师，则弗臣也。大学之礼，虽诏于天子无北面，所以尊师也。"就是说，只有师严，才能得尊；只有尊师，才能重道；只有重道，社会才知敬学。在教师面前，帝王也不能以君臣的尊卑关系来对待，如此才能在社会上形成尊师重道的风气。王夫之对此注释说："天子入大学而亲有所问，则东面，师西面，所以'弗臣'也。天子尊之于上，其下莫敢不尊也。"③自然，能够"诏于天子无北面"的教师，必须有多方面的素养。《礼记》对此也有很

---

① 《孟子·公孙丑上》。
② 《论语·宪问》。
③ 《礼记章句》卷18。

曲阜仰圣门（图片来源：图虫创意）

多的论述：在学问方面，应该"博学而不穷，笃行而不倦，幽居而不淫，上通而不困"；在交往方面，应该"合志同方，营道同术；并立则乐，相下不厌；久不相见，闻流言不信"；在做人方面，应该"不临深而为高，不加少而为多；世治不轻，世乱不沮；同弗与，异弗非"；在平时生活中，应该"居处齐难，坐起恭敬；言必先信，行必中正"；在志向方面，还应该"不宝金玉，忠信以为宝；不祈土地，立义以为土；不祈多积，多文以为富"。[①]如此等等的素养，给教师提出了很高的要求。教师如果能以此为追求，自然就会得到社会的尊敬，尊师重道的良好风气就能形成。

由此可见，对于教师、师道等问题，儒家学者是颇为重视的。不过，应该进一步指出的是，儒家的尊师重道思想实则包含"尊师之道"和"为师之道"两方面的内容。"尊师之道"阐明为何尊师、如何尊师等问题，旨在强调教师的地位、作用、影响和价值；"为师之道"则阐明何以成师、何以待人等问题，旨在论述教师的职业规范、素养要求。在长

---

① 《礼记·儒行》。

期的教育实践中，历代儒家学者对此有着非常丰富的论述。其中的许多观点，对于保障当今教育事业的健康发展、维护教师的合法权益，以及教育工作者如何做好本职工作，仍然有着直接的借鉴意义。

曲阜孔庙大成殿正殿匾额

千年儒家所倡导的尊师重道的良好传统，亦应通过孔庙的相关活动予以重视和发扬。

注重人格的优秀传统

把受教育者培养成"君子""大丈夫""大儒"，使之能够"明人伦"，明"先王之教"，学"所以为道"，乃是孔子开创的儒家学派的教育目标。"君子""大丈夫""大儒"等等，可视为儒家学派的理想人格模式。

在孔子心目中，"圣人"是其人格模式结构中最高一级，

曲阜孔庙诗礼堂

　　"贤人"是人们应该学习的榜样和结交的对象，"君子"则是其所看重和推行的理想人格。仅在《论语》一书中，"君子"一词出现的频率就多达106次，可见孔子对这一人格的重视。在孔子看来，"君子"应该有多方面的修养、品德、行为规范和精神风貌——应该"博学于文，约之以礼"，"无终食之间违仁，造次必于是，颠沛必于是"，时时处处自觉地实践"仁"；应该以"孝悌"为根本、"忠恕"为一贯、"中庸"为准绳，以"礼"作为立身处事的准则；应具有最高的政治品质和政治气节，"可以托六尺之孤，可以寄百里之命，临大节而不可夺"；应该关心国家大事，将原则、道义置于首位，"周而不比""义以为上"；应该"己欲立而立人""己欲达而达人""见贤思齐""闻过则喜""成人之美""病无能""无所争"；其精神状态应该安详和睦，心胸应该坦荡博大，应该具有知、勇、恭、宽等多种美德。总之，孔子所倡导的理想人格，就是与"小人"相对的"君子"人格。

与孔子略有不同的是，孟子尽管也有"君子""仁者"之论，却将"大丈夫"作为其推崇的理想人格。孟子心目中的"大丈夫"，首先是一种极有原则的人，"富贵不能淫，贫贱不能移，威武不能屈"，即决不无原则地顺从，决不向权势和财富低头，而只服从于真理和正义；其次，"大丈夫"是一种有勇气、有正义、有操守的人，能为道义事业赴汤蹈火，必要时可以舍生取义；再次，"大丈夫"还是一种具有理性的道德自觉和坚强的道德意志的人，能忍别人所不能忍，愈挫愈奋，以"天降大任"为信念；最后，"大丈夫"还必须是一种善于涵养"浩然之气"的人，有了这种"至大至刚""塞于天地之间"的凛然正气，人也就具有了崇高的精神境界。

儒家心目中的理想人格，尽管名目有所不同，内涵也略有差异，但其实质是一致的，即要具有从政、惠民、治国等方面的实际本领，但置于首位的仍是道德修养、伦理美德、精神风貌等。至于何以提升修养、达到高尚境界，儒家学者也有很多论述，如立志、乐道、弘毅、克己、自省、慎言、敏行、改过、迁善、言行一致、存心养性、反求诸己、勤学善思、知行合一等。人格模式的以上特点及人格培养的方式方法等，成为历代儒家学者一直倡导的重要内容。

由此可见，历代儒家学者对于理想人格有着不尽相同的阐述，其内涵随之变得非常丰富；他们又通过兴办教育事业和身体力行、以身作则，使这些内涵凝聚为我们独特的民族精神和民族性格。其主要表现是：热爱祖国、不惜献身的浩然正气观，为民造福、以天下为己任的历史责任感，坚韧不屈、百折不挠的意志修养观，刚强有为、自强不息的奋斗精神，讲求道义、坚持正义的无私情怀，修养身心、关注社会的高远境界，提倡人伦、强调道德责任与道德义务的人生态度，追求精神充实、品德高尚的价值取向等。上述精神对于当今社会和人之素养提升有着极其重要的意义和价值，主要表现在以下几个方面：

第一，儒家强调的德性养成的思想，对于救治现实社会的种种不良倾向有一定的助益。具体而言，儒家"无终食之间违仁，造次必于是，颠沛必于是"的思想，有助于补救市场经济条件下过度竞争、真情失落、人际关系疏离的偏失，建立起友爱互助、温馨和谐的社会氛围；儒家"义以为上"的重义思想，有助于补救市场经济条件下重利轻义、见利忘义的偏失，建立起见利思义、义然后取的活动规则；儒家"约之以礼"的思想，有助于补救现代社会生活中讲个人自由、轻法纪约束，讲求个人权利、轻视社会义务的偏失，建立起既充分发挥人的自由和主体性，又自觉遵守道德法纪规约的社会生活局面；儒家"志于道"的重道思想，有助于补救现代社会生活中重物质生活、轻精神生活，重工具理性、轻道德理性的偏失，建立起重视精神文明，重视理想、情操和精神生活的社会风尚；儒家"文质彬彬"的思想，有助于补救现代社会生活中注重外在美、轻忽心灵美，注重包装、忽视内容的华而不实之风，建立起既有文采又不虚浮、既潇洒又朴实的审美时尚；儒家"富而教之""富而好礼"的德教思想，有助于补救现代社会生活中财大气粗、骄奢淫逸、物欲横流的偏失，建立起人人精神富有的良好社会氛围。

第二，儒家注重人格培养的思想，有助于提升当前人们的个体素质，使人养成良好的道德风尚。具体说来，首先，弘扬儒家立志有为、自强不息的进取观，有助于引导人们树立崇高的人生理想，确立积极的人生价值观。儒家是特别强调人要有志、立志的。孔子就曾明言："苟志于仁矣，无恶也"①，"志于道，据于德，依于仁，游于艺"②，"吾十有五而志于学"③，"三军可夺帅也，匹夫不可夺志也"④。后世儒家继承孔子的这一观念，特别推崇奋发有为、积极进取的精神。"天行健，君子以自强不息"就是儒家这种精神的经典表达。人不可无志，人生不能没有理想。要创造一个美好的未来，人们就必须以理想为导引，以实干为依托。儒家济世安民、献身社会的进取观，恰恰有助于人们树立远大的人生理想，投身于实际工作中，实现自身的价值。其次，弘扬儒家百折不挠、善养浩然正气的气节观，有助于培养人们的高尚情操，抵御各种诱惑，经受社会考验。古人所倡导的气节是以"天降大任"为信念的，能够忍别人所不能忍，且"富贵不能淫，贫贱不能移，威武不能屈"。这与今天所讲的气节有共通之处，都是指人们在关键时刻、困顿之中、重大原则问题上所表现出的坚定立场和高尚情操。在大力发展社会主义市场经济的今天，加强这种气节修养尤为必要。从根本上来说，人们只有不为物质欲望而降志辱节，不因金钱美色而丧失人格，不向权贵势力低眉折腰，才能在纷繁复杂的社会中辨明是非，坚持操守，做一个有高尚道德的人。再次，弘扬儒家心忧天下、以造福苍生为己任的大局观，有助于培养人们高度的社会责任感和深厚的爱国热情。儒家向来有一种深深的忧患意识，也有着"舍我其谁"的强烈历史使命感。孔子尝有"天下有道，丘不与易也"的感慨，也有"忧道不忧贫"之论；范仲淹的"先天下之忧而忧，后天下之乐而乐"，则可视为儒家忧患意识的经典表达。今天，中国特色社会主义进入了新时代，我们每个人都肩负着强国富民的重任。在此种背景下，极有必要通过礼敬孔子、修葺孔庙等活

① 《论语·里仁》。
② 《论语·述而》。
③ 《论语·为政》。
④ 《论语·子罕》。

动继承和发扬传统的忧患意识，增强历史使命感，加强爱国主义教育和社会责任感教育，引导人们把爱国之情、报国之志化作实际行动，为国家富强和民族昌盛贡献自己的力量。

教育、教学思想应予以重点反映

今天人们已经公认，伟大的教育家是孔子的第一身份，教育思想则是他留给后世最重要的文化遗产。孔子开创的儒家学派，是一个以修己安人为标准，以己达达人为职责，以改造社会、改良政治为使命的学派，对于教育对象、教育目的、教育作用、教育原则、教育方法等问题都提出了独到的见解。例如，在教育对象观方面，孔子所践行的"有教无类"思想，不仅在历史上具有创榛辟莽、开启先河的意义，今天看来也具有多方面的启示和意义。首先，它表明了一种观点，即人人不仅都有必要接受教育，而且也有权利接受教育，也都能通过教育激发潜能、发挥特长、增长才干，从而表现出对于人权的尊重，显示出鲜明的人本化色彩。其次，它表达了一种思想，即人人不仅都有接受教育的平等权利，而且都有接受平等教育的权利，从而表达了一种教育机会均等的思想。再次，实现民主、平等和自由发展是人类追求的共同理想，"有教无类"思想则在世界文明史上首次对这一问题给予思考和解答，并从教育实践上进行了探索。又如，在教育目的观方面，孔子主张培养德才兼备的从政君子，其当代价值至少有以下几个方面：（1）有助于人们明确规范、约束行为，成为遵规守纪、讲信修睦、修养较高的人。（2）有助于人们学会如何与他人、与社会和谐相处。（3）有助于培养人们的浩然正气、坚忍意志，使人们在紧要关头和各种诱惑面前经受得住考验。（4）有助于人们认清纷繁复杂的社会现实和国际环境，明辨是非，学会选择，勇于担当。（5）有助于培养积极的参与意识和社会责任感，为国家富强和民族昌盛贡献力量。再如，在教育作用观方面，孔子充分肯定教育在人的发展中的意义，强调教育对于人成长的巨大作用，这与现代教育理论具有惊人的一致性。明确这一点意义重大：一方面有助于我们更加深刻地认识教育工作的意义，自觉投身于教育事业；另一方面则提醒我们要以学生为中心，以学生发展为要务，增强人本观念和服务意识，为学生的素养提升、才干增长、身心健康贡献力量。另外，孔子对于教育社会作用的重视，很大程度上正确地阐释了教育与政治、经济、道德和社会秩序之间的关系，申明了教育在社会系统中的重要和基础的地位。这对于保障教育事业稳定、健康、和谐的发展，有十分重要的现实意义。

至于教育原则和方法方面，孔子对后世的贡献更多，许多原则不仅被我国传统社会奉为圭臬，至今也有很强的科学性和实用性。例如，"循序渐进"就是一条科学地解释和揭示人学习、发展必由之路的原则，要求人们根据学科知识之"序"、时间能力之"序"和学生身心发展之"序"来由浅入深、由表及里地进行教育和学习。"因材施教"原则要求教师着眼于学生各方面的实际情况，包括资质、性情、才能、志向、兴趣、爱好、知识基础等因素，"因人""因时""因机""因事"地对学生施以教育，至今仍有着鲜活的生命力。教育方法方面，孔子提出"启发诱导"之法，主张"不扣不鸣"，今日观之，背后有着深刻的心理学、教育学、学习论意蕴；"温故知新"之法，既揭示了新旧知识之间的辩证关系，又阐明了历史经验和现实问题之间的联系，为人们指明了学习知识、旧中求新的不二法门；"博约结合"之法，要求学习者不仅要做到"博学""多闻""多见"，而且要务精深、求贯通，从众多的知识、见闻和经验中提炼出精华，从而不仅阐明了知识的广度和深度之间的辩证原理，而且阐述了掌握知识与归纳事物本质之间的关系；"叩其两端"之法，主张用提问或反诘的方式，引导对方从事物的正反两方面入手，辨明是非，深入思考，最终找到解决问题的答案；"学思结合"之法，则认为学习是认识的基础，有利于学问的扩展，思考是学习的深入，有助于学问的整合，主张人们应将二者结合起来，不能偏废，以求得对于学问和事物的完整认识。

此外，孔子教育思想与现代终身教育理论在很多方面都是相通的。孔子感叹的"不知老之将至"，阐明的就是学习时间的终生性；孔子实行的"弦歌不衰"、流动教学，表现的就是教育空间的广延性；他所主张的"有教无类""来者不拒"，表明的就是施教对象的全民性；他所坚持的"文质彬彬""四教育人"，体现的就是教育内容的多样性；孔子推重的仁、智、勇"三达德"，展示的就是教育结构的协调性；孔子倡导的"学无常师"、有疑必问，折射的则是教育方式的灵活性。凡此种种足以说明，孔子的教育思想与现代终身教育的关系极为密切，对当代社会的教育发展是极有价值的，必须通过孔庙的相关活动给予重点的反映和继承。

对于以上所述的儒家思想中的合理因素，各地孔庙都应开辟专门场所予以陈列展示，也可通过学术报告和文化旅游等方式加以传扬，让孔庙在优秀传统文化的传承和弘扬方面起到主渠道的作用。

附录

（汉）鲁相乙瑛请置百石卒史碑（节选）

　　司徒臣雄、司空臣戒稽首言："鲁前相瑛书言：'诏书崇圣道，勉六艺，孔子作《春秋》，制《孝经》，删述《五经》，演《易·系辞》，经纬天地，幽赞神明，故特立庙，褒成侯四时来祠，事已即去。庙有礼器，无常人掌领，请置百石卒史一人，典主守庙。春秋飨礼，财出王家钱，给犬酒直，须报。谨问太常祠曹掾冯牟、史郭元辞对：故事，辟雍礼未行，祠先圣师。侍祠者，孔子子孙、太宰、太祝令各一人，皆备爵。太常丞监祠，河南尹给牛、羊、豕、鸡、□□各一，大司农给米祠。'臣愚以为如瑛言，孔子大圣，则象乾坤，为汉制作，先世所尊，祠用众牲，长吏备爵。今欲加宠子孙，敬恭明祀，传于罔极，可许。臣请鲁相为孔子庙置百石卒史一人，掌领礼器，出王家钱，给犬酒直。他如故事。臣雄、臣戒愚戆，诚惶诚恐，顿首顿首，死罪死罪。臣稽首以闻。"制曰："可"。

　　　　　　　　　　——摘自孔继汾：《阙里文献考》（影印本）卷33，
　　　　　　　　　　山东友谊书社1989年版，第727—728页。

（汉）鲁相史晨祀孔子庙碑（节选）

建宁二年三月癸卯朔七日己酉，鲁相臣晨、长史臣谦顿首死罪，上尚书：臣晨顿首顿首，死罪死罪。臣蒙厚恩，受任符守，得在奎娄周、孔旧寓，不能阐弘德政，恢崇一变，凤夜忧怖，累息屏营，臣晨顿首顿首，死罪死罪。臣以建宁元年到官，行秋飨，饮酒畔宫毕，复礼孔子宅，拜谒神坐，仰瞻榱桷，俯视几筵，灵所冯依，肃肃犹存，而无公出酒脯之祠。臣即自以奉钱，修上案食醊具，以叙小节，不敢空谒。臣伏念孔子乾坤所挺，西狩获麟，为汉制作，故《孝经援神挈》曰："玄丘制命，帝卯行。"又《尚书考灵曜》曰："丘生仓际，触期稽度为赤制，故作《春秋》以明文命，缀纪撰书，修定礼义。"臣以为素王稽古，德亚皇代，虽有褒成世享之封，四时来祭，毕即归国。臣伏见临辟雍日，祠孔子以太牢，长吏备爵，所以尊先师、重教化也。夫封土为社，立稷而祀，皆为百姓兴利除害，以祈丰穰。

——摘自孔继汾：《阙里文献考》（影印本）卷33，

山东友谊书社1989年版，第731—732页。

（汉）鲁相史晨祀孔子庙后碑（节选）

相河南史君，讳晨，字伯时，从越骑校尉拜。建宁元年四月十一日戊子到官。乃以令日拜谒孔子，望见阙观，式路虔跽。既至升堂，屏气拜手。祗肃屑僾，仿佛若在。依依旧宅，神之所安。春秋复礼，稽度玄灵，而无公出享献之荐。钦因春飨，导物嘉会，述修辟雍，社稷品制，即上尚书，参以符验，乃敢承祀。余胙赋赐，刊石勒铭，并列本奏。大汉延期，弥历亿万。

时长史庐江舒李谦敬让、五官掾鲁孔昉、功曹史孔淮、户曹掾薛东门荣、史文阳马琮、守庙百行孔讚、副掾孔网，故尚书孔立元、世河东太守孔彪元上、处士孔褒文礼皆会庙堂。国县员冗，吏无大小，空府竭寺，咸俾来观。并畔官文学先生、执事诸弟子，合九百七人。雅歌吹笙，考之六律，八音克谐，荡邪反正，奉爵称寿，相乐终日。于穆肃雍，上下蒙福。长享利贞，与天无极。

史君缮后，部史仇誧、县吏刘耽等，补完里中道之周左，墙垣坏决，作屋涂色，修通大沟，西流里外，南注城池。恐县史敛民，侵扰百姓，自以城池道灈麦给，令还所敛民钱材。

史君念孔渎颜母井去市辽远，百姓酤买不能得香酒美肉，于昌平亭下立会市，因彼左右，咸所愿乐。

——摘自孔继汾：《阙里文献考》（影印本）卷33，
山东友谊书社1989年版，第733—734页。

（魏）鲁孔子庙碑（节选）

维黄初元年，大魏受命，荫轩辕之高踪，绍虞氏之遐统，应历数以改物，扬仁风以作教。于是揖五瑞，斑宗彝，钧衡石，同度量，秩群祀于无文，顺天时以布化。既乃缉熙圣绪，昭显上世，追存二代三恪之礼，兼绍宣尼褒成之后，以鲁县百户命孔子廿一世孙、议郎孔羡为宗圣侯，以奉孔子之祀。制诏三公，曰："昔仲尼姿大圣之才，怀帝王之器，当衰周之末，而无受命之运，□□乎鲁卫之朝，教化乎洙泗之上，栖栖焉，皇皇焉，欲屈己以存道，贬身以救世。于是王公终莫能用。乃退考五代之礼，修素王之事，因鲁史而制《春秋》，就太师而正《雅》《颂》，俾千载之后，莫不采其文以述作，仰其圣以成谋，咨可谓命世大圣，亿载之师表者已。遭天下大乱，百祀堕坏，旧居之庙毁而不修，褒成之后绝而莫继，阙里不闻讲诵之声，四时不睹蒸尝之位，斯岂所谓崇化报功，盛德百世必祀者哉？嗟乎，朕甚悯焉！其以议郎孔羡为宗圣侯，邑百户，奉孔子之祀。"令鲁郡修起旧庙，置百石吏卒以守卫之。又于其外广为屋宇，以居学者。于是鲁之父老、诸生、游士，睹庙堂之始复，观俎豆之初设……

——摘自孔继汾：《阙里文献考》（影印本）卷33，
山东友谊书社1989年版，第734—735页。

（隋）仲孝俊撰修孔子庙碑（节选）

若夫惟道惟德，或仁或义，既渐散于英华，遂崩沦于礼乐。天生大圣，是曰宣尼，虽有制作之才，而无帝王之位。膺期命世，塞厄补空，述万代之典谟，为百王之师表。始于汉、魏，爰逮周、齐，历代追封，秉圭不绝。

我大隋炎灵启运，翼下降生，继大庭之高踪，绍唐帝之遗统，宪章古昔，礼乐维新，偃伯修文，尊儒重学，以孔子三十二世孙、前太子舍人、吴郡主簿嗣恁封绍圣侯。皇上万几在虑，兆庶贻忧，妙简才能，委之邑宰于此。周公馀化，唯待一变之期；夫子遗风，自为百王之则。礼仪旧俗，馀何足云。用能奉天旨，敬先师，劝孔宗，修灵庙，即曲阜陈明府其人也。明府名叔毅，字子严，颍川许昌人。

昔尧之禅舜，实釐女于有虞；周室封陈，亦配姬于妫满。汉右丞相建六奇之深谋，魏大司空开九品之清议。明府即陈氏高祖武帝之孙、高宗宣帝之子，至如永嘉分国，代历五朝。郭璞有言，年终三百。皇朝大统，天下一家，为咸阳之布衣，实南国之王子。于是游情庭宇，削迹市朝，砥砺身心，揣摩道义，策府兰台之秘籍，雕虫刻鹤之文章，莫不成诵在心，借书于手。金作玉条之刑法，桐囚木吏之奸情。一见仍知，片言能折。所谓江珠匿耀，时亏满月之明；越剑潜光，每动冲星之气。爰降诏书，乃除曲阜县令。风威远至，礼教大行，政术始临，奸豪屏息。抑强扶弱，分富恤贫，部内清和，民无疾苦。重以德之所感，霜雹无灾；化之所行，马牛不系。鲤鱼夜放，早彰溉釜之篇；乳雉朝驯，自入鸣琴之曲。远嗤庞统，不任百里之才；俯笑陶潜，忽轻五斗之俸。于是官曹无事，囹圄常空，接士迎宾，登临游赏，睹洙水而思歌，寻灵光而想赋。

——摘自孔继汾：《阙里文献考》（影印本）卷33，

山东友谊书社1989年版，第742—744页。

（唐）李邕撰重修孔子庙碑（节选）

尝观元化阴藏，上帝元造，虽道远不际，而运行有符，扬攉大抵，宣考神用，建人统之可复，补天秩之将颓，其揆一也。

昔者，蚩尤怙贼，厥弟骄兵，巨力多徒，合绪连祸，则黄帝与圣，首出群龙，推下济以君人，儆勤略以戡乱。逮至横流方割，包山其咨，转死为鱼，蠡食不粒，则尧禹并迹，扶振隐忧，道百川，康四国。粤若殷礼缺，周德微，宋公用郜，楚子问鼎，则夫子卓立，燦然成章，辟邦家之正门，播今昔之彝宪。此天所以不言而成化，圣所以有开而必先，其若是也。

故夫子之道，消息乎两仪；夫子之德，经营乎三代。岂徒小说，盖有异闻。夫亭之者莫如天，藉之者莫如地，教之者莫如夫子。且沐其亭而不识其道，则不如勿生；荷其籍而不由其德，则不如勿运。固曰：消息乎两仪者也。夫博之者莫如文，约之者莫如礼，行之者莫如夫子。且会其文而不扬其业，则不如勿传；经其礼而不启其致，则不如勿学。上代有以焯序，中代有以宗师，后代有以丕训。固曰：经营乎三代者也。意虞舜之美，不必至是，赞而大者，进圣君也；夏桀之恶，不必至是，挤而毁者，激庸主也；伊尹之忠，不必至是，演而数者，勉诚节也；赵盾之逆，不必至是，抑而书者，诛贼臣也。至若论慈广孝，辅仁宪义，职此之由。于是君臣之位序，父子之道明，有朋之事兴，夫妇之伦得。

——摘自孔继汾：《阙里文献考》（影印本）卷33，

山东友谊书社1989年版，第753—754页。

（宋）吕蒙正撰重修孔子庙碑（节选）

圣人之兴也，能成天下之务，能通天下之志，然亦不能免穷通否泰之数。是故有其位，则圣人之道泰；无其位，则圣人之道否。大哉！夫尧、舜、禹、汤，其有位之圣人乎！我先师夫子，其无位之圣人兴！

昔者大道既隐，真风渐漓，有为之迹虽彰，禅代之风未替。由是尧、舜、禹、汤茍至圣之德，有其位，故德泽及于兆民。逮乎周室衰微，诸侯强盛，干戈靡戢，黔首畴依。由是仲尼有至圣之德，无其位，所以道屈于季孟。

呜呼！夫子以天生之德，智足以周乎万物，道足以济乎天下，而栖皇列国，卒不见用，得非其道至大而天下莫能容乎？复乃当时之生民不幸乎？向使有其位，用其道，又何止夹谷之会沮彼齐侯，两观之下诛其正卯，羵羊辨土木之袄，楛矢验蛮夷之贡？必将恢圣人之道，功济乎宇宙，泽及于黎庶矣。奂一中都宰、大司寇可伸其圣道哉？嗟夫！文王没而斯文未丧，时命屯而吾道不行，可为长太息矣。洎乎河图不出，凤德云衰，爰困蔡以厄陈，遂自卫以反鲁。于是删《诗》《书》，赞《易·象》，因史记作《春秋》，大旨尊王者而黜霸道，威乱臣而惧贼子，然后损益三代之礼乐，褒贬百王之善恶。芜而秽者，芟而夷之；紊而乱者，纲而纪之。建末俗之郭郭，垂万祀之楷则，遂使君臣父子咸知揖让之仪，贵贱亲疏皆识等夷之数。功均造物，德被生人。昭昭焉，荡荡焉，与日月高悬、天壤不朽者，夫子之道乎！故曰："自生民以来，未有如夫子者也。"

——摘自孔继汾：《阙里文献考》（影印本）卷33，

山东友谊书社1989年版，第757—758页。

（金）党怀英撰重修至圣文宣王庙碑（节选）

皇朝诞受天命，累圣相继，平辽举宋，合天下为一家，深仁厚泽，以福斯民。粤自太祖，暨于世宗，抚养生息，八十有余年，庶且富矣，又将教化而粹美之。主上绍休祖宗，以润色洪业为务。即位以来，留神政机，革其所当革，兴其所当兴，饬官厉俗，建学养士，详刑法，议礼乐，举遗修旧，新美百为，期与万方同归文明之治。以为兴化致理，必本于尊师重道。于是奠谒先师，以身先之。

尝谓侍臣曰："昔者夫子立教于洙泗之上，有天下者所当取法。乃今遗祠，久不加葺，且其隳漏，不足以称圣师之居，其有以大作新之。"有司承诏，度材庀工，计所当费，为钱七万四百六十余千。诏并赐之。仍命选择干臣，典领其役。役取于军，匠傭于民，不责亟成而责以可久，不期示侈而期于有制。凡为殿堂、廊庑、门亭、斋厨、黉舍，合三百六十余楹，位叙有次，像设有仪，表以杰阁，周以崇垣。至于榱座栏楯，帘櫳罘罳之属，随所宜设，莫不严具。三分其役，因旧以完葺者纔居其一，而增创者倍之。盖经始于明昌二年之春，逾年而土木基构成，越明年而髹漆彩绘成。先是，群弟子及先儒像画于两庑，既又以捏塑易之。又明年而众功皆毕，罔有遗制焉。

上既加恩阙里，则又泽及嗣人，以其虽袭公爵而官职未称，与夫祭祀之仪不备，特命自五十一代孙元措首阶中议大夫，职视四品，兼世宰曲阜。六年，又以祭服、祭乐为赐，遣使策祝，并以崇圣之意告之。

——摘自孔继汾：《阙里文献考》（影印本）卷33，

山东友谊书社1989年版，第762—763页。

（元）阎复撰重建至圣文宣王庙碑（节选）

圣上嗣服之初，祗述祖考之成训，兴学养士，严祀先圣，自曲阜始。制诏若曰："孔子之道，垂宪万世，有国家者所当崇奉。"中外闻之，咸曰："大哉王言，拭目太平文明之治。"粤明年元贞改元，先圣五十三代孙、密州尹治入朝，玺书锡命中议大夫，袭封衍圣公，月廪百千，秩视四品。孔氏世爵弗传者久，至是乃复申命有司，制考辟雍，作庙于京。由是四方向风，崇建庙学，唯恐居后。

阙里祠宇，毁于金季之乱。阁号奎文，若大中门闼，存者无几。右辖严公忠济保鲁，尝假清台颁历钱，佐营缮之费。岁戊申，始复郓国后寝，以寓先圣、颜、孟十哲像。至元丁卯，衍圣公治尹曲阜、主祀事，将图起废，奎文、杏坛、斋厅、黉舍，即其旧而新之，礼殿则未遑也。

国初封建宗室，画济、兖、单三州，为鲁国大长公主驸马济宁王分地，置济宁总管府，属县十六，曲阜其一也。济宁守臣按檀不花恭承诏旨，会府尹、僚佐、乡长者谋曰："方今圣天子守成尚文，此乡风化之源，礼义之所从出。为守臣者，敢不对扬休命，以庙役为任。"首出泉币万缗，众翕然助之……

——摘自孔继汾：《阙里文献考》（影印本）卷33，

山东友谊书社1989年版，第765—766页。

（明）成祖御制重修孔子庙碑

　　道原于天而具于圣人。圣人者，继天立极而统承乎斯道者也。若伏羲、神农、黄帝、尧、舜、禹、汤、文、武、周公，圣圣相传，一道而已。周公没，又五百余年而生孔子，所以继往圣，开来学，其功贤于尧舜。故曰："自生民以来，未有盛于孔子者也。"夫四时流行，化生万物，而高下散殊，咸遂其性者，天之道也。孔子参天地，赞化育，明王道，正彝伦，使君君臣臣、父父子子、夫夫妇妇各得以尽其分，与天道诚无间焉尔。故其徒曰："夫子之不可及也，犹天之不可阶而升也。"又曰："仲尼，日月也，无得而逾焉。"在当时之论如此，亘万世无敢有异辞焉。於乎！此孔子之道所以为盛也。天下后世之蒙其泽者，实与天地同其久远矣。

　　自孔子没，於今千八百余年。其间，道之隆替与时陟降，遇大有为之君，克表章之，则其政治有足称者，若汉、唐、宋致治之君可见矣。朕皇考太祖高皇帝，天命圣智，为天下君。武功告成，即兴文教，大明孔子之道。自京师以达天下，并建庙学，偏赐经籍，作养士类，仪文之备，超乎往昔。封孔氏子孙世袭衍圣公，秩视一品，世择一人为曲阜令，立学官以教孔、颜、孟三氏子孙。常幸太学，释奠孔子，竭其严敬。尊崇孔子之道，未有如斯之盛者也。

　　朕继承大统，丕法成宪，尚惟孔子之道。皇考之所以表章之者若此，其可忽乎？乃曲阜阙里在焉，道统之系，实由于兹。而庙宇历久，渐见隳敝，弗称瞻仰。往命有司撤其旧而新之，今年夏毕工，宏邃壮观，庶称朕敬仰之意。俾凡观于斯者，有所兴起，致力于圣贤之学，敦其本而去其末，将见天下之士，皆有可用之材，以赞夫太平悠久之治，以震耀孔子之道。朕於是深有所望焉，遂书勒碑，树之于庙，并系以诗曰：

　　　　巍巍元圣，古今之师。垂世立言，生民是资。天将木铎，以教是具。谓欲无言，示之者至。惟天为高，惟道与叄。惟地为厚，惟德与合。生民以来，实曰未有。出类拔萃，难乎先后。示则不远，日用攸趋。敦序有彝，遵於圣模。仰惟皇考，圣道实崇。礼乐治平，身底厥功。曰予祗述，讵敢或懈。圣绪丕承，仪宪永赖。岩岩泰山，鲁邦所瞻。新庙奕奕，饬祀有严。鼓钟镗镗，璆磬戛击。八音相宣，圣情怡怿。作我士类，世有才贤。左我大明，於斯万年。

——摘自孔继汾：《阙里文献考》（影印本）卷33，

山东友谊书社1989年版，第781—783页。

（明）宪宗御制重修孔子庙碑

朕惟孔子之道，天下一日不可无焉。何也？有孔子之道，则纲常正而伦理明，万物各得其所矣。不然，则异端横起，邪说纷作。纲常何自而正？伦理何自而明？天下万物又岂能各得其所哉？是以生民之休戚系焉，国家之治乱关焉，有天下者，诚不可一日无孔子之道也。盖孔子之道，即尧、舜、禹、汤、文、武之道，载於六经者是已。孔子则从而明之，以诏后世耳。故曰："天将以夫子为木铎。"使天不生孔子，则尧、舜、禹、汤、文、武之道，后世何从而知之？将必昏昏冥冥，无异於梦中，所谓万古如长夜也。由此观之，则天生孔子，实所以为天地立心，为生民立命，为往圣继绝学，为万世开太平者也。其功用之大，不但同乎天地而已。

噫，盛矣哉！诚生民以来之所未有者，宜乎弟子形容其圣不一而足。至于《中庸》一书而发明之，无余蕴矣。自孔子以后，有天下者无虑十余代，其君虽有贤否、智愚之不同，孰不赖孔子之道以为治？其尊崇之礼，愈久而愈彰，愈远而愈盛，观于汉魏以来褒赠加封，可见矣。迨我祖宗，益兴学校，益隆祀典，自京师以达于天下郡邑，无处无之，而在阙里者尤加之意焉。故太祖高皇帝登极之初，即遣官致祭，为文以著其盛而立碑焉。太宗文皇帝重修庙宇而一新之，亦为文以纪其实而立碑焉。朕嗣位之日，躬诣太学，释奠孔子。复因阙里之庙岁久渐弊而重修之，至是毕工，有司以闻，深慰朕怀。

呜呼！孔子之道之在天下，如布帛菽粟，民生日用不可暂缺。其深仁厚泽，所以流被於天下后世者，信无穷也。为生民之主者，将何以报之哉？故新其庙貌而尊崇之。尊崇之者，岂徒然哉？冀其道之存焉尔。使孔子之道长存而不泯，则纲常无不正，伦理无不明，而万物亦无有不得其所者。行将措斯世於雍熙泰和之域，而无异於唐虞三代之盛也。久安长治之术，端在于斯。用是为文，勒石树于庙庭，以昭我朝崇儒重道之意焉。系以诗曰：

天生孔子，纵之为圣。生知安行，仁义中正。师道兴起，从游三千。往圣是继，道统流传。六经既明，以诏后世。三纲五常，昭然不替。道德高厚，教化无穷。人斯极立，天地同功。生民以来，卓乎独盛。允集大成，实天所命。有天下者，是尊是崇。曰惟圣道，曷敢弗宗。顾予眇躬，承此大业。惟圣之谟，於心乃惬。用之为治，以康兆民。圣泽流被，万世聿新。报典之隆，尤在阙里。庙宇巍巍，於兹重美。文诸贞石，以光於前。木铎遗响，余千万年。

——摘自孔继汾：《阙里文献考》（影印本）卷33，

山东友谊书社1989年版，第783—785页。

（明）孝宗御制重建孔子庙碑

朕惟古之圣贤，功德及人，天下后世立庙以祀者，多矣。然内而京师，外而郡邑，及其故乡，靡不有庙。自天子至于郡邑长吏，通得祀之而致其严且敬，则惟孔子为然。盖孔子天纵之圣，生当周季圣贤道否之日，而不得其位以行。乃历考上古以来，圣人之居天下者，曰尧，曰舜，曰禹、汤、文、武已行之迹，并其至言要论，定为六经，以垂法后世。自是凡有天下之君，遵之则治，违之则否。盖有不能易者，真万世帝王之师也。故自汉祖过鲁之祀之后，多为之立庙。沿及唐、宋，英明原治之君屡作，益尊而信之，孔子之庙遂遍天下，爵号王公，礼视诸侯而加隆焉。虽金、元入主中国，纲常扫地之时，亦未尝或废。盖天理民彝之在人，有不能自泯也。

我圣祖高皇帝以至神大圣迅扫胡元，植纲常于沦斁之馀，武功方戢，即遣人诣阙里祀孔子，风示天下，规度可谓宏远矣。列圣相承，益严祀事，先后一轨。暨我皇考宪宗纯皇帝诏增庙之舞佾为八、笾豆十二，礼乐尽同於天子。褒崇之典，至是盖无以加。我国家百有馀年之太平，端有自哉！

阙里有庙，建自前代，规制尤盛。弘治己未六月毁於火，朕闻之恻然。特敕山东巡抚、巡按暨布政按察司官聚材庀工，为之重建。越五年，甲子正月工毕。巡抚右副都御史徐源、巡按监察御史陈璘以其状来上，宏深壮丽，视旧规有加，朕怀乃慰。既遣内阁辅臣、太子太保、户部尚书兼谨身殿大学士李东阳往告，复具颋木为文，俾勒之庙碑，用昭我祖宗以来尊师重道之意，并系之诗曰：

圣人之生，天岂偶然？命之大君，俾赞化权。二帝三王，君焉克圣。继天立极，道形于政。大化既洽，至治斯成。巍巍荡荡，浑乎难名。周政不纲，道随时坠。孔子圣人，而不得位。乃稽群圣，乃定六经。万世之师，于焉足征。自汉而下，数千余岁。褒典代加，有隆无替。於皇我祖，居正体元。六经是诗，卓尔化原。列圣相承，先后一揆。逮及朕躬，思弘前轨。庙貌载崇，祀事孔禋。经言典训，弥谨弥敦。俗化治成，日升川至。斯道之光，允垂万世。

——摘自孔继汾：《阙里文献考》（影印本）卷33，

山东友谊书社1989年版，第785—787页。

（明）李春芳撰重修先师庙记（节选）

隆庆三年，阙里重修先师孔子庙成。於时有事兹役者，以书币走京师，请记於丽牲之碑。先是嘉靖癸亥，衍圣公尚贤以庙圮告抚台张公监，业行相度，以财诎而止。既巡抚姜公廷颐、梁公梦龙，巡按罗君凤翔，周君咏、张君士佩与藩臬诸君协谋，捐岳祠之香税与司之赎锾，得一千六百金。其人役则用州县过更之卒，而以兖州府通判许君际可董其役，知府张君文渊时督视之。经始己巳仲夏，岁尽而讫工。轮奂规橅，视昔若增。左布政姚君一元、左参政吴君承焘、副使吴君文华、参议冯君谦，皆协赞其成者也。

维先师生於尼山，讲学於泗上，没而葬於此。先圣之没，弟子庐其冢上而不忍去，鲁人从而家者百馀室。而鲁世世相传，以岁时奉祠。诸儒讲礼、乡饮、大射於其间。汉高祖自淮南还，过鲁，以太牢祠。其后人主登封巡狩，无不过而拜祠。

我太祖高皇帝龙兴海内，干戈未戢，亟命遣祭，绍封子孙，修葺其祠宇。列圣承统，世世增修。今天子践祚之元年，传制遣官告祭。车驾临幸太学，亲释奠，命儒臣坐讲，赐衍圣公及三氏子孙衣币有差。海内慕学之士喁喁向风，孔子之道亦以光大。则今兹之举，固所以虔奉先师，亦以宣明圣天子之德意，诚不可以无纪。

夫今孔子之学遍天下，而深山穷徼皆知诵习其书，其在天之灵无所不之也。然孟子曰"近圣人之居，若此其甚"，荀子曰"学莫便乎近其人"。盖孔子没千有馀年矣，学者至观其庙宇、车服、礼器，诸生习礼其家，有低徊而不能去者，固以想象於远，不若景慕于近之为切也。诸君子宦于其乡，知饰其庙，虔奉之矣。其尚知所以学其道乎？夫孔子之道，非有远於人也。故其教人，恒称庸言庸德；而性与天道，子贡亦不可得而闻。今之学者，乃高谈性命，阔略躬行，务虚名而鲜实际，临民立朝，动多疵累，遂致诽议丛兴，斥逐相继，甚之学士大夫且以学为讳焉。夫学也者，所以为天地立心，为生民立命，为往圣继绝学，为万世开太平者也。

——摘自孔继汾：《阙里文献考》（影印本）卷34，

山东友谊书社1989年版，第862—864页。

（清）圣祖御制阙里孔子庙碑

朕惟道原于天，弘之者圣。自庖羲氏观图画象，阐乾坤之秘，尧、舜理析危微，厥中允执，禹亲授其传，汤与文、武、周公递承其统，靡不奉若天道，建极绥猷，夐乎尚矣！孔子生周之季，韦布以老，非若伏羲、尧、舜之圣焉而帝，禹、汤、文、武之圣焉而王，周公之圣焉而相也。岿然以师道作则，与及门贤哲绍明绝业，教思所及，陶成万世。是伏羲、尧、舜、禹、汤、文、武、周公之统，惟孔子继续而光大之矣，闲尝诵习《诗》《书》之所删述，《大易》之所演系，《春秋》之所笔削，《礼》《乐》之所修明，本末一贯，根柢万有，殆与覆载合其德，日月并其明，四时寒暑协其序焉。故曰：仲尼之道，一天道也。

朕敬法至圣，景仰宫墙，向往之诚，弗释寤寐。岁甲子十有一月，时迈东鲁，躬诣曲阜，展修祀事，复谒圣墓，循抚松栝，仪型在望，僾乎至德之亲人也。朕忝作君，启牖下民，深惟夫子师道所建，百王治理备焉。舍是而图郅隆，曷所依据哉？因勒文于石，彰朕尊崇圣教以承天治民之意。系以辞曰：

遐哉三五，维辟之式。于皇尼山，师道允植。天昇木铎，觉彼群生。百行以正，六籍以明。贤迈唐虞，圣则河洛。绥和动来，文博礼约。凤衰虽叹，麟德感祥。学昌洙泗，统归素王。炎汉崇儒，少牢用享。厥后贤君，高山是仰。予怀至圣，莅彼东方。音徽云邈，道德弥光。郁郁莘林，峨峨祠殿。企慕安穷，羹墙如见。泰岱匪高，东海匪深。敬仰懿轨，终古式钦。

——摘自孔继汾：《阙里文献考》（影印本）卷32，

山东友谊书社1989年版，第688—689页。

（清）御制幸鲁盛典序

朕惟自古帝王，声教翔洽，风俗茂美，莫不由於崇儒重道，典学右文，用能发诗书之润泽，宣道德之间奥。推厥渊源，皆本洙泗。以故追崇之典，历代相仍。或躬诣阙里，修谒奠之仪。洁志肃容，尽诚备物。其间礼数，随世损益。至于希风服教，百代式型，异世同揆，莫之或二，猗欤盛矣！

朕临御以来，垂三十载，溯危微之统绪，念生安之圣哲，恒虑凉薄，未克祗承。用是夙夜寅心，孜孜不倦。惟我至圣先师孔子，配天地，参阴阳，模范百王，师表万禩。朕每研搜至道，涵泳六经，觉宪章祖述、删定赞修之功，日星揭而江河流，私心向往，窃有愿学之志焉。乃者东巡，逾泰岱，涉泗沂，遂过阙里，亲行释奠，得瞻庙貌。仰圣容以为德盛功隆，钦崇宜极，凡厥典礼，有加前代。又亲制文辞，手写以树之贞石，务用道扬至教，风示来兹。夫缅怀曩哲，继踵前贤，犹思睹其物采，接其居处。况先师遗风馀烈，久而弥新，重以朕之寤寐，羹墙俨乎如见。及过杏坛、相圃之间，山川俨然，桧楷如故，仿佛金石弦诵之声闻于千载而上，流连往复，不能自已也！

衍圣公孔毓圻上疏陈谢，且以礼仪隆重，非直一家荣遇，请修《幸鲁盛典》一书。朕既可其奏，久之书成，复请叙言，以冠其端。朕万几馀暇，敦勉弗遑，实欲默契先师，尊闻行知，於以阜物诚民，风同道一，庶几跻世运于唐虞，登治术于三古。是书也，岂徒使天下后世，知朕於先师钦慕无已如此，且愈以见圣人之道覆帱群伦，苞毓万象，即凡车服、礼器之遗，皆足令人感发而兴起也。故赐之序。

——摘自潘相：《曲阜县志》（影印本）卷1（奎文第一·幸鲁盛典序），圣化堂藏版，乾隆甲午年（1774年）新修。

（清）御制孔子赞并序

盖自三才建而天地不居其功，一中传而圣人代宣其蕴。有行道之圣，得位以绥猷；有明道之圣，立言以垂宪。此正学所以常明，人心所以不泯也。粤稽往绪，仰遡前徽，尧、舜、禹、汤、文、武达而在上，兼君师之寄，行道之圣人也；孔子不得位，穷而在下，秉删述之权，明道之圣人也。行道者，勳业炳於一朝；明道者，教思周於百世。尧、舜、文、武之后，不有孔子，则学术纷淆，仁义湮塞，斯道之失传也久矣。后之人而欲探二帝三王之心法，以为治国平天下之准，其奚所取衷焉。然则孔子之为万古一人也，审矣！朕巡省东国，谒祀阙里，景企滋深，敬撝笔而为之赞曰：

清浊有气，刚柔有质。圣人参之，人极以立。行著习察，舍道莫由。惟皇建极，惟后绥猷。作君作师，垂统万古。曰惟尧舜，禹汤文武。五百余岁，至圣挺生。声金振玉，集厥大成。序书删诗，定礼正乐。即穷象系，亦严笔削。上绍往绪，下示来型。道不终晦，秩然大经。百家纷纭，殊途异趣。日月无踰，羹墙可晤。孔子之道，惟中与庸。此心此理，千圣所同。孔子之德，仁义中正。秉彝之好，根本天性。庶几夙夜，勖哉令图。溯源洙泗，景躅唐虞。载历庭除，式观礼器。撝毫仰赞，心焉退企。百世而上，以圣为归。百世而下，以圣为师。非师夫子，惟师於道。统天御世，惟道为宝。泰山岩岩，东海泱泱。墙高万仞，夫子之堂。孰窥其藩，孰窥其径。道不远人，克念作圣。

——摘自孔继汾：《阙里文献考》（影印本）卷32，山东友谊书社1989年版，第692—693页。

（清）今上御制阙里孔子庙碑

朕惟至圣先师孔子，天纵圣仁，躬备至德，修明六籍，垂训万世。自古圣帝明王，继天立极，觉世牖民，道法之精蕴，至孔子而集大成。后之为治者，有以知三纲之所由以立，五典之所由以叙，八政之所由以措，九经之所由以举，五礼六乐之所由以昭，宣布列于天地之间，遵而循之，以仰溯乎古昔。虽尧、舜、禹、汤、文、武之盛，弗可及已。而治法赖以常存，人道赖以不泯，讵不由圣人之教哉！

往代表章，尊礼隆重，亦越我朝，备极其盛。当皇祖圣祖仁皇帝甲子岁东巡阙里，躬谒庙庭，盛典禴皇，垂於册府。皇考世宗宪皇帝追晋王封，鼎新庙貌，诚敬诚切，瑞应章显，实由心源孚契，先后同揆。惟圣人能知圣人所由，跻海宇於荡平仁寿之域也。朕自养德书斋，服膺圣教，高山景行之慕，寤寐弗释於怀。嗣统以来，仰荷天庥，海宇乂安，用举时巡之典，道畿甸，历齐鲁，登夫子庙堂，躬亲盥献，瞻仰睟仪，展敬林墓，徘徊杏坛，循抚古桧，穆然想见盛德之形容，忾乎若接夫闻圣人之风。诵其诗，读其书，皆足以观感兴起。况亲陟降其庭，观车服、礼器，得见宗庙百官之美富，有不益增其向慕，俛焉而弗能自已者欤？朕抚临方夏，惟日兢兢，期与斯世臣民率由至道，敷教泽于无疆。顾德弗类，於衷歉焉。恭绎两朝碑刻之文，益以知道德政治，体用一源，显微无间。慕圣人之德而不克见之躬行者，非切慕也；习圣人之教而不克施之实政者，非善学也。法祖尊师，固无二道。用勒石中唐，志钻仰服习之有素；思以继述前徽，酬愿学之初志云敬。系以辞曰：

皇矣至圣，代天觉民。天何言哉！圣人是申。立人之极，曰义与仁。建治之统，曰明与新。圣谟洋洋，祖述宪章。配天广运，应地无疆。四时递嬗，日月贞明。濯以江汉，暴以秋阳。泱泱东海，岩岩岱宗。於穆圣德，畴与絜崇。巍乎圣功，畴与比隆。循之则治，弥畅皇风。仰稽令辟，展敬尊师。过鲁祀牢，炎祚开基。宫墙翼翼，鲁壁金丝。苍桧郁郁，殿楹鼎彝。皇祖皇考，圣智达天。探脉道要，孚契心源。丰碑虬护，巨榜鸾骞。上继三五，一中允传。顾惟寡昧，仰绍先型。时迈自东，祇谒庙庭。洋洋盈耳，玉振金声。若弗克见，时殚予诚。见圣匪艰，由圣则难。弗克由圣，孰图治安？亦既泏止，观止是叹。摘辞表志，乾隆戊辰。

——摘自孔继汾：《阙里文献考》（影印本）卷32，

山东友谊书社1989年版，第701—703页。

（清）御制阙里盛典序

自京师以至郡邑，薄海内外，莫不庙祀孔子。而曲阜阙里为圣人之居，灵爽之所式凭，崇德报功，於斯为钜。历代以来，罔不祗肃。洪惟我圣祖仁皇帝亲谒庙堂，有《幸鲁盛典》一书，至我皇考世宗宪皇帝，重道尊师，弗懈益虔。雍正二年，阙里庙殿不戒於火，命官营治，悉复其旧，宏敞有加焉。屋用黄瓦，圭瓒、俎豆、尊罍之属，颁自上方，亲洒宸翰，悬诸大成殿门。堂哉皇哉，不可殚述。精诚孚格，爰有庆云，见曲阜之祥。凡阅七载，庙工落成，诸臣请勒成《阙里盛典》一书，垂之久远。

乾隆三年，是书告竣。盖自汉唐而后，记载所传，未有若斯之隆也。朕恭承丕绪，景行先师，窹寐羹墙，绍休前烈。深惟圣帝明王，莫不讲明先王之法，行圣贤之道，为万世计，至深且远。董子曰："天不变，道亦不变。"夫圣人之道，如日星行而江河流，则圣人之居与乾坤同其永久者，皆教泽之垂于无穷也。然非有王者作，先后同揆，则尊崇之典或缺焉而不备，备矣而未极其盛。惟我皇考，接洙泗之心源，观人文以化成天下，明王道，重儒术，以圣契圣，是以尽志尽物，焕乎其文，巍巍煌煌，至於此极。披览是编，如登圣人之堂，观车服礼器之辉煌，见宗庙百官之美富，聆金声玉振之始终条理，有不穆然而遐思，肃然而起敬者哉！昭示来兹，既以见孔子师表万世，明德馨香，宜隆於毓秀钟灵之地；又见我国家圣圣相承，右文向道，逾迈前古。且俾孔氏子孙继继承承，知庙貌维新，修其礼物，其来有自焉。爰因衍圣公孔广棨请而序之。

——摘自孔继汾：《阙里文献考》（影印本）卷32，

山东友谊书社1989年版，第708—709页。

（清）重修文庙碑记

举江淮河济以赞海，吾知其不知海；举嵩岱恒华以赞地，吾知其不知地。然则举道德仁义以赞孔子者，其亦类于是乎？夫江淮河济岂不为海所纳，而不足以形海之大，然海固不拒江淮河济以为水也。嵩岱恒华岂不为地所载，而不足以究地之厚，然地固不让嵩岱恒华以为土也。道德仁义岂不为孔子所垂，而不足以尽孔子之量，然孔子固不外道德仁义以为教也。教之义始见于《虞书》，而未有定所，夏校、殷序、周庠，学则三代共之，是国学所昉乎？夫三代既有学，亦必有教。而吾以为孔子立道德仁义之教者何？盖三代以前之教，非孔子不明；三代以后之教，非孔子不立。亦犹江淮河济非海不纳，嵩岱恒华非地不载，道德仁义非孔子不垂也。

国学始于元太祖，置宣圣庙于燕京，由元及明，代有损益修葺，至本朝而崇奉规模为大备。列圣右文，临雍必事轮奂。乾隆戊午，朕诣学展仪，先诏易盖黄瓦，聿昭茂典。然丹腹虽致饰壮观，而上栋下宇，风雨燥湿，历年既久，浸歉是虞。爰以岁丁亥发帑二十余万，特简重臣司其事，越己丑仲春告藏工，朕亲释奠以落成焉。先是言臣有以宜乘此时修复辟雍圜水之制为请者，礼官以为三代之制，弗相沿袭，实政不必泥古，朕以其言良，是遂从之。门殿诸额，一准会典，皆亲书各悬于其所。举大工者，必勒碑以志，故叙其事书之。若夫述孔子之言仍以颂孔子，是犹绘日月星辰以象天，朕有所不能。

——摘自潘相：《曲阜县志》（影印本）卷1《奎文第一·重修
文庙碑记》，圣化堂藏版，乾隆甲午年（1774年）新修。

主
要
参
考
文
献

（一）著作

[1] 班固. 汉书. 北京：中华书局，1965.

[2] 毕沅. 续资治通鉴. 北京：中华书局，1957.

[3] 陈镐. 阙里志. 济南：山东友谊书社，1989.

[4] 金之植等编. 文庙礼乐考. 济南：山东友谊书社，1989.

[5] 孔传. 东家杂记 . 济南：山东友谊书社，1990.

[6] 孔继汾. 阙里文献考. 济南：山东友谊书社，1989.

[7] 刘昫. 旧唐书. 北京：中华书局，1975.

[8] 欧阳修等. 新唐书. 北京：中华书局，1975.

[9] 欧阳修. 欧阳修全集. 北京：中华书局，2001.

[10] 潘相. 曲阜县志. 圣化堂藏版. 乾隆甲午年（1774年）新修.

[11] 庞钟璐. 文庙祀典考. 光绪戊寅年（1878年）刻本.

[12] 山东省地方史志编纂委员会. 山东省志·孔子故里志. 北京：中华书局，1994.

[13] 司马迁. 史记. 北京：中华书局，1959.

[14] 宋濂等. 元史. 北京：中华书局，1976.

[15] 孙希旦. 礼记集解. 北京：中华书局，1989.

[16] 脱脱等. 宋史. 北京：中华书局，1985.

[17] 脱脱等. 辽史. 北京：中华书局，1974.

[18] 王溥. 唐会要. 上海：上海古籍出版社，1991.

[19] 魏收. 魏书. 北京：中华书局，1965.

[20] 张廷玉等. 明史. 北京：中华书局，1974.

[21] 赵尔巽等. 清史稿. 北京：中华书局，1977.

[22] 安作璋. 山东通史. 北京：人民出版社，2009.

[23] 董喜宁. 孔庙祭祀研究. 北京：中国社会科学出版社，2014.

[24] 范小平. 中国孔庙. 成都：四川文艺出版社，2004.

[25] 范晔. 后汉书. 北京：中华书局，1965.

[26] 宫衍兴，王政玉. 孔庙诸神考：孔庙塑像资料编. 济南：山东友谊出版社，1994.

[27] 广少奎，展瑞祥. 民族精神教育. 东营：中国石油大学出版社，2007.

[28] 广少奎等. 中国古代儒家教育生活及教育思想研究. 北京：北京师范大学出版社，
       2017.

[29] 广少奎，彭冉等. 孔子画传. 济南：山东教育出版社，2018.

[30] 黄进兴. 圣贤与圣徒. 北京：北京大学出版社，2005.

[31] 黄进兴. 优入圣域：权力、信仰与正当性. 西安：陕西师范大学出版社，1998.

[32] 孔元措. 孔氏祖庭广记. 济南：山东友谊书社，1989.

[33] 刘亚伟. 远去的历史场景：祀孔大典与孔庙. 济南：山东文艺出版社，2009.

[34] 彭蓉. 中国孔庙建筑与环境. 郑州：中州古籍出版社，2011.

[35] 曲阜文物管理委员会. 曲阜观览. 济南：山东友谊出版社，1988.

[36] 曲英杰. 孔庙史话. 北京：社会科学文献出版社，2011.

[37] 单霁翔. 文化遗产保护与城市文化建设. 北京：中国建筑工业出版社，2009.

[38] 唐福玉. 曲阜与孔庙通典. 北京：中国社会出版社. 2004.

[39] 颜景刚，孟继新. 儒家圣门志·孔子卷. 北京：中国文史出版社，2015.

[40] 杨伯峻. 论语译注. 北京：中华书局，2004.

［41］刘德增. 孔庙. 北京：华语教学出版社，1993.

［42］中国孔庙保护协会. 中国孔庙保护协会论文集. 北京：北京燕山出版社，2004.

（二）期刊论文

［1］邓凌雁. 空间与教化：文庙空间现象及其教育意蕴的生成. 河南大学学报：社会科学版，2017（5）.

［2］范小平. 旧城改造中孔庙建筑群保护应注意的几个问题. 四川文物，2000（4）.

［3］范小平. 中国孔庙发展史简论. 四川文物，1990（4）.

［4］范小平. 中国孔庙在儒学传播中的历史地位. 四川文物，1998（12）.

［5］房伟. 文庙从祀制度考论. 齐齐哈尔师范高等专科学校学报，2010（3）.

［6］广少奎. 斯文在兹，教化之要——论文庙的历史沿革、功能梳辨及复兴之思. 河南大学学报：社会科学版，2017（5）.

［7］胡仁. 元代庙学的发展过程. 文史杂志，1994（5）.

［8］黄国水，何振良. 泉州府文庙的当代教育功能. 福建文博，2012（1）.

［9］孔祥吉. 戊戌变法时期第二次公车上书述论. 求索，1983（6）.

［10］孔祥雷. 孔庙及其社会价值. 沧桑，2006（4）.

［11］李超英. 孔子庙——成圣成贤教育的课堂. 济宁学院学报，2009（4）.

［12］李鸿渊. 孔庙泮池之文化寓意探析. 学术探索，2010（2）.

［13］李静远. 论曲阜孔庙建筑的文化内涵及教育价值. 天津市教科院学报，2016（5）.

［14］李双幼. 文庙建筑的空间记忆和文化传承——以福建泉州府文庙为考察对象. 北方工业大学学报，2018，（1）.

［15］李芸. 孔庙与儒学的传播. 南方文物，1998（1）.

［16］李芸. 试论德阳文庙的开放与保护利用. 四川文物，2002（1）.

［17］柳雯. 中国文庙旅游资源开发问题初探. 现代商业，2009（26）.

［18］骆承烈. 儒家文化的精神家园——孔庙. 孔子研究，2007（2）.

［19］曲英杰. 汉魏鲁城孔庙考. 史学集刊，1995（1）.

［20］曲英杰. 曲阜孔庙建制考述. 中华文化论坛，1995（1）.

［21］申万里. 元代庙学考辨. 内蒙古大学学报：人文社会科学版，2002（2）.

［22］沈旸. 斯文圣境——中国古代地方孔庙的建筑布局. 中国文化遗产，2014（5）.

［23］沈运良. 孔庙古建筑观感. 安徽建筑，1994（4）.

［24］史煜，王长坤，祁韵涵. 浅析陕南孔庙的当代价值. 科技展望，2016（27）.

［25］宋秀兰. 郑州文庙的保护与复建. 中原文物，2006（4）.

［26］田冰，张玉娟. 明清河南乡贤祠的教化功能. 焦作师范高等专科学校学报，2009（1）.

［27］田志馥. 近二十年孔庙研究成果综述. 西华大学学报：哲学社会科学版，2011（4）.

［28］王建平，梁英平. 谈文庙与孔子思想的宣传. 佳木斯大学社会科学学报，1996（1）.

［29］王艳忠. 浅析文庙在现代社会中的定位——以太原文庙为例. 文物世界，2016（2）.

［30］夏青云. 论文庙的当代价值. 戏剧丛刊，2013（4）.

［31］肖永明等. 书院祭祀的教育及社会教化功能. 湖南大学学报：社会科学版，2005（3）.

［32］徐梓. 书院祭祀的意义. 寻根，2006（2）.

［33］张晓旭. 中国孔庙研究专辑. 南方文物，2002（4）.

［34］赵国权，周洪宇. 游走于传统与现代之间：对文庙再定位的几点思考. 河南大学学报：
　　社会科学版，2017（5）.

［35］周聪. 孔庙与"庙学合一". 文史杂志，1999（2）.

［36］周洪宇，赵国权. 文庙学：一门值得深入探究的新兴"学问". 江汉论坛，2016（5）.

（三）硕博论文

［1］胡炜. 云南明、清文庙建筑实例探析. 昆明理工大学硕士学位论文，2004.

［2］李轶夫. 韩城文庙建筑研究. 西安建筑科技大学硕士学位论文，2004.

［3］彭蓉. 中国孔庙研究初探. 北京林业大学博士学位论文，2008.

［4］齐月凤. 河南文庙遗产保护和利用研究. 河南大学硕士学位论文，2013.

［5］乔峰. 唐宋时期孔庙从祀制度研究. 山西师范大学硕士学位论文，2014.

［6］石伟. 济南府学文庙的保护与开发问题探析. 山东大学硕士学位论文，2010.

［7］王君怡. 郑州文庙研究. 河南大学硕士学位论文，2018.

［8］吴晓隽. 现代旅游活动与文化遗产保护. 浙江大学硕士学位论文，2002.

［9］徐磊. 明清山东地区府县文庙营建特征研究. 北京建筑大学硕士学位论文，2018.

［10］许莹莹. 明代福建府、州、县学研究. 福建师范大学博士学位论文，2015.

［11］杨瑞. 武威文庙及其保护开发研究. 西北师范大学硕士学位论文，2014.

［12］张永丽. 论教育遗址的文化教育价值及其保护开发——以江西部分书院和文庙遗址为例. 江西师范大学硕士学位论文，2013.

［13］张玉娟. 明清时期乡贤祠研究——以河南乡贤祠为中心. 河南大学硕士学位论文，2009.

［14］郑秋玉. 桐城文庙建筑研究. 合肥工业大学硕士学位论文，2012.

［15］朱茹. 宋代江西孔庙研究. 江西师范大学硕士学位论文，2008.

孔子逝后第二年，人们便在曲阜立庙祭祀孔子，并在庙中诵读诗书、演习礼仪。之后，立庙祭孔成为国家风尚，唐代更是通令天下皆立孔庙，自宋代起孔庙又与学校合二为一，至明清时期全国已有1700多所孔庙。可以说，作为祭祀孔子的庙宇和礼乐教化的场所，孔庙是中国文化一脉传承、连绵不息的具体象征，更是中华民族慎终追远、崇德重文传统的集中体现。尽管历朝历代对孔子的评价有褒有贬，孔庙的地位也时升时降，但孔子是中国文化的集大成者，是中华民族的文化象征，这是毫无疑问的。

走进孔庙，瞻仰历代圣哲的画像，缅怀他们的业绩，就像在与祖先对话。在这浓厚的文化气息映衬下，我们越来越能感受到孔子"仁者爱人"的博大情怀、曾子"修齐治平"的广阔胸襟、孟子"富贵不能淫，贫贱不能移，威武不能屈"的非凡气概、张载"为天地立心，为生民立命，为往圣继绝学，为万世开太平"的崇高理想，以及文天祥"人生自古谁无死，留取丹心照汗青"的浩叹。只有不断地重温圣哲的教诲，对圣贤之道心存敬畏，并以他们为榜样，才有可能民德归厚，社会风气也才能逐渐得到改观。

祭祀、褒奖和教育是庙学的三大基本功能。功能来源于并体现于活动，所以祭祀、褒奖和教育活动是庙学最基本的活动，而且是最重要的活动。祭祀只是一种外在的表现形式，其真正目的是教化。所谓"祀所以昭孝息民、抚国家、定百姓也"，祭祀仪仗乐舞的隆重威仪、祭器祭品制备的恭谨丰盛，都是祭祀礼仪的外在表现。教化百姓，维护礼乐文明，强化宗法制度和巩固国家政权，才是祭祀被称为"国之大事"的精神内核。今人祭孔与过去祭孔有所不同。如果说过去是以政治教化为主的话，那么今人的祭孔更多是表达对孔子的怀念以及对以孔子为代表的中华优秀传统文化的尊崇。

如今，"回归儒学""回归传统"已成为一种热潮。在此时代背景下，具有两千多年历史的孔庙更加凸显了它的现实价值。无论是作为传承中华优秀传统文化的场所，还是作为了解和阐释儒家学说的媒介，孔庙无疑都具有得天独厚的文化优势。因此，我们必须保护和利用好孔庙，进而开发孔庙的教育价值、文化价值、艺术价值，并通过开展国学大讲堂以及"开笔礼""成人礼"等各种文化活动，使曲阜孔庙重新回到人们的视野，与现代社会相适应，成为弘扬中华优秀传统文化的重要活动场所。

本人是曲阜人，生于斯长于斯，感受过"批林批孔"的时风吹荡，见识过孔庙的破败落寞，也喟叹过孔庙的热闹喧嚣。从懵懂幼时在孔庙中嬉戏玩耍，到成年后对孔庙审视研究，再到如今担任曲阜师大"学庙与传统教育研究中心"主任，五十多年来，可以说一直与曲阜孔庙"难脱干系"。孤寂幽怨的鸦叫雀鸣，苍凉病恹的柏动楸摇，金碧辉煌的画栋雕梁，无不向本人诉说着千年孔庙的风雨沧桑。如今却要用文字对这座既熟悉又陌生的建筑加以反映和表达，内心难免百味杂陈。

到目前为止，《曲阜孔庙研究》一书总算接近完竣了。按说卸去了多年的一桩心事，内心本该轻松一下，但本人心情却愈加忧虑沉重，惴惴不安，甚至有诚惶诚恐、如坐针毡之感。这在本人撰述感受中尚不多见。

之所以有上述感受，主要原因如下：第一，本书原稿出于一年级研究生之手，下载、转引乃至语句不通之处颇多，虽经本人屡屡改写和统稿，但很多行文仍不周备，研究力度也很是不足，只能暂呈现稿。第二，本书虽曰"庙学研究"，但"庙"的内容相对较多，"学"的篇什严重不足，未能充分体现"学"与"庙"的有机结合。虽心中颇觉歉疚，于此也只能引为憾事。第三，本人年齿渐长且疾病缠身，近期又做过心脏修复的大手术，精力与心力已大不如前，视力也常觉模糊；故虽明知书稿有上述问题，却也力有未逮，只能徒唤奈何！常言道"丑媳妇总要见公婆"，忸怩作态非智者所为。故此，现将多有舛误的书稿呈现于世，算是一种暂时的"交差"。诚望读者能予原谅并多加批评，亦望书中的各种不足能在再版时予以弥补。

本书的研究是在2016年启动的。当时，"文庙学"研究在教育史学界尚属新鲜事物。如何确定研究框架、研究内容、研究目标，如何界定本研究与建筑学、文物学、旅游学等学科的关系等等，大家多有"摸着石头过河"之感。幸亏有周洪宇教授等学者的屡屡点拨与提领，该研究才能在摸索中强力推进，并得以具备今日之貌。

本书拖延数年，至今才算完稿，当年提供初稿的是夏贵敏同学。需要郑重提及的是，本书参考了曲阜一中校史的有关资料，并受到曲阜市史志办雨辰先生、文化学者梅庆吉先生、曲阜孔家印坊孔建平先生、孔子研究院孔祥林先生、原曲阜师范学校校长宋思伟先生的热情帮助和提点。诸位先生慷慨热情的风范令人无比钦佩，在此谨致以衷心的感谢！山东省嘉祥宗圣中学的曹务春同志参与了部分书稿的写作，并帮助搜集了部分资料。庄倩钰、孟娣两位研究生帮助核实了相关资料的来源。还应特别一提的是，高群同学对本书贡献尤大。他是本人2017级的研究生，有志攻读博士研究生。他不仅录入了"附录"的内容，编写了书末参考文献，还初改了全书文稿。因此，该同学理应成为本书的重要作者，以鼓励他在学术上更上层楼。当然，全书最后是由本人改写、调整、定稿的；所以，观点是否允当、写作是否严谨、行文是否周备、文风是否一致等，概由本人负责。尤其是本书的"附录"部分，原为无标点之繁体竖版，现以简体横排呈现给读者诸君，标点断句是否允当，更应由本人负全责。

本书系泰山学者工程建设成果之一。书稿即将完竣之际，还要感谢张良才、修建军两位教授，感谢远在武汉的周洪宇教授。他们都是本人的授业恩师。作为业界后学，本人的每一点学术进展都是恩师多年来关心和支持的结果，都是对他们悉心培养的一种汇报和回报。于此，谨向各位恩师深致谢忱！还要感谢以周洪宇教授为首的华中师大教育史研究团队。十余年来，本人深度参与了该团队的各种学术活动，收获颇丰，本书的研究框架也蒙团队各位同仁所赐。感谢以胡钦晓教授为首的泰山学者研究团队。本人是该团队的核心研究成员，本书也是该团队的建设成果之一。感谢李方安教授、姜丽静教授以及曲阜师范大学教育学院的其他诸位好友。他们都以不同方式对本人给予了关心。感谢本丛书副总主编、河南大学赵国权教授的理解和鼓励。如果没有赵兄设身处地般的宽容，本书的撰写难以获得今天较为宽裕的时间。还要感谢山东教育出版社领导及责编的大力支持，他们在本书审校过程中提出了数百条宝贵的意见，订正了许多不明、不当的措辞与观点。他们的认真令人感佩，他们的心血令人铭记。可以说，没有他们的支持与奉献，本书也很难如期出版。

目前，虽然专述曲阜孔子家（族）学、三氏学、四氏学的著作尚不多见，但研究曲阜孔庙的著作已有甚多。本书在撰写的过程中，吸收了众多专家及学者的相关研究成果。这些成果虽尽量以"主要参考文献"的形式在书末一一注明，然百密难免一疏，对于未能注明之处尚乞学界人士见谅。

是为记。

广少奎

2021年2月于曲阜师大东樵别居

图书在版编目（CIP）数据

曲阜孔庙研究 / 广少奎，高群，曹务春编著 . —济南：山东教育出版社，2021.10
（中国文庙研究丛书 / 周洪宇总主编）
ISBN 978-7-5701-1643-0

I. ①曲… II. ①广… ②高… ③曹… III. ①孔庙—研究—曲阜 IV. ① K928.75

中国版本图书馆 CIP 数据核字 (2021) 第 063058 号

SERIES OF STUDIES
ON
CHINESE
CONFUCIUS
TEMPLES

中国文庙研究丛书

A
STUDY
ON
QUFU
CONFUCIUS
TEMPLE

曲阜孔庙研究

广少奎 高 群 曹务春 编著

选题策划：蒋 伟 苏文静
责任编辑：周红心 孙金栋
责任校对：赵一玮
装帧设计：姜海涛

主管单位：山东出版传媒股份有限公司
出 版 人：刘东杰
出版发行：山东教育出版社

地 址：济南市市中区二环南路 2066 号 4 区 1 号
邮 编：250003
电 话：(0531) 82092660
网 址：www.sjs.com.cn

印 刷：山东临沂新华印刷物流集团有限责任公司
开 本：720 毫米 ×1020 毫米 1/16
印 张：19
字 数：243 千
版 次：2021 年 10 月第 1 版
印 次：2021 年 10 月第 1 次印刷
印 数：1—2000
定 价：83.00 元

如印装质量有问题，请与印刷厂联系调换，电话：0539－2925659